广州市教育研究院　编

主　　编　方晓波　吴新华

执行主编　杨　静

广州学生数学素养
发展报告

(2023)

REPORT ON THE DEVELOPMENT OF
MATHEMATICAL LITERACY
OF
STUDENTS IN GUANGZHOU (2023)

社会科学文献出版社
SOCIAL SCIENCES ACADEMIC PRESS (CHINA)

主编简介

方晓波　法学博士，特级教师，正高级教师，广州市教育研究院党委书记、院长，广东省督学，广东教育学会副会长，广州实验教育集团校总校长，《教育导刊》主编，华南师范大学博士生校外导师，院博士后创新基地合作导师。深耕教研领域逾三十载，是全国知名教研专家，原任湖北省教学研究室常务副主任，2017 年作为基础教育高层次人才引进广州。国家社科基金项目主持人，2014 年获首届基础教育国家级教学成果二等奖。主编国家课程教材 4 套，撰论文 60 余篇、学术著作 10 部。近五年来，主持的广州全学科智慧阅读项目获广东省教学成果特等奖、基础教育国家级教学成果奖一等奖。实施阳光评价转型升级项目，开展广州实验中学集团化办学实验等一系列开创性工作。

吴新华　广州市教育研究院副院长，中学正高级教师，广东省中学数学特级教师，广东省督学，华南师范大学博士生校外导师。教育部基础教育数学教学指导专业委员会委员，"十四五"国家级培训计划专家资源库人员，全国义务教育均衡发展督导评估专家，广东省广州市名师工作室主持人，广州市中学数学教学教研会会长，《教育导刊》副主编。主要研究方向为中学数学教学、课程与教学、科研成果培育、教师专业发展等。

摘　要

　　数学是自然科学的重要基础，在形成人的理性思维、科学精神和促进个人智力发展中发挥着不可替代的作用。近年来，学生"数学素养"培养成为国内外数学教育研究和课程改革的关键词。国际知名的素养测试如 PISA、TIMSS 以及 ATC21S 都提出了详细的数学素养评价框架，并对数学素养进行了全面测评。广州智慧阳光评价·数学素养测评体系是一项更全面了解中国学生数学学习表现及发展特点的参考体系。广州智慧阳光评价·数学素养测评体系将数学学习的非认知因素与认知因素相结合，分析学生的数学素养，这样的创新研究为数学教育研究者和实践者更全面深入地理解中国数学教育状况提供了重要参考，具有较好的创新性、探索性和鲜明的社会效益。2020年以来，广州智慧阳光评价·数学素养测评项目组每年对广州地区近 3.5 万名学生、1.5 万名教师及教育管理者进行监测，样本量大、调查范围广。

　　本书主要基于 2022 年广州智慧阳光评价·数学素养测评数据，立足于广州市义务教育阶段学生数学素养测评结果，描述学生数学素养的发展现状，全面把握学生数学素养的发展水平，深入分析学生数学素养发展的影响因素，并挖掘监测结果有效应用的典型经验与做法，为学生数学素养发展提供指引，为学校数学教育的精准改进指引方向和路径，为区域数学教育改革实践提供实证依据和政策建议。

　　"总报告"主要基于 2022 年广州智慧阳光评价·数学素养测评数据，综合运用描述性统计、差异性分析，以及相关分析、多元回归等方法，描述广州市五年级、九年级学生数学素养的发展状况，深入分析解读学生数学素养的影响因素。"追踪研究篇"主要基于2020~2022年广州智慧阳光评价·数学素养测评数据，对广州市义务教育阶段学生数学素养发展情况进行跟踪分析。"区域测评篇"主要以广州市区（县）参与测评的五年级、九年级学生为研究对象，对区（县）域学生数学素养发展和影响因素进行研究分析。"学校测评篇"以广州市义务教育阶段参与测评学校的五年级、九年级学生为研究对象，展示不同学校学生的数学素养发展情况及影响因素。"应用实践篇"则聚焦区（县）域中小学校如何充分应用测评结果，实现以评促教、以评促学的典型经验与做法，充分展示测评结果应用的数学教育改革优秀成果。

目 录 ↰↘

Ⅰ 总报告

Ⅱ 追踪研究篇

Ⅲ 区域测评篇

Ⅳ　学校测评篇

Ⅴ　应用实践篇

Contents ···································· / 396

总 报 告

General Report

2022年广州市义务教育学生
数学素养发展报告

方晓波　杨　静　张雨欣*

摘　要： 本文抽取 2022 年广州智慧阳光评价·数学素养测评数据，对 11
个区 25085 名五年级、九年级学生的数学素养得分进行描述性统
计、差异性检验和回归分析，并对影响因素进行了解释。监测结
果显示：①学生数学素养发展整体表现有待提高，区域差异和校
际差异较为显著。②学生各项数学能力存在显著差异，五年级学
生的推理论证能力较突出但问题解决能力较薄弱，九年级学生的
问题解决能力较突出但运算求解能力较薄弱。③教师教学方式对
学生数学素养发展影响显著，教师主导的教学方式有助于五年级
学生数学素养的提高，而过多的师生双向反馈则可能对九年级学
生的数学素养发展产生负面影响。④学生学习的投入对学生数学

＊　方晓波，法学博士，广州市教育研究院院长，正高级教师，主要研究方向为思想政治教育、
教育政策；杨静，广州市教育研究院副研究员，主要研究方向为教师专业发展、教育发展规
划、教育评价；张雨欣，华南师范大学教师教育学部在读研究生，主要研究方向为教师专业
发展、教育评价。

素养发展影响显著，足够的学习时间投入是数学素养发展的保障，但过度的学习时间投入会降低学生数学素养水平。⑤学习动机、学习策略以及对学校的文化认同，对学生的数学能力发展具有正向预测作用。

关键词： 义务教育　数学素养　教育测评　广州市

一　研究背景与意义

数学在社会生活中的广泛应用对公民的素质提出了更高的要求，数学素养成了现代社会公民应具备的基本素养。数学作为一门基础学科，数学素养的培养对学生的综合素质培养起着至关重要的作用。2019 年 6 月，中共中央、国务院印发《关于深化教育教学改革全面提高义务教育质量的意见》①，指出要"健全质量评价监测体系，坚持和完善国家义务教育质量监测制度"。高质量开展国家义务教育质量监测，对于树立科学教育质量观、落实立德树人根本任务意义重大。2020 年 10 月，中共中央、国务院印发《深化新时代教育评价改革总体方案》②，提出"完善义务教育质量监测制度，加强监测结果运用，促进义务教育优质均衡发展"。2021 年 3 月，教育部等六部门联合印发《义务教育质量评价指南》③，强调要加快建立以发展素质教育为导向的义务教育质量评价体系。因此，有必要对学生的数学素养进行科

① 《关于深化教育教学改革全面提高义务教育质量的意见》，中国政府网，2019 年 6 月 23 日，https：//www.gov.cn/zhengce/2019-07/08/content_5407361.html，最后检索时间：2023 年 10 月 9 日。
② 《中共中央　国务院印发〈深化新时代教育评价改革总体方案〉》，中华人民共和国教育部网站，2020 年 10 月 13 日，http：//www.moe.gov.cn/jyb_xxgk/moe_1777/moe_1778/202010/t20201013_494381.html，最后检索时间：2023 年 10 月 9 日。
③ 《教育部等六部门关于印发〈义务教育质量评价指南〉的通知》，中华人民共和国教育部网站，2021 年 3 月 4 日，http：//www.moe.gov.cn/srcsite/A06/s3321/202103/t20210317_520238.html，最后检索时间：2023 年 10 月 9 日。

学测评，通过有效的数学素养评价为高质量开展义务教育质量监测提供支撑。2022年3月，教育部印发《义务教育课程方案和课程标准（2022年版）》①，明确要求"各地要统筹谋划、系统推进《义务教育课程方案和课程标准（2022年版）》落地实施""要大力推进教学改革，转变育人方式，切实提高育人质量"。其中，义务教育数学课程标准把"三会"作为培养学生数学核心素养的指导思想。

广州市是全国中小学教育质量综合评价改革实验区之一。从2013年起，广州全面启动中小学生综合素质评价改革，探索建立破解"唯分数"顽疾的阳光评价体系。2020年初，阳光评价依托教育信息化升级转型为智慧阳光评价，实现了大数据、云计算等新一代信息技术与教育评价改革的融合创新，进一步提高监测效果。广州智慧阳光评价·数学素养测评结合PISA（国际学生评估项目）、TIMSS（国际数学与科学趋势研究）测评项目对数学素养的结构划分以及国内外对科技人才培养的要求，将数学素养分成数学知识、数学能力、学习情感态度三大方面，同时调查数学教育教学方式状况。2020~2022年，广州市连续对义务教育阶段学生的数学素养进行检测。本研究主要基于2022年广州智慧阳光评价·数学素养测评数据，立足于广州市义务教育阶段学生数学素养测评结果，描述学生数学素养发展现状，深入分析学生数学素养发展的影响因素，从而为区域数学教育改革实践提供实证依据和政策建议。

二 文献综述

国外在关于数学素养评价的研究中积累了丰富的经验和成果，主要体现在两个方面：一是国外数学素养评价体系的构建比较完整。国际上知名的测

---

① 《教育部关于印发〈义务教育课程方案和课程标准（2022年版）〉的通知》，中华人民共和国中央人民政府网站，2022年3月25日，https://www.gov.cn/zhengce/zhengceku/2022-04/21/content_ 5686535.htm，最后检索时间：2023年10月9日。

试，如PISA[1]、TIMSS[2] 以及 ATC21S 都提出了具体的数学素养评价框架，D. K. 等[3]提出的数学素养模型包含了"表征""问题解决""推理""操作""交流""价值""技术"等多个因素，并指出数学素养多个能力的复杂交互。评价框架中数学态度指标是测评较为重要的方向，在 Fennema 和 Sherman[4] 设计的 Fennema-Sherman 数学态度量表中，数学态度涉及 9 个维度。Muhayyo 等[5]指出了各师范院校专业体系对数学评价方法的重视程度有所欠缺，为未来数学教师对教育质量评估领域各种方法的研究提供了方向。二是国外研究关注不同文化背景下的数学素养评价，通过跨文化比较为教育改革提供参考和借鉴。如 Roth W. 等[6]对特殊群体的数学素养评估进行了调查研究，打破了外界对少语言群体在数学能力方面的刻板认知。

随着对教育质量的关注和对学生综合素质发展的需求，国内的数学素养评价研究逐渐得到广泛关注和重视。2013 年起，我国全面开启学生核心素养培育的学术研究、实践探索与政策制定等工作。随着素质教育的兴起和改革，一种研究方向是采用作业和项目评价[7]的方式，通过学生的作业完成情

① José, & Cortina, L. : "Reseña de pisa 2006, Science Competencies for Tomorrow's World", *Information Technology Journal*（2007），4673-4679.

② Pertiwi A. , Wahidin W. : "Are the Mathematics Textbooks for Eighth-Grade Meet the Trends in International Mathematics and Science Study（TIMSS）2019 Mathematics Framework?", *Jurnal Riset Pendidikan Matematika*（2020），129.

③ Pugalee D. K. , Chamblee G : "Mathematical and Technological Literacy: Developing an Integrated 21st Century Model", *Educational Technology*, 2000：12.

④ Fennema E. , Sherman J. A. : "Fennema-Sherman Mathematics Attitude Scales: Instruments Designed to Measure Attitudes toward the Learning of Mathematics by Females and Males", *Journal for Research in Mathematics Education*（1976），324-326.

⑤ Muhayyo J. N. , Alexandrovna N. A. , S. L. A. , et al. : "Formation of Methodological Competencies of Future Mathematics Teachers in the Field of Quality Assessment of Education", *Asian Journal of Multidimensional Research*（2021），10（6）.

⑥ Roth W. , Ercikan K. , Simon M. , et al. : "The Assessment of Mathematical Literacy of Linguistic Minority Students: Results of a Multi-Method Investigation", *Journal of Mathematical Behavior*（2015），40。

⑦ 康慧、张晓刚：《关注作业评价功能 提升学生数学素养》，《山西教育》（教学）2023 年第 7 期，第 5~6 页。

况和项目表现来评估其数学素养。学者王强强[①]认为应从"学习态度""参与程度""思维状态""学习效果"四个维度对学生进行评价，可以引导学生意识到数学课堂中要动手、动脑、动口，利用多种感官的协调活动，参与知识的形成过程。中国台湾的吴明隆[②]编制的小学生数学态度量表包括学习信心、有用性、成功态度、探究动机四个维度。另一种研究方向是围绕核心素养进行评价，如陈奕陶[③]以促进学生数学核心素养的发展为导向，从命题设计出发探讨了如何促进学生数学核心素养的发展。"双减"政策实施后，数学素养评价研究又出现了新的方向，卢碧玉[④]提出了在"双减"政策下数学素养评价的创新方法，如明确评价依据、设置评测梯度、优化作业设计等，以期对培养学生的数学综合能力起到作用。殷巧娟[⑤]也在"双减"背景下对如何优化作业设计、提升学生的核心素养等问题进行了思考，并提出了解决方案。"双减"背景下的数学素养评价研究更加强调对作业设计的重视。

总的来说，国外对数学素养评价的研究已经取得了丰富的经验和成果，国内数学素养评价研究也趋于成熟，为教育政策制定、学校评估和教育改革提供了有力支持。但是针对影响数学素养评价的因素，仍然需要开展细分维度的实证研究。本次广州智慧阳光评价·数学素养测评融合了教育评价改革和新一代信息技术，不仅考查学生的数学知识、数学能力和学习情感态度，而且加入了对广州市各区学校数学教育教学方式状况、学习投入、学生自身发展、学校文化等因素的调查，根据监测数据可以发现当前广州市义务教育数学教育的优势和存在的问题，为更好地推动广州市义务教育数学教育高质量发展提供了参考。

---

① 王强强：《构建多维评价体系　提升学生数学素养》，《现代教育科学》（小学教师）2013年第 5 期，第 177 页。

② 吴明隆：《问卷统计分析实务——SPSS 操作与应用》，重庆大学出版社，2010。

③ 陈奕陶：《基于发展小学生数学核心素养的教师命题策略研究》，扬州大学硕士学位论文，2023。

④ 卢碧玉：《"双减"背景下小学低年级数学素养评价的创新路径》，《学园》2022 年第 9 期，第 10~12 页。

⑤ 殷巧娟：《基于小学生数学核心素养提升的作业内容设计》，《新课程教学》2023 年第 7 期，第 91~92 页。

三　研究设计

本次评价以《义务教育数学课程标准（2022年版）》为依据，同时对标国家义务教育质量监测要求展开，重点测查学生的运算求解能力、空间想象能力、数据处理能力、推理论证能力和问题解决能力，以及学生学习情感态度，并结合国家相关政策规定，对广州市各区学校数学教育教学方式状况进行调查。

（一）调查对象与抽样情况

2022年10月，广州市开展第六轮中小学生智慧阳光评价工作。根据科学抽样方案设计，本次智慧阳光评价以广州市小学五年级、初中九年级学生为测评对象，共抽取学校250所，平均每个学校抽取100名学生，所有被抽取的班级学生均参与测评，共14779名五年级学生和10304名九年级学生参与评价。各行政区具体参测情况如表1所示。

表1　2022年全市及各区数学素养测评参测情况

区域	小学学校（所）	五年级学生（人）	初中学校（所）	九年级学生（人）
A区	20	1703	9	676
B区	11	1192	7	824
C区	21	2250	17	1609
D区	11	665	9	1007
E区	4	336	13	773
F区	8	921	1	112
G区	13	1433	14	1497
H区	13	1418	8	895
I区	19	2009	8	861
J区	7	810	3	345
K区	18	2042	16	1705
广州市	145	14779	105	10304

注：本报告参测人数为广州市智慧阳光评价实验学校的有效参测学生总数。

（二）测评工具

根据《义务教育数学课程标准（2022 年版）》和《义务教育质量评价指南》，并基于我国对数学人才培养的要求，结合 PISA、TIMSS 测评项目对数学素养的结构划分，广州智慧阳光评价·数学素养测评将数学素养分为数学知识、数学能力和学习情感态度三大方面，各指标划分如图 1 所示。

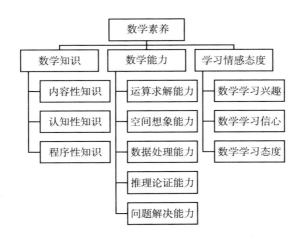

图 1　数学素养评价体系

广州智慧阳光评价·数学素养测评根据《义务教育数学课程标准（2022年版）》的要求，采用国际通用的程序和技术方法，将学生数学素养划分为四个水平等级，从高到低分别为 A 级（86~100 分，优秀）、B 级（71~85 分，良好）、C 级（60~70 分，中等）、D 级（60 分以下，待提高）。

本测评通过测试题考查学生数学能力，可以反映学生数学知识的掌握情况。考虑到数学能力是数学知识掌握的表现以及篇幅限制，故在此部分不对数学知识进行分析。除了监测数学素养各指标维度发展状况外，本测评还调查了教师教学方式、学习投入、学生自身发展、学校文化等因素，相关指标维度的内涵解释如表 2 所示。

表 2　数学素养各测评指标解释

内容	指标维度	内涵
数学能力	运算求解能力	学生通过使用公式、定义等进行数学计算,进而解决简单的数学问题的能力
	空间想象能力	对客观事物的空间形式(空间几何形体)进行观察、分析、认知的抽象思维能力
	数据处理能力	学生通过选择适当的数学知识和数学技能进行问题表征和建模,进而解决常规性问题的能力
	推理论证能力	学生通过数学知识和规律提出假设并进行比较、论证、分析,进而解决复杂问题的能力,主要包括归纳推理和演绎推理
	问题解决能力	学生凭借独立思考,综合运用数学知识解决实际问题的能力
学习情感态度	数学学习兴趣	指学生积极参与数学活动,对数学有好奇心和求知欲,具备数学学习过程中的情绪和动机
	数学学习态度	学生通过了解数学的特点和价值,形成坚持真理、修正错误、严谨求实的科学态度,形成数学价值观和成长型思维
	数学学习信心	学生在学习过程中,体验获得成功的乐趣,磨炼克服困难的意志,建立自信心(自我效能感)
教师教学方式	教师主导教学	教师采用教师讲解、课堂讨论和学生提问等形式组织并完成一堂结构完整、内容清楚和信息丰富的课程
	师生双向反馈	在教学中有效的反馈是双向的,即教师给予学生有关学习的意见和建议,学生收到后对自己的学习行动有所调整,再将信息反馈给教师
	适应性教学	教师能根据班级学生的实际需求、知识储备和能力,弹性地"剪裁"其课堂教学内容,包括满足对某些主题和知识点有困难的单个学生的需求
	认知激活	教师在课堂上鼓励学生发表观点、多方法多角度解决问题,将数学问题与实际情境相结合,开发学生的数学思维和推理能力
学习投入	时间投入	学生完成数学作业所花费的时间
学生自身发展	学习能力	学生获得知识、发现问题、解决问题的能力,这些方面与智力息息相关
	学习动机	引发与维持学生的学习行为,并使之指向一定学业目标的一种动力倾向。它是直接推动学生进行学习的内部动因,是决定学习行为和学习质量的关键因素
	学习策略	学生在学习活动中有效学习的程序、规则、方法、技巧及调控方式
	学业负担	学生身心所承受的一切与学习活动有关的负荷量,包括学习的物理负荷量和学习的心理负荷量
学校文化	学校文化认同	学生对学校历史、文化在认知上的理解、情感上的支持赞同以及行为上的践行

（三）数据分析

本研究主要运用 SPSS 26.0 软件对问卷数据进行处理和分析。剔除无效数据后，对 2022 年五年级、九年级的数学素养试卷的信度进行检验，结果表明，五年级数学素养试卷的克伦巴赫系数α（Cronbach's coefficient alpha）为 0.80，九年级数学素养试卷的克伦巴赫系数α为 0.72，均超过 0.7，说明 2022 年数学素养试卷设计是可靠、稳定的。

基于良好的信度结果，本报告对广州市各区义务教育阶段学生的数学素养得分进行了描述性统计、差异性检验和回归分析，分析全市和各区五年级、九年级学生的数学素养发展情况以及区域、校际差异，并对影响各年级学生数学素养发展的因素进行了解释。

四　调查结果

（一）数学素养整体表现

本部分主要呈现广州市五年级、九年级学生数学素养的整体表现，以及学生在数学能力（包括运算求解能力、空间想象能力、数据处理能力、推理论证能力和问题解决能力）和学习情感态度（包括数学学习兴趣、数学学习信心和数学学习态度）上的具体表现。

1. 五年级学生数学素养整体表现

（1）广州市五年级学生数学素养整体表现有待提高

从监测数据来看，广州市五年级学生数学素养整体表现有待提高，低分段和高分段分布较少，符合正态分布规律。不同学生的数学素养存在一定差异，是应关注的问题。

（2）各区五年级学生数学素养整体表现差异较大

E 区各等级学生分布较均衡（见图 2），A 级学生区内占比较高，接近 30%，表现较好；B 区 D 级学生在所有区中占比最高，为 93.71%，表现最不理想。

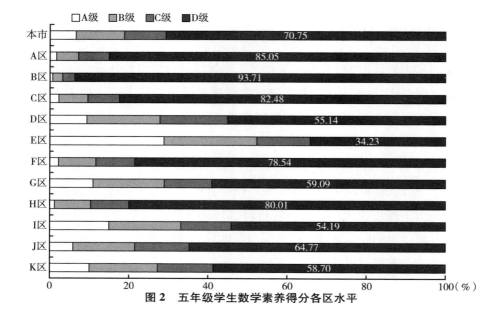

图2 五年级学生数学素养得分各区水平

通过方差分析和事后多重比较检验分析各区数学素养得分的差异发现，E区数学素养得分平均值（$M=67.87$）在所有区中最高（$p<0.001$），但其标准差（$SD=22.5$）也高于其他区，表明区内学生数学素养表现较好，但学生个体间差异较大。而B区数学素养得分平均值（$M=35.04$）在所有区中最低（$p<0.001$），但其标准差（$SD=14.76$）是11个区中最小的，表明区内学生数学素养得分普遍较低，低分段学生较为集中。从监测数据来看，广州市各区之间五年级学生数学素养均衡性有待提高。

（3）各区五年级学生数学素养的校际均衡表现为区域内均衡

从五年级参测学校的数学素养均衡表现看，各区主要分布在三个区域，分别为左下区域、右下区域以及右上区域，其中左下区域特征为数学素养得分低于市均值且校际差异低于市差异系数，分别有C区、B区、A区、H区、F区，其中H区、F区校际差异最小。右下区域特征为数学素养得分高于市均值且校际差异低于市差异系数，分别有I区、G区、E区、J区、D区，其中J区、D区校际差异最小。右上区域特征为数学素养得分高于市均值且校际差异高于市差异系数，有 K 区。左上区域特征为数学素养得分低于市均值且校际差异高于市差异系数，五年级无行政区落在此区域（见图 3）。从监测数据来看，广州市大部分区域校际差异较小，说明区域内的均衡性较好。

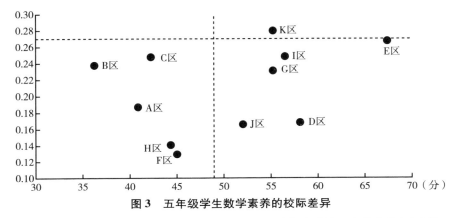

图 3　五年级学生数学素养的校际差异

注：横坐标为数学素养得分，纵坐标为差异系数（均值/标准差），标注点越向右表明均值越高，越向上表明校际差异越大。图中横向虚线代表市差异系数，纵向虚线代表市均值。

2. 九年级学生数学素养整体表现

（1）广州市九年级学生数学素养整体表现有较大提升空间

广州市九年级学生的数学素养得分呈现"左"偏态，与全国其他地区相关研究对比，可以获得启示。例如 2014 年度四川省五年级数学学业质量监测显示，学生总体数学学业发展水平较好①。刘坚、张丹等学者研究发现大陆地区义务教育数学学业水平达标程度较高，分别有高达 86% 的三年级和 80% 的八年级学生达到课程标准的基本要求②。

（2）各区九年级学生数学素养整体表现较为一致

各区九年级学生数学素养得分普遍较低，与五年级各区数学素养整体表

---

① 四川省人民政府教育指导委员会办公室、四川省基础教育监测评估中心：《2014 年度四川省基础教育学业质量监测报告——以五年级数学为例》，《教育科学论坛》2015 年第 8 期，第 48~51 页。

② 刘坚、张丹、綦春霞、曹一鸣：《大陆地区义务教育数学学业状况及影响因素研究》，《全球教育展望》2014 年第 12 期，第 44~57 页。

现差异较大相比，各区呈现均衡性特征。

11 个区九年级学生数学素养得分普遍较低。通过方差分析和事后多重比较检验分析各区数学素养得分的差异，发现 G 区数学素养得分在所有区中最高（$p<0.001$），而 A 区和 F 区数学素养得分不存在显著差异，均在所有区中最低（$p<0.001$）。

（3）各区九年级学生数学素养的校际均衡表现差异大

从九年级参测学校的数学素养均衡表现看，各区主要分布在三个区域，分别为左下区域、右下区域以及右上区域，其中左下区域分别有 E 区、J 区、C 区、B 区、H 区、A 区、F 区（仅有一所初中参测，无校际差异系数），A 区校际差异最小。右下区域为 G 区。右上区域分别有 I 区、D 区、K 区，K 区校际差异最小（见图 4）。从监测数据看，各区的九年级学生数学素养校际存在显著差异，这与大部分研究显示的校际不均衡相一致，如江苏省 2016 年对全省 82319 名初中二年级学生涉及数学核心素养的学业质量监测显示，城乡、不同区域、不同类型学校学生的数学核心素养水平发展不平衡[①]。

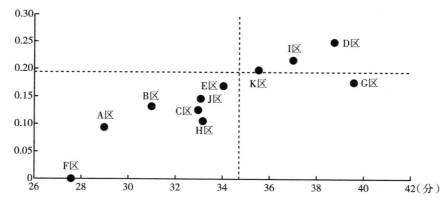

图 4　九年级学生数学素养的校际差异

注：横坐标为数学素养得分，纵坐标为差异系数（均值/标准差），标注点越向右表明均值越高，越向上表明校际差异越大。图中横向虚线代表市差异系数，纵向虚线代表市均值。

————————

① 董林伟、喻平：《基于学业水平质量监测的初中生数学核心素养发展状况调查》，《数学教育学报》2017 年第 1 期，第 7~13 页。

（二）学生数学素养的各维度具体表现

1. 数学能力表现中，数据处理能力较为基础

数学能力包括运算求解能力、空间想象能力、数据处理能力、推理论证能力、问题解决能力。五年级、九年级各等级学生在数学能力得分率上的表现如表3和图5所示。

进一步对五年级、九年级各等级学生的数学能力得分率进行方差分析，发现五年级各等级学生在运算求解、空间想象、数据处理、推理论证、问题解决上的得分率均存在显著差异（$p<0.001$），A级、B级、C级、D级学生的数学能力依次递减。九年级各等级学生在运算求解、空间想象、数据处理、推理论证、问题解决上的得分率均存在显著差异（$p<0.001$），A级、B级、C级、D级学生的数学能力依次递减，但A级和B级学生在数据处理得分率上不存在显著差异。说明对于较高数学素养的学生来说，数据处理较为基础，差异性的能力更多体现为运算求解、空间想象、推理论证和问题解决能力。

表3　五年级、九年级各等级学生数学能力得分率的描述性统计结果

等级	五年级									
	运算求解		空间想象		数据处理		推理论证		问题解决	
	M	SD	M	SD	M	SD	M	SD	M	SD
A级	0.90	0.10	0.91	0.11	0.92	0.12	0.93	0.13	0.52	0.07
B级	0.74	0.13	0.72	0.15	0.79	0.16	0.84	0.19	0.43	0.12
C级	0.66	0.14	0.57	0.17	0.68	0.17	0.73	0.24	0.35	0.14
D级	0.40	0.19	0.33	0.19	0.41	0.22	0.42	0.30	0.19	0.15

等级	九年级									
	运算求解		空间想象		数据处理		推理论证		问题解决	
	M	SD	M	SD	M	SD	M	SD	M	SD
A级	0.93	0.09	0.88	0.07	0.90	0.15	0.90	0.11	0.95	0.09
B级	0.58	0.19	0.77	0.09	0.88	0.19	0.79	0.15	0.85	0.13
C级	0.43	0.17	0.68	0.10	0.79	0.23	0.66	0.16	0.74	0.17
D级	0.26	0.17	0.34	0.16	0.38	0.28	0.33	0.18	0.38	0.23

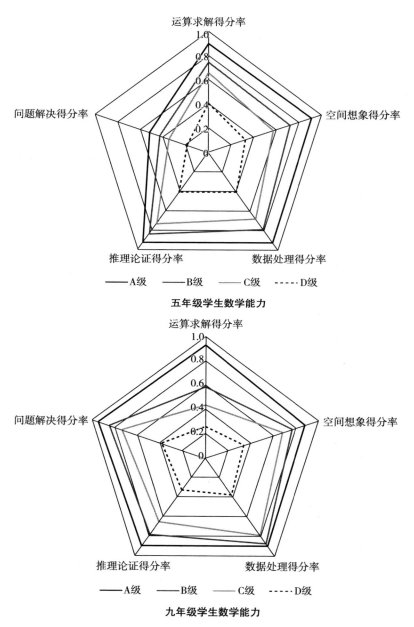

五年级学生数学能力

九年级学生数学能力

图 5 五年级、九年级各等级学生的数学能力得分率

　　对五年级和九年级学生进行重复测量方差分析，以检验各项数学能力在学生内部的差异，发现五年级学生各项数学能力存在显著差异（$p<0.001$），推理论证、数据处理、运算求解、空间想象、问题解决得分率依次递减；九年级学生各项数学能力存在显著差异（$p<0.001$），问题解决、数据处理、空间想象、推理论证、运算求解得分率依次递减。

　　对各区的各项数学能力进行方差分析，发现五年级各区学生的各项数学能力得分率均存在显著差异（$p<0.001$）。E区、D区、I区学生的各项数学能力均较高，B区、A区、C区学生的各项数学能力均较弱。九年级各地区学生的各项数学能力得分率均存在显著差异（$p<0.001$）。D区、G区、I区学生的各项数学能力均较高，B区、A区、C区学生的各项数学能力均较弱（见表4）。

表4　五年级、九年级学生数学能力得分率

区域	五年级					九年级				
	运算求解	空间想象	数据处理	推理论证	问题解决	运算求解	空间想象	数据处理	推理论证	问题解决
A区	0.43	0.35	0.44	0.45	0.20	0.25	0.28	0.30	0.28	0.31
B区	0.36	0.33	0.37	0.38	0.18	0.25	0.32	0.33	0.31	0.36
C区	0.45	0.38	0.46	0.47	0.21	0.25	0.34	0.40	0.34	0.40
D区	0.60	0.50	0.60	0.64	0.31	0.29	0.39	0.44	0.40	0.44
E区	0.69	0.64	0.70	0.73	0.36	0.27	0.36	0.37	0.34	0.41
F区	0.47	0.39	0.50	0.51	0.24	0.25	0.28	0.31	0.28	0.32
G区	0.57	0.49	0.60	0.62	0.30	0.29	0.43	0.48	0.41	0.48
H区	0.46	0.41	0.49	0.48	0.22	0.27	0.35	0.39	0.34	0.38
I区	0.60	0.53	0.60	0.64	0.31	0.28	0.39	0.46	0.37	0.43
J区	0.55	0.46	0.56	0.58	0.28	0.26	0.36	0.36	0.31	0.35
K区	0.56	0.53	0.57	0.58	0.30	0.27	0.37	0.42	0.36	0.41
广州市	0.51	0.44	0.52	0.54	0.26	0.27	0.36	0.41	0.35	0.41

2.学习情感态度与数学素养得分等级划分相符合

学习情感态度包括数学学习兴趣、数学学习信心和数学学习态度。五年级、九年级各等级学生在学习情感态度上的表现如表5和图6所示。

进一步对五年级、九年级各等级学生的学习情感态度进行方差分析，发现五年级各等级学生在数学学习兴趣、数学学习信心和数学学习态度上的得分均存在显著差异（$p<0.001$），A级、B级、C级、D级学生的学习情感态度得分依次递减。九年级各等级学生在数学学习兴趣、数学学习信心和数学学习态度上的得分均存在显著差异（$p<0.001$），然而每个维度的表现并不一致。对于数学学习兴趣，A级学生与B级、C级、D级学生并不存在显著差异（$p>0.05$），但B级、C级学生的数学学习兴趣显著高于D级学生（$p<0.001$），这表明数学学习兴趣对数学素养的影响是有限的。对于数学学习信心，A级学生与B级、C级学生并不存在显著差异（$p>0.05$），但A级、B级和C级学生数学学习信心显著高于D级学生（$p<0.001$），这说明数学学习信心对数学素养的影响具有上限。同样的，对于数学学习态度，A级学生与B级、C级学生并不存在显著差异（$p>0.05$），但A级、B级和C级学生数学学习态度显著高于D级学生（$p<0.001$），这说明数学学习态度对数学素养的影响具有上限。

表5　五年级、九年级各等级学生学习情感态度的描述性统计结果

等级	五年级					
	数学学习兴趣		数学学习信心		数学学习态度	
	M	SD	M	SD	M	SD
A 级	32.84	3.93	41.60	4.47	19.06	1.67
B 级	31.81	4.42	40.69	4.74	18.62	2.01
C 级	31.10	4.89	40.03	5.06	18.39	2.16
D 级	28.84	5.78	36.14	6.39	17.14	3.13

等级	九年级					
	数学学习兴趣		数学学习信心		数学学习态度	
	M	SD	M	SD	M	SD
A 级	28.26	4.74	36.82	5.69	17.18	2.28
B 级	29.14	5.30	38.33	5.30	17.74	2.46
C 级	28.88	5.47	37.27	5.54	17.53	2.33
D 级	26.87	6.30	32.66	5.91	16.09	3.11

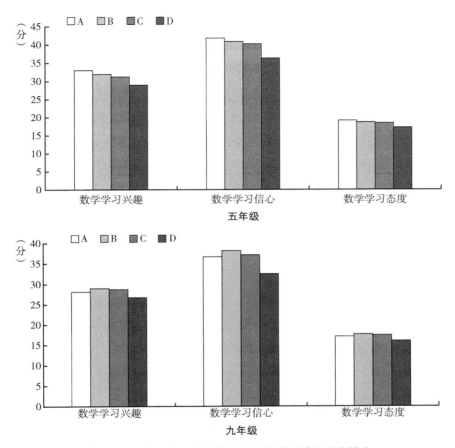

图6 五年级、九年级各等级学生的学习情感态度得分

对各区的学习情感态度进行方差分析，发现五年级各区学生的数学学习兴趣、数学学习信心和数学学习态度得分均存在显著差异（$p < 0.001$）。I区、G区、E区学生的学习情感态度得分均较高，B区、A区、F区学生的学习情感态度得分均较低。九年级各区学生的数学学习兴趣、数学学习信心和数学学习态度得分均存在显著差异（$p < 0.001$）。I区、G区、E区学生的学习情感态度得分均较高，F区、A区、B区学生的学习情感态度得分均较低（见表6）。

表6　五年级、九年级学生的学习情感态度得分

单位：分

区域	五年级			九年级		
	数学学习兴趣	数学学习信心	数学学习态度	数学学习兴趣	数学学习信心	数学学习态度
A 区	28.61	35.87	16.90	26.13	31.15	15.23
B 区	27.96	34.18	16.26	26.08	31.54	15.28
C 区	29.22	36.87	17.46	27.38	32.97	16.38
D 区	29.84	38.29	18.04	26.20	33.11	16.06
E 区	32.92	40.62	18.87	28.24	34.15	16.47
F 区	28.61	36.86	17.16	25.48	30.79	14.96
G 区	30.95	39.58	18.19	27.16	33.62	16.66
H 区	29.49	37.36	17.56	27.51	33.50	16.32
I 区	30.45	38.55	18.09	27.88	34.10	16.88
J 区	30.40	38.91	18.18	26.50	32.50	16.08
K 区	30.57	37.94	17.81	26.57	32.32	15.97
广州市	29.74	37.50	17.60	26.98	32.92	16.18

（三）数学素养的影响因素分析

本测评除了监测数学素养各指标维度发展状况外，还完成了对教师教学方式、学习投入、学生自身发展、学校文化等因素的调查。通过 Pearson 相关性分析，对各影响因素进行有效判断。如果 p 值小于 0.05，则两个变量呈显著的相关性。

1. 教师教学方式

（1）教师教学方式使用频率

项目组根据数学学科课堂教学的特点，从学习机会的角度主要关注教师使用4种教学方式的频率。五年级、九年级感知的教师教学方式使用频率中，认知激活使用频率均最高，适应性教学使用频率均最低。通过对五年级、九年级学生感知的教师教学方式使用频率进行比较，发现五年级学生感知的教师主导教学和认知激活使用频率均显著低于九年级学生，五年级学生感知的师生双向反馈使用频率显著高于九年级学生，两个年级学生感知的适应性教学使用频率不存在显著差异（见表7）。

表7 教师教学方式使用频率

指标	五年级		九年级		t
	M	SD	M	SD	
教师主导教学	9.62	2.15	9.74	2.31	−4.07 ***
师生双向反馈	12.61	3.54	11.91	3.55	15.06 ***
适应性教学	9.23	2.67	9.24	2.45	−0.38
认知激活	16.10	3.74	21.95	5.27	−100.36 ***

注：* 代表 $p<0.05$，** 代表 $p<0.01$，*** 代表 $p<0.001$。

（2）数学素养与教师教学方式的相关性分析

对五年级和九年级学生的数学素养与教师教学方式进行 Pearson 相关性分析（见表8），结果发现：五年级学生数学素养与教师教学方式呈现显著的正相关关系（$r=0.065\sim0.209$，$p<0.001$），九年级学生数学素养与教师教学方式基本上呈现显著的正相关关系（$r=0.022\sim0.187$，$p<0.05$），但运算求解能力、推理论证能力和师生双向反馈教学方式不存在相关关系。

表8 数学素养与教师教学方式的相关系数

指标	五年级					
	数学素养得分	运算求解能力	空间想象能力	数据处理能力	推理论证能力	问题解决能力
教师主导教学	0.209 ***	0.184 ***	0.162 ***	0.166 ***	0.147 ***	0.127 ***
师生双向反馈	0.153 ***	0.136 ***	0.126 ***	0.112 ***	0.105 ***	0.094 ***
适应性教学	0.103 ***	0.090 ***	0.095 ***	0.068 ***	0.065 ***	0.065 ***
认知激活	0.173 ***	0.146 ***	0.138 ***	0.139 ***	0.117 ***	0.108 ***
指标	九年级					
	数学素养得分	运算求解能力	空间想象能力	数据处理能力	推理论证能力	问题解决能力
教师主导教学	0.187 ***	0.038 ***	0.169 ***	0.129 ***	0.126 ***	0.153 ***
师生双向反馈	0.043 ***	0.013	0.044 ***	0.022 *	0.013	0.041 ***
适应性教学	0.102 ***	0.032 **	0.088 ***	0.066 ***	0.065 ***	0.083 ***
认知激活	0.152 ***	0.040 ***	0.134 ***	0.109 ***	0.097 ***	0.121 ***

注：* 代表 $p<0.05$，** 代表 $p<0.01$，*** 代表 $p<0.001$。

2. 学习投入

（1）时间投入

通过对五年级、九年级学生的时间投入进行比较，发现五年级学生时间投入显著少于九年级学生（见表9），这与不同阶段的学习时间总体投入的规律相一致。

表 9　时间投入

指标	五年级		九年级		t
	M	SD	M	SD	
时间投入	9.25	1.76	10.20	2.24	-36.71^{***}

注：* 代表 $p<0.05$，** 代表 $p<0.01$，*** 代表 $p<0.001$。

（2）数学素养与时间投入的相关性分析

对五年级和九年级学生的数学素养与时间投入进行 Pearson 相关性分析（见表10），结果发现：五年级学生数学素养与时间投入呈现显著的正相关关系（$r=0.018\sim0.027$，$p<0.05$），但数据处理能力和时间投入不存在显著的相关关系；九年级学生数学素养与时间投入呈现显著的负相关关系（$r=-0.033\sim-0.021$，$p<0.05$），但运算求解能力、推理论证能力与数据处理能力和时间投入不存在显著的相关关系。

表 10　数学素养与时间投入的相关系数

指标	数学素养得分	运算求解能力	空间想象能力	数据处理能力	推理论证能力	问题解决能力
五年级时间投入	0.027^{**}	0.025^{**}	0.018^{*}	0.008	0.026^{**}	0.027^{**}
九年级时间投入	-0.021^{*}	0.013	-0.023^{*}	-0.006	-0.013	-0.033^{**}

注：* 代表 $p<0.05$，** 代表 $p<0.01$，*** 代表 $p<0.001$。

3. 学生自身发展

（1）学生自身发展情况

项目组从学习能力、学习动机、学习策略、学业负担四个方面去评估学生自身发展。五年级、九年级学生的学习能力、学习动机、学习策略、学业负担情况见表11。

表 11　学生自身发展

指标	五年级		九年级	
	M	SD	M	SD
学习能力	45.17	26.72	34.14	28.00
学习动机	51.33	11.83	46.01	13.75
学习策略	53.54	10.79	48.57	13.10
学业负担	48.22	10.96	52.08	10.08

注：* 代表 $p<0.05$，** 代表 $p<0.01$，*** 代表 $p<0.001$。

（2）数学素养与学生自身发展的相关性分析

对五年级和九年级学生的数学素养与学生自身发展进行 Pearson 相关性分析（见表12），结果发现：五年级学生数学素养与学业负担呈现显著的负相关关系（$r=-0.267\sim-0.171$，$p<0.001$），数学素养与学习动机、学习策略呈现显著的正相关关系（$r=0.132\sim0.244$，$p<0.001$）；九年级学生数学素养与学习动机、学习策略呈现显著的正相关关系（$r=0.047\sim0.235$，$p<0.001$），数学素养与学业负担呈现显著的负相关关系（$r=-0.202\sim-0.053$，$p<0.001$）。

表 12　数学素养与学生自身发展的相关系数

项目		数学素养得分	运算求解能力	空间想象能力	数据处理能力	推理论证能力	问题解决能力
五年级	学习动机	0.244 ***	0.212 ***	0.192 ***	0.195 ***	0.168 ***	0.150 ***
	学习策略	0.214 ***	0.193 ***	0.169 ***	0.162 ***	0.150 ***	0.132 ***
	学业负担	−0.267 ***	−0.229 ***	−0.206 ***	−0.214 ***	−0.186 ***	−0.171 ***

续表

项目		数学素养得分	运算求解能力	空间想象能力	数据处理能力	推理论证能力	问题解决能力
九年级	学习动机	0.235***	0.047***	0.203***	0.162***	0.170***	0.199***
	学习策略	0.186***	0.051***	0.153***	0.134***	0.127***	0.163***
	学业负担	−0.202***	−0.053***	−0.177***	−0.131***	−0.142***	−0.161***

注：* 代表 $p<0.05$，** 代表 $p<0.01$，*** 代表 $p<0.001$。

4.学校文化的情况

（1）学校文化认同

通过对五年级、九年级学生的学校文化认同进行比较，发现五年级学生学校文化认同显著高于九年级学生（见表13）。

表13　学校文化认同

指标	五年级		九年级		t
	M	SD	M	SD	
学校文化认同	46.15	18.74	43.61	15.74	11.17***

注：* 代表 $p<0.05$，** 代表 $p<0.01$，*** 代表 $p<0.001$。

（2）数学素养与学校文化认同的相关性分析

对五年级和九年级学生的数学素养与学校文化认同进行 Pearson 相关性分析（见表14），结果发现：五年级学生数学素养与学校文化认同呈现显著的正相关关系（r＝0.027~0.048，$p<0.01$）；九年级学生数学素养与学校文化认同呈现显著的正相关关系（r＝0.040~0.156，$p<0.001$）。

表14　数学素养与学校文化认同的相关系数

项目	数学素养得分	运算求解能力	空间想象能力	数据处理能力	推理论证能力	问题解决能力
五年级学校文化认同	0.047***	0.048***	0.032***	0.033***	0.041***	0.027**
九年级学校文化认同	0.156***	0.040***	0.124***	0.124***	0.106***	0.141***

注：* 代表 $p<0.05$，** 代表 $p<0.01$，*** 代表 $p<0.001$。

5. 教师教学方式、学生学习投入、学生自身发展、学校文化对数学素养的预测作用

经过相关性检验，教师教学方式、学生学习投入、学生自身发展、学校文化都与数学素养存在显著的相关关系。可以进行五年级和九年级学生的教师教学方式、学生学习投入、学生自身发展、学校文化对其数学素养的线性回归分析。如表15所示，五年级学生的结果显示：①关于教师教学方式的预测作用，教师主导教学和认知激活方式显著正向预测运算求解能力、空间想象能力、数据处理能力、推理论证能力、问题解决能力；师生双向反馈方式不能显著预测运算求解能力、空间想象能力、数据处理能力、推理论证能力、问题解决能力；适应性教学方式显著负向预测运算求解能力、空间想象能力、数据处理能力、推理论证能力、问题解决能力。②关于学生学习投入，时间投入不能显著预测运算求解能力、空间想象能力、数据处理能力、推理论证能力、问题解决能力。③关于学生自身发展，学习动机显著正向预测运算求解能力、空间想象能力、数据处理能力、推理论证能力、问题解决能力；学习策略显著正向预测运算求解能力、空间想象能力和推理论证能力；学业负担显著负向预测运算求解能力、空间想象能力、数据处理能力、推理论证能力、问题解决能力。④关于学校文化，学校文化认同显著正向预测运算求解能力、空间想象能力和推理论证能力。⑤通过比较各维度的标准化回归系数（β）发现，教师主导教学（$\beta=0.079\sim0.128$）和学业负担（$\beta=-0.127\sim-0.106$）对运算求解能力、空间想象能力、数据处理能力、推理论证能力、问题解决能力的影响作用较大。

如表16所示，九年级学生的结果显示：①关于教师教学方式的预测作用，教师主导教学和认知激活方式显著正向预测空间想象能力、数据处理能力、推理论证能力、问题解决能力；师生双向反馈方式显著负向预测运算求解能力、空间想象能力、数据处理能力、推理论证能力、问题解决能力；适应性教学方式不能显著预测运算求解能力、空间想象能力、数据处理能力、推理论证能力、问题解决能力。②关于学生学习投入，时间投入不能显著预测运算求解能力、空间想象能力、数据处理能力、推理论证能力，但显著

表15 五年级学生教师教学方式、学生学习投入、学生自身发展、学校文化对其数学素养的线性回归分析结果

	变量	数学素养									
		运算求解能力		空间想象能力		数据处理能力		推理论证能力		问题解决能力	
		β	t	β	t	β	t	β	t	β	t
	常数	9.046	13.136***	9.097	10.718***	9.342	14.012***	4.776	10.128***	5.856	9.918***
教师教学方式	教师主导教学	0.128	10.417***	0.095	7.634***	0.125	10.058***	0.108	8.613***	0.079	6.308***
	师生双向反馈	0.004	0.251	0.000	-0.029	-0.014	-1.008	0.001	0.062	-0.006	-0.434
	适应性教学	-0.103	-7.742***	-0.065	-4.865***	-0.124	-9.285***	-0.098	-7.266***	-0.07	-5.174***
	认知激活	0.053	4.025***	0.055	4.119***	0.087	6.581***	0.051	3.875***	0.053	3.948***
学生学习投入	时间投入	0.010	1.182	0.004	0.438	-0.006	-0.774	0.013	1.594	0.016	1.935
学生自身发展	学习动机	0.074	6.353***	0.073	6.203***	0.077	6.531***	0.057	4.781***	0.049	4.082***
	学习策略	0.039	3.500***	0.022	1.991*	0.009	0.783	0.026	2.355*	0.013	1.168
	学业负担	-0.121	-10.140***	-0.112	-9.236***	-0.127	-10.596***	-0.106	-8.727***	-0.108	-8.816***
学校文化	学校文化认同	0.030	3.724***	0.017	2.054*	0.016	1.947	0.028	3.399**	0.014	1.678

注: * 代表 p<0.05, ** 代表 p<0.01, *** 代表 p<0.001。

表16 九年级学生教师教学方式、学生学习投入、学生自身发展、学校文化对其数学素养的线性回归分析结果

变量		数学素养									
		运算求解能力		空间想象能力		数据处理能力		推理论证能力		问题解决能力	
		β	t	β	t	β	t	β	t	β	t
	常数	5.247	11.448***	11.766	14.363***	1.625	6.860***	4.697	12.355***	3.745	9.492***
教师教学方式	教师主导教学	0.014	0.867	0.159	10.028***	0.110	6.834***	0.122	7.596***	0.134	8.435***
	师生双向反馈	-0.050	-2.784**	-0.136	-7.852***	-0.135	-7.741***	-0.160	-9.175***	-0.128	-7.400***
	适应性教学	0.022	1.016	-0.035	-1.718	-0.026	-1.238	0.016	0.747	-0.017	-0.805
	认知激活	0.027	1.316	0.084	4.169***	0.096	4.690***	0.061	3.002**	0.069	3.403**
学生学习投入	时间投入	0.013	1.206	-0.019	-1.910	-0.001	-0.141	-0.007	-0.643	-0.031	-3.102**
学生自身发展	学习动机	0.011	0.745	0.115	8.146***	0.075	5.284***	0.105	7.375***	0.106	7.495***
	学习策略	0.021	1.552	0.019	1.486	0.034	2.596**	0.018	1.387	0.047	3.545***
	学业负担	-0.029	-2.248*	-0.078	-6.304***	-0.038	-3.071**	-0.056	-4.458***	-0.047	-3.796***
学校文化	学校文化认同	0.012	0.940	-0.001	-0.042	0.036	2.989**	0.001	0.042	0.023	1.933

注：*代表 $p<0.05$，**代表 $p<0.01$，***代表 $p<0.001$。

负向预测问题解决能力。③关于学生自身发展，学习动机显著正向预测空间想象能力、数据处理能力、推理论证能力、问题解决能力；学习策略显著正向预测数据处理能力和问题解决能力；学业负担显著负向预测运算求解能力、空间想象能力、数据处理能力、推理论证能力、问题解决能力。④关于学校文化，学校文化认同显著正向预测数据处理能力。⑤通过比较各维度的标准化回归系数（β）发现，师生双向反馈、学业负担对运算求解能力影响较大；教师主导教学（$\beta = 0.110 \sim 0.159$）和师生双向反馈（$\beta = -0.160 \sim -0.128$）对空间想象能力、数据处理能力、推理论证能力、问题解决能力的影响作用较大。

五　主要结论与讨论

（一）学生数学素养发展水平有待提高，各项数学能力存在显著差异

广州市义务教育数学素养监测分数为 $0 \sim 100$。监测结果表明，广州市五年级学生数学素养水平平均不高，而九年级学生数学素养得分集中在低分段。关于数学素养的具体表现，两个年级学生各项数学能力存在显著差异。五年级学生的推理论证能力最为突出，问题解决能力较为薄弱；九年级学生的问题解决能力最为突出，运算求解能力较为薄弱。

导致学生数学素养整体表现不佳的原因是多方面的。一是数学素养测评的难度影响着监测结果。广州市数学素养测评参照 PISA 数学素养测评框架，测评内容聚焦相关年级学生的数学素养发展，但难度系数偏大，一定程度上影响了学生数学素养的表现。二是学生作答时间不够充分。后台监测数据显示，九年级学生作答时间不足，这必然会影响学生数学素养的监测结果。三是部分区、校对数学素养发展监测的重视程度还不够。广州市智慧阳光评价实现了监测结果分级发布，天河、荔湾等区能运用数据精准改进教育教学，但是部分区仍然存在监测结果使用效能不高的问题，运用监测数据精准服务学校特色发展、学生个性发展和提升课堂教学品质等工作需要进一步

加强。对此，一方面，广州市数学素养测评需要优化测评指标体系，为学生的数学素养发展提供精准画像；另一方面，各区、校要高度重视对学生数学素养发展的监测，通过对学生数学素养发展的监测，实现对学生数学素养发展的动态跟踪，深化课堂教学改革，助力数学教育高质量发展。

（二）学生数学素养发展存在显著的区域差异和校际差异

监测结果显示，五年级各区学生数学素养表现差异较大，区域内校际学生数学素养差异较小；九年级各区域内学生数学素养的校际表现差异较大，各区学生数学素养表现差异较小。广州市 2022 年九年级学生数学素养表现区域差异小，其原因主要是各区九年级学生数学素养得分普遍较低（各区数学素养得分等级为 D 级占比均超过 90%），从数据上看各区之间学生数学素养表现差异不显著。

学生数学学业水平的区域不均衡，是数学教育常见的现实问题。其原因主要为不同区域在经济水平、教育基础设施、师资力量、教育理念、教育管理、生源素质等方面存在差异，影响着不同区域的数学教育质量。国内三年级和八年级学生大规模数学学业质量监测结果显示，不同地区、城乡学生群体的数学学业水平存在明显差异[1]。江苏省 2016 年对全省 82319 名初中二年级学生涉及数学核心素养的学业质量监测显示，城乡、不同区域、不同类型学校学生的数学核心素养水平发展不平衡[2]。广州市要通过制度设计，搭建横向互通桥梁与学习交流平台，加强城乡、区域、各校之间数学优质教育资源的共建共享，强化数学优质教育资源的示范带动与共建共享，促进城乡、区域、校际的优质均衡发展。

（三）教师的教学方式显著影响学生的数学素养发展

监测结果显示，广州市学生感知的教师教学方式使用频率中，认知

---

① 刘坚、张丹、綦春霞、曹一鸣：《大陆地区义务教育数学学业状况及影响因素研究》，《全球教育展望》2014 年第 12 期，第 44~57 页。
② 董林伟、喻平：《基于学业水平质量监测的初中生数学核心素养发展状况调查》，《数学教育学报》2017 年第 1 期，第 7~13 页。

激活使用频率最高，适应性教学使用频率最低。这说明，教师的课堂教学能鼓励学生发表观点，熟练地将数学问题与实际情境相结合，引导学生多方法多角度地解决问题，但在因材施教、满足不同学生的学习需求方面还存在不足。

对于五年级学生来说，教师主导的教学方式有助于学生数学素养的提高；对于九年级学生来说，过多的师生双向反馈，则可能对学生的数学素养发展产生负面影响。教师采用教师讲解、课堂讨论和学生提问等形式组织并完成一堂结构完整、内容清楚和信息丰富的课程，有助于小学生数学素养的提高，而九年级学生正处于青春期身份探索阶段，渴望自主性和独立性，过多的师生双向反馈可能会导致他们过度依赖外部评价，影响他们建立自信心和独立解决问题的能力，从而对学习产生反作用。因此，教师在指导学生时应综合考虑发展心理学和社会认知理论的观点。针对小学五年级学生，教师需要提供明确的指导和模仿范例来帮助他们掌握数学基础知识和技能；对于初中九年级学生，教师应该逐步引导他们发展自我调节学习的能力，鼓励他们独立思考和解决数学问题，教师教学活动的设计与实施要注重"做中学"，引导学生参与学科探究活动，经历发现问题、解决问题、建构知识、运用知识的过程，体会学科思想方法。

（四）学习时间投入与数学素养显著相关，学业负担与数学素养显著负相关

监测结果显示，五年级学生数学素养与时间投入呈现显著的正相关关系，九年级学生数学素养与时间投入呈现显著的负相关关系。通过对五年级、九年级学生时间投入的比较，发现五年级学生时间投入均值明显少于九年级学生时间投入均值。这说明，足够的学习时间投入是数学素养发展的保障，但过度的学习时间投入会降低学生数学素养的表现。从认知心理学的角度看，认知是学生信息加工和知识构建的过程。学生所承受的过重的学业负担可能导致其注意力分散、记忆负荷增加和认知资源耗竭，从而影响数学学

习效果。此外，过重的学业负担可能导致学习焦虑和压力增加，进而阻碍学生对数学知识的消化吸收和应用能力的提升[1]。

（五）学生自身发展与数学素养显著相关，学习动机、学习策略对数学能力具有正向预测作用

监测结果显示，五年级、九年级学生的数学素养与学习动机、学习策略呈现显著的正相关关系，学习动机、学习策略对数学素养具有正向预测作用。学习动机指的是个体在学习过程中所产生的、促使其投入学习活动的内在驱动力，它涵盖了个体内部的需求、期望、目标以及与学习相关的情感体验，强烈的学习动机可以培养积极的学习态度和提高学习效果。学习策略指的是学习者在获取、处理和组织信息时所采取的特定方法或行为。这些策略旨在帮助学习者更有效地掌握知识、解决问题和提高学习效率。因此，良好的学习动机、学习策略有助于数学能力的提升。学生对数学学习的兴趣来自生动的学习活动和对数学价值的了解。教师可以通过设置丰富的情境激发学生的学习兴趣，也可以通过探究性数学活动，增强学生学习数学的兴趣。学生学习数学的信心建立，需要积极的鼓励性评价，教师要使学生体验学习的成功，建立学好数学的信心。教师应在教学中关注学生的差异，为不同的学生提供适合其需要的、经过努力可以完成的学习任务，帮助学生建立良好的学习动机并制定适当的学习策略，提高学生的数学素养[2]。

（六）学校文化与数学素养显著正相关

监测结果显示，学生的数学素养与学校文化认同呈现显著的正相关关系，学校文化认同显著正向预测学生数学素养。首先，学校文化认同可以建立归属感和激发学习动机。当学生认同并遵循学校所倡导的学习态度、价值观和精神内核时，他们可以从学校获得积极的学习信念，进而激发自

---

[1] 朱智贤：《现代认知心理学评述》，《北京师范大学学报》1985年第1期，第1~6页。

[2] 马云鹏：《〈义务教育数学课程标准（2022年版）〉的理念与目标解读》，《天津师范大学学报》（基础教育版）2022年第5期，第1~6页。

我效能感，从而促进数学素养的提升。其次，社会认同理论强调了个体与特定社会群体之间的认同感和联系，以及这种认同感对个体行为和心理状态的影响。学生对学校文化的认同让他们可以感受到来自同学、老师、学校的支持和关怀，在学习中体验到积极的情感状态，并保持良好的心理健康。所以，要重视学校文化认同，充分发挥学校文化认同对数学素养发展的促进作用。

参考文献

刘祖希：《育人为本　素养为魂——〈义务教育数学课程标准（2022年版）〉之变化解读》，《数学通报》2023年第1期。

喻伯军：《〈义务教育科学课程标准（2022年版）〉的主要特点与教学建议》，《教学月刊小学版》（综合）2022年第5期。

李文革：《从七大变化把握数学改革要义——以〈义务教育数学课程标准（2022年版）〉初中部分为例》，《基础教育课程》2022年第19期。

张海水、徐胜阳、刘志刚：《学科教研融合视角下区域教师研训一体化推进的经验与举措——以北京海淀区、上海浦东新区、武汉武昌区相关教师研训机构为例》，《教育导刊》2023年第1期。

郑义富：《关于数学精神、数学思想与数学素养的辨析》，《课程·教材·教法》2021年第7期。

张侨平：《西方国家数学教育中的数学素养：比较与展望》，《全球教育展望》2017年第3期。

追踪研究篇
Tracking Research Section

2020~2022年广州市义务教育阶段
学生数学素养调查报告

吴新华　麦裕华　何金娥*

摘　要： 广州市智慧阳光评价·数学素养测评于2020~2022年对广州市义务教育阶段学生开展数学素养测评工作，了解学生的数学素养表现、广州市区域均衡表现，以及性别、学生学习心理因素、教师教学方式与学生数学素养的关系。本文建议开展市域数学教育发展顶层设计，规划数学课程系统改革；推动义务教育数学课程有效实施，提高数学学科育人成效；重视义务教育阶段学生数学素养评价，加强评价结果的有效应用。

关键词： 义务教育　数学素养　数学教育　广州市

---

* 吴新华，广州市教育研究院副院长，中学正高级教师，广东省特级教师，主要研究方向为课程与教学论、中学数学教育、教师专业发展、教育科研管理；麦裕华，博士，广州市荔湾区教育发展研究院教学质量监测中心教研员，主要研究方向为教育评价；何金娥，广州市教育研究院智慧阳光评价项目组成员，主要研究方向为教育评价。

应新时代教育高质量发展需求，国内外基础教育课程改革进入了"素养为本"的时代。《义务教育数学课程标准（2022 年版）》指出："数学素养是现代社会每一个公民应当具备的基本素养"①。义务教育数学课程应立足学生核心素养发展，培养学生会用数学的眼光观察现实世界，会用数学的思维思考现实世界，会用数学的语言表达现实世界（简称"三会"）②。学生在数学学习中逐步形成、建立和发展数学素养③，不仅是数学课程设计和实施的核心目标，也是数学学业质量监测的关键内容④。

在国际大型学生学习测评项目中，数学是"国际数学和科学趋势研究"（The Trends in International Mathematics and Science Study，TIMSS）和"国际学生评估项目"（Program for International Student Assessment，PISA）的研究学科⑤。在国内义务教育质量监测工作中，数学一直是国家、各省（区、市）的监测学科。《国家义务教育质量监测方案（2021 年修订版）》主要监测学生掌握的数学基础知识和思维方法情况、运算能力、问题解决能力等内容⑥。

广州市智慧阳光评价包括数学素养的测评（以下简称广州市数学素养测评），聚焦义务教育阶段学生数学素养的测评问题，成为了解学生数学素养表现、区域和学校数学教育质量的重要量尺。2020～2022 年，广州市数学素养测评对广州市义务教育阶段学生开展追踪性的测评工作。

---

① 教育部：《义务教育数学课程标准（2022 年版）》，北京师范大学出版社，2022，第 1 页。
② 教育部：《义务教育数学课程标准（2022 年版）》，北京师范大学出版社，2022，第 5～6 页。
③ 刘喆、高凌飚：《西方数学教育中数学素养研究述评》，《中国教育学刊》2012 年第 1 期；张侨平：《西方国家数学教育中的数学素养：比较与展望》，《全球教育展望》2017 年第 3 期；黄友初：《我国数学素养研究分析》，《课程·教材·教法》2015 年第 8 期。
④ 黄惠娟、王晞：《PISA：数学素养的界定与测评》，《上海教育科研》2003 年第 12 期；孔企平：《国际数学学习测评：聚焦数学素养的发展》，《全球教育展望》2011 年第 11 期。
⑤ 刘晓玫、陈娟：《PISA 与 TIMSS 中有关数学评价的比较分析》，《外国教育研究》2007 年第 2 期；张华：《国外中小学数学教育评价研究述评及其启示》，《课程·教材·教法》2007 年第 10 期。
⑥ 《教育部关于印发〈国家义务教育质量监测方案（2021 年修订版）〉的通知》（教督〔2021〕2 号），教育部网站，2021 年 9 月 24 日，http：//www.moe.gov.cn/srcsite/A11/moe_ 1789/202109/t20210926_ 567095.html，最后检索时间：2023 年 10 月 20 日。

本研究有助于系统诊断广州市义务教育阶段学生数学素养的变化情况，反映广州市和11个区数学教育质量的基本面貌，了解学生数学素养的主要关联因素。

一　调查设计

（一）抽样情况

广州市智慧阳光评价项目组在2020年对三年级和七年级学生开展测评，其后在2021年、2022年分别对四年级和八年级学生、五年级和九年级学生开展测评，以便全方位了解广州市义务教育质量的发展情况。

广州市智慧阳光评价项目组在广州市各区按立意抽样，选择部分有代表性的义务教育学校作为实验学校，组织每校约100名学生参与测评。此外，部分区根据工作需要，自行开展增测或取消增测，独立组织区内义务教育学校学生参与测评。

因此，本研究所指的广州市义务教育阶段学生包括广州市智慧阳光评价项目组的实验学校学生和部分区增测学校的学生。其中，选择全部完成数学素养相关指标测评任务的学生作为有效的调查对象。广州市和各区2020~2022年参与广州市数学素养测评的有效学生人数见表1。虽然各区有效学生人数历年有一定的变化，但由于学生所在学校具有较强代表性，有效学生仍能够较大程度上反映所在区学生数学素养的具体情况。

表1　2020~2022年广州市数学素养测评的有效学生人数

单位：人

区域	三年级	四年级	五年级	七年级	八年级	九年级
A 区	2409	2258	1748	1244	1145	644
B 区	1301	1236	1120	834	763	766
C 区	2211	2230	2189	1837	1623	1492

续表

区域	三年级	四年级	五年级	七年级	八年级	九年级
D 区	1410	1383	844	1167	1171	987
E 区	1784	1841	318	6119	2621	743
F 区	1481	1015	944	566	100	117
G 区	938	7299	6868	1243	4321	3900
H 区	1208	5759	1370	1046	2930	879
I 区	6483	7215	2035	2725	3276	847
J 区	1085	983	813	800	655	340
K 区	2109	2061	1945	1868	1850	1682
广州市	22419	33280	20194	19449	20455	12397

注：本报告参测人数包括广州市智慧阳光评价实验学校、各区增测学校的有效参测学生总人数。

（二）调查工具

广州市数学素养测评使用标准参照测验形式。评价指标体系包括"数学素养得分""数学素养等级水平""数学能力""学习情感态度"，以及"教师教学方式"等评价指标。其中，①数学素养等级水平分为 4 个等级，分别是 A 级（优秀）、B 级（良好）、C 级（中等）、D 级（待提高）。②数学能力评价指标包括运算求解能力、数据处理能力、空间想象能力、推理论证能力评价指标，2022 年测评增加了问题解决能力评价指标。③学习情感态度指标包括数学学习信心、数学学习兴趣等评价指标。④教师教学方式评价指标包括教师主导教学、师生双向反馈、适应性教学、认知激活评价指标。

广州市智慧阳光评价的"学会学习"测评（包括"学习动机""学习能力""学习策略"评价指标）、"学业负担"测评，使用常模参照的量表或测验了解学生的学习心理状态，进一步了解学生的学习心理因素与数学素养表现的关联情况。

利用描述统计、差异分析（方差分析、独立样本 t 检验）和相关分析（皮尔逊积差相关分析）等统计方法，了解 2020~2022 年广州市数学素养测评具体情况。

二　广州市义务教育阶段学生数学素养整体表现

（一）小学数学素养整体表现

1. 广州市整体表现

广州市三个年级小学生数学素养得分呈现依次下降的趋势，高分段人数比例也有所下降。这表示随着不同年级数学素养测评难度的提升，广州市小学生数学素养的发展未达到大的增幅。

相对于四年级学生，五年级学生数学素养得分和高分段人数比例下降幅度较大。这可能与 2022 年广州市面临大型的新冠疫情防控工作、小学数学教育受到较大影响有关。

2. 各区整体表现

随着年级的增长，各区小学生数学素养得分出现下降的趋势。在数学素养等级方面，各区中等及以上水平等级的人数占比历年来持续下降，待提高等级的人数占比逐年提升。

从不同年级区域之间比较看，三年级，D 区平均分最高，B 区平均分最低；四年级，E 区平均分最高，B 区平均分最低；五年级，E 区平均分最高，B 区平均分最低。

从同年级区域之间比较看，方差分析均显示，各区小学生数学素养得分存在显著差异（$F_{三年级} = 177.409$，$p < 0.001$；$F_{四年级} = 540.227$，$p < 0.001$；$F_{五年级} = 240.469$，$p < 0.001$）。这表示各区小学生数学素养表现存在显著差异，各区小学生数学素养处于截然不同的水平。

从典型区域发展情况看，E 区四年级数学素养得分较三年级有较大提升，这表明该区能够较好地提升区域小学数学教育质量。B 区在三年测评中均处于末位，这表明该区小学生有较低的数学素养水平，亟须整体加强区域数学教育质量。

（二）初中数学素养整体表现

1.广州市整体表现

广州市三个年级初中生数学素养得分呈现"先提升后下降"的趋势，高分段人数比例也有相同的变化情况。这表示广州市初中生数学素养随着不同年级测评难度而变化，最终未出现大的增幅。

结合社会现状考虑，2022年广州市的新冠疫情防控工作可能是影响当年九年级学生数学素养得分和高分段人数比例下降的重要因素。

2.各区整体表现

各区初中生数学素养得分在年级增长中，呈现"先提升后下降"的趋势。在数学素养等级水平方面，各区八年级中等及以上水平等级的人数占比均较七年级有一定程度的提升，但在九年级均下降。

从不同年级区域之间比较看，七年级，D区平均分最高，E区平均分最低；八年级，D区平均分最高，A区平均分最低；九年级，G区平均分最高，F区平均分最低。

从同年级区域之间比较看，方差分析均显示，各区初中生数学素养得分存在显著差异（$F_{七年级} = 198.279$，$p < 0.001$；$F_{八年级} = 115.868$，$p < 0.001$；$F_{九年级} = 78.745$，$p < 0.001$）。这表示各区初中生数学素养表现存在显著差异，各区初中生数学素养整体上持续处于水平不均衡的状态。

从典型区域发展情况看，E区八年级数学素养得分较七年级有较大提升，这表明该区能够较好地提升区域初中数学教育质量。E区、D区在八年级均有较高的平均分，但九年级平均分大幅度下降，这表明这两个区需要持续重视和保持区域初中数学教育质量。

三　广州市义务教育阶段学生数学素养具体表现

（一）数学能力表现

1. 小学数学能力得分率表现

广州市小学生各项数学能力的得分率在三个年级均依次下降。此外，三年级，运算求解能力得分率最高，推理论证能力得分率最低；四年级，运算求解能力得分率最高，空间想象能力得分率最低；五年级，推理论证能力得分率最高，空间想象能力得分率最低。总体而言，广州市小学生运算求解能力、推理论证能力表现相对较好，空间想象能力表现相对较差。

在各区数学能力表现方面，各区最高得分率和最低得分率在三个年级有一定趋同性。对于运算求解能力、数据处理能力、空间想象能力、推理论证能力，各区最高得分率和最低得分率在三个年级均有相同的结果。其中，D区的四个能力在三年级均得分率最高，E区在四年级和五年级均得分率最高，B区三个年级均得分率最低。对于问题解决能力，E区在五年级得分率最高，B区得分率最低。

方差分析进一步显示（见表2），各区的数学能力得分率在三个年级均存在显著差异（$p<0.001$）。这表示各区小学生数学能力表现存在显著差异，各区小学生数学能力分别有显著的优势或劣势。

表2　广州市各区小学生数学能力得分率方差分析的 F 值

年级	运算求解能力	数据处理能力	空间想象能力	推理论证能力	问题解决能力
三年级	99.659***	87.091***	120.769***	94.146***	—
四年级	89.592***	77.022***	107.454***	33.942***	—
五年级	169.155***	130.837***	140.104***	108.896***	116.549***

注：＊ $p<0.05$，＊＊ $p<0.01$，＊＊＊ $p<0.001$（下表同）。

2. 初中数学能力得分率表现

除了推理论证能力得分率历年依次下降外，广州市初中生其他数学能力得分率均呈现"先提升后下降"的趋势。此外，七年级，推理论证能力得分率最高，空间想象能力得分率最低；八年级，空间想象能力得分率最高，推理论证能力得分率最低；九年级，数据处理能力得分率最高，运算求解能力得分率最低。总体而言，广州市初中生数据处理能力表现相对较好，运算求解能力、推理论证能力的阶段性表现相对不佳。

在各区数学能力表现方面，各区最高得分率和最低得分率在三个年级的结果差异较大。对于运算求解能力，D区在三个年级均得分率最高，B区、A区、F区在三个年级依次得分率最低。对于数据处理能力，D区在七年级、八年级均得分率最高，G区在九年级得分率最高，A区在三个年级均得分率最低。对于空间想象能力，D区在七年级、八年级均得分率最高，G区在九年级得分率最高；A区在七年级、八年级均得分率最低，F区在九年级得分率最低。对于推理论证能力，D区在七年级、九年级均得分率最高，E区在八年级得分率最高；E区在七年级得分率最低，A区在八年级、九年级均得分率最低。对于问题解决能力，G区在九年级得分率最高，A区得分率最低。

方差分析进一步显示（见表3），各区的数学能力得分率在三个年级均存在显著差异（$p<0.001$）。这显示各区初中生数学能力表现存在显著差异，各区初中生数学能力有显著的差异化发展。

表3　广州市各区初中生数学能力得分率方差分析的 F 值

年级	运算求解能力	数据处理能力	空间想象能力	推理论证能力	问题解决能力
七年级	92.206***	58.529***	41.578***	185.750***	—
八年级	89.592***	77.022***	107.454***	33.942***	—
九年级	5.854***	40.385***	62.885***	45.916***	41.050***

（二）学习情感态度表现

1. 小学学习情感态度得分率表现

表4显示，除了数学学习信心得分率逐年上升外，广州市小学生数学学习兴趣得分率呈现"先下降后提升"的趋势。此外，三年级，数学学习兴趣得分率最高；四年级、五年级，数学学习信心得分率最高。

表4 广州市小学生学习情感态度得分率

单位：%

区域	数学学习信心			数学学习兴趣		
	三年级	四年级	五年级	三年级	四年级	五年级
A 区	78.70	77.44	79.71	80.82	76.37	79.23
B 区	73.89	72.64	76.00	78.40	73.68	77.75
C 区	81.34	79.99	81.95	81.77	78.82	81.17
D 区	82.41	84.36	85.29	82.73	81.53	83.17
E 区	78.12	91.95	90.27	81.01	91.62	91.46
F 区	79.74	79.00	82.00	80.06	77.30	79.56
G 区	79.27	83.02	85.65	81.38	82.68	84.86
H 区	80.70	79.08	82.99	81.08	78.15	81.90
I 区	83.11	81.70	85.74	84.11	80.16	84.65
J 区	81.77	82.39	86.48	82.29	80.35	84.40
K 区	79.97	83.32	84.30	82.06	83.24	84.92
广州市	80.61	81.51	83.82	82.03	80.58	83.13

在各区学习情感态度表现方面，各区最高得分率和最低得分率在三个年级均有相同的结果。其中，I 区在三年级得分率最高，E 区在四年级、五年级均得分率最高，B 区在三个年级均得分率最低。

比较各区学习情感态度四年级、五年级的得分率后，发现除了 E 区五年级得分率低于四年级外，其余十个区五年级得分率均高于四年级。结合数学素养得分和数学能力评价指标数据，上述结果表示各区小学生在数学素养得分下降的情况下，反而对数学学习更有信心和更感兴趣。

方差分析进一步显示（见表5），各区学习情感态度得分率在三个年级均存在显著差异（$p<0.001$）。这显示各区小学生学习情感态度表现存在显著差异，各区小学生整体上对数学学习的信心和兴趣有迥异的主观感受。

表5　广州市各区小学生学习情感态度得分率方差分析的 *F* 值

年级	数学学习信心	数学学习兴趣
三年级	70.060***	37.506***
四年级	210.437***	175.382***
五年级	84.392***	57.724***

2. 初中学习情感态度得分率表现

表6显示，广州市初中生数学学习信心得分率在三个年级均出现"先提升后下降"的趋势，数学学习兴趣得分率则出现了截然相反的变化情况。此外，七年级、九年级，数学学习兴趣得分率最高；八年级，数学学习信心得分率最高。

表6　广州市初中生学习情感态度得分率

单位：%

区域	数学学习信心			数学学习兴趣		
	七年级	八年级	九年级	七年级	八年级	九年级
A 区	71.21	70.63	69.25	74.90	72.13	72.64
B 区	71.82	70.18	70.09	74.57	71.15	72.48
C 区	76.45	76.35	72.92	77.83	75.54	76.00
D 区	79.51	76.53	73.68	77.18	74.03	72.52
E 区	70.28	76.56	75.94	75.10	77.33	78.63
F 区	75.89	72.89	68.47	76.02	75.41	70.94
G 区	73.82	73.49	72.98	74.93	72.73	73.86
H 区	77.12	73.34	74.46	78.65	73.54	76.47
I 区	76.05	74.62	75.80	76.55	74.50	77.49
J 区	75.57	75.32	72.16	75.90	73.15	73.57
K 区	74.55	73.68	71.88	77.03	72.97	73.94
广州市	73.74	74.23	72.92	76.08	73.97	74.56

在各区学习情感态度表现方面，对于数学学习信心，D 区在七年级得分率最高，E 区在八年级、九年级均得分率最高；E 区、B 区、F 区在三个年级依次得分率最低。对于数学学习兴趣，H 区在七年级得分率最高，E 区在八年级、九年级均得分率最高；B 区在七年级、八年级均得分率最低，F 区在九年级得分率最低。

比较各区学习情感态度八年级、九年级的得分率后发现，对于数学学习信心，除了 H 区和 I 区九年级得分率高于八年级外，其余九个区九年级得分率均低于八年级。但数学学习兴趣的情况却相反，除了 D 区和 F 区九年级得分率低于八年级外，其余九个区九年级得分率均高于八年级。结合数学素养得分和数学能力评价指标数据，上述结果表示各区初中生数学学习信心的减弱与其数学素养得分的下降相对应，但数学学习兴趣却仍然有所增强。

方差分析进一步显示（见表7），各区学习情感态度得分率在三个年级均存在显著差异（$p<0.001$）。这显示各区初中生学习情感态度表现存在显著差异，各区初中生整体上产生了显著差异强度的数学学习信心和兴趣。

表7　广州市各区初中生学习情感态度得分率方差分析的 *F* 值

年级	数学学习信心	数学学习兴趣
七年级	88.471 ***	13.314 ***
八年级	30.973 ***	18.861 ***
九年级	20.081 ***	13.357 ***

四　广州市义务教育阶段学生数学素养区域均衡表现

为了解11个区学生数学素养均衡发展情况，以广州市为参照，使用各区数学素养得分与区内差异系数（即数学素养得分与其标准差的商），形成各区数学素养均衡表现坐标图。数学素养得分低于、高于市平均值的区分别位于坐标的左部、右部，区内差异系数低于、高于市差异系数的区分别位于坐标的下部、上部。因此，坐标图分为四个区域。左下区域，区的数学素养得分低，而且区内学校间差异程度小；左上区域，区的数学素养得分低，但是区内学校间差异程度大；右上区域，区的数学素养得分高，但是区内学校间差异程度大；右下区域，区的数学素养得分高，而且区内学校间差异程度小。

（一）小学区域均衡表现

根据三年级数据，各区分布在三个区域（见图1）。其中，A区、C区、B区和F区位于左下区域，H区、D区位于左上区域，E区、G区、I区、J区、K区位于右上区域。

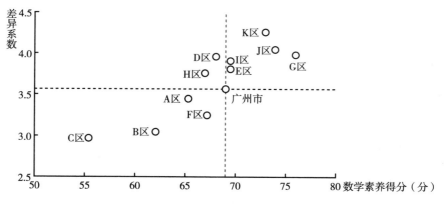

图1　广州市各区三年级数学素养均衡表现

根据四年级数据，各区分布在四个区域（见图2）。其中，H区位于左下区域，A区、B区、C区、F区、J区位于左上区域，D区、E区、G区、I区位于右上区域，K区位于右下区域。

根据五年级数据，各区分布在三个区域（见图3）。其中，A区、C区位于左下区域，B区、F区、H区位于左上区域，D区、E区、G区、I区、J区、K区位于右上区域。

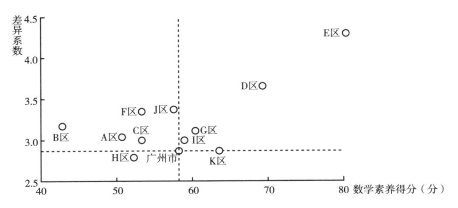

图2 广州市各区四年级数学素养均衡表现

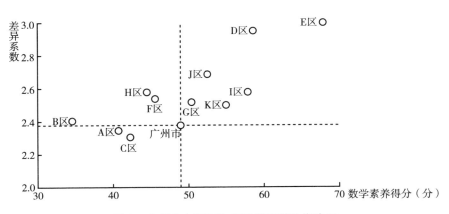

图3 广州市各区五年级数学素养均衡表现

总体而言，各区小学生数学素养具有以下几种区域均衡表现的变化类型。

第一，A区、B区、C区、F区在三年级时均为数学素养得分低，而且区内学校间差异程度小。在五年级，A区、C区均处于原来状态，但B区、F区的区内学校间差异程度已比广州市大。

第二，H区、D区在三年级均为数学素养得分低，而且区内学校间差异程度大。在五年级，H区处于原来状态，但D区数学素养得分比广州市高。

第三，J区、K区、E区、G区、I区在三年级均为数学素养得分高，而且区内学校间差异程度大，它们在五年级仍然均处于原来状态。

（二）初中区域均衡表现

根据七年级数据，各区分布在四个区域（见图4）。其中，E区位于左下区域，A区、B区、G区位于左上区域，C区、D区、F区、H区、I区、K区位于右上区域，J区位于右下区域。

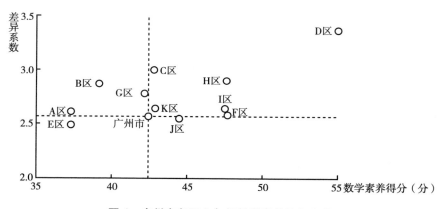

图4 广州市各区七年级数学素养均衡表现

根据八年级数据，各区分布在三个区域（见图5）。其中，A区、B区、F区、H区位于左下区域，C区、J区位于左上区域，D区、E区、G区、I区、K区位于右上区域。

根据九年级数据，各区分布在四个区域（见图6）。其中，E区位于左下区域，A区、B区、C区、F区、H区、J区、K区位于左上区域，G区、I区位于右上区域，D区位于右下区域。

总体而言，各区初中生数学素养区域均衡表现具有以下几种变化类型，比小学阶段丰富。

第一，E区在七年级为数学素养得分低，而且区内学校间差异程度小，

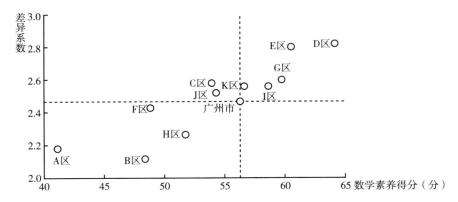

图5　广州市各区八年级数学素养均衡表现

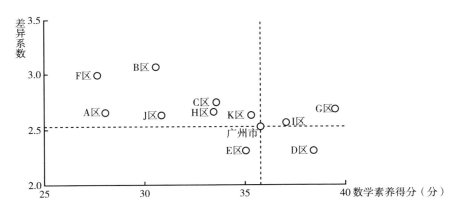

图6　广州市各区九年级数学素养均衡表现

在九年级仍然处于原来状态。

第二，A区、B区、G区在七年级均为数学素养得分低，而且区内学校间差异程度大。在九年级，A区、B区仍处于原来状态，但G区数学素养得分比广州市高。

第三，J区在七年级为数学素养得分高，但区内学校间差异程度小。在九年级该区数学素养得分比广州市低，而且区内学校间差异程度比广州市大。

第四，C 区、D 区、F 区、H 区、I 区、K 区在七年级均为数学素养得分高，而且区内学校间差异程度大。在九年级，I 区仍处于原来状态，D 区区内学校间差异程度比广州市小，其余区的数学素养得分比广州市低。

五 广州市义务教育阶段学生数学素养关联因素

（一）性别

1. 小学生性别

广州市不同性别小学生数学素养得分在三个年级有不同的差异情况。其中，男生在三年级、四年级均显著低于女生（$t_{三年级} = -5.686$，$p < 0.001$；$t_{四年级} = -2.830$，$p < 0.01$），但在五年级显著高于女生（$t_{五年级} = 2.293$，$p < 0.05$）。这表示广州市小学男生数学素养发展时间相对较晚，在三年级、四年级均处于显著低于女生的水平，在五年级实现反超（见表 8）。

比较各区不同性别学生数学素养得分，发现：①在三年级，仅有 H 区男生高于女生；②在四年级，A 区、D 区和 F 区男生均高于女生；③在五年级，A 区、B 区和 C 区等九个区男生高于女生。

表 8　广州市小学男、女生数学素养得分、数学能力得分率独立样本 t 检验的 t 值

年级	数学素养总分	数学能力				
		运算求解能力	数据处理能力	空间想象能力	推理论证能力	问题解决能力
三年级	-5.686 ***	-0.856	-9.232 **	-5.869 **	-1.344	—
四年级	-2.830 **	-6.930 ***	-2.515 *	5.136 ***	-4.898 ***	—
五年级	2.293 *	1.267	3.161 **	3.404 **	-1.894	1.204

结合不同性别学生数学能力得分率的独立样本 t 检验结果，发现：①在三年级，男生数据处理能力、空间想象能力得分率显著低于女生（$t_{数据处理能力}$ =−9.232，$t_{空间想象能力}$ =−5.869，$p<0.01$）。②在四年级，男生运算求解能力、数据处理能力、推理论证能力得分率均显著低于女生（$t_{运算求解能力}$ =−6.930，$t_{推理论证能力}$ =−4.898，$p<0.001$；$t_{数据处理能力}$ =−2.515，$p<0.05$），但空间想象能力得分率显著高于女生（$t_{空间想象能力}$ =5.136，$p<0.001$）。③在五年级，男生数据处理能力、空间想象能力得分率显著高于女生（$t_{数据处理能力}$ =3.161，$t_{空间想象能力}$ =3.404，$p<0.01$）。这显示男生的数据处理能力、空间想象能力在三年间显著发展，运算求解能力也得到较大提升。这可能是男生数学素养水平能够超越女生的主要原因。

2. 初中生性别

广州市不同性别初中生数学素养得分在三个年级有相似的差异情况。其中，男生在三个年级均低于女生，而且在八、九年级均显著低于女生（$t_{八年级}$ =−7.583，$p<0.001$；$t_{九年级}$ =−2.521，$p<0.05$）。这表示广州市初中男生数学素养一直处于显著低于女生的水平（见表9）。

比较各区不同性别学生数学素养得分，发现：①在七年级，D区、F区、H区男生高于女生；②在八年级，D区男生高于女生；③在九年级，B区、D区、E区和F区男生高于女生。

表9 广州市初中男、女生数学素养得分、数学能力得分率独立样本 t 检验的 t 值

年级	数学素养得分	数学能力				
		运算求解能力	数据处理能力	空间想象能力	推理论证能力	问题解决能力
七年级	−1.647	2.100*	−4.143***	−1.437	−1.815	—
八年级	−7.583***	−8.339***	−8.023***	−9.137***	5.279***	—
九年级	−2.521*	2.167*	−4.741***	−1.174	−4.257***	−3.217**

结合不同性别学生数学能力得分率的独立样本 t 检验结果，发现：①在七年级，男生数据处理能力得分率显著低于女生（$t_{数据处理能力}$ = -4.143，$p<0.001$），但运算求解能力得分率显著高于女生（$t_{运算求解能力}$ = 2.100，$p<0.05$）。②在八年级，男生运算求解能力、数据处理能力、空间想象能力得分率均显著低于女生（$t_{运算求解能力}$ = -8.339，$t_{数据处理能力}$ = -8.023，$t_{空间想象能力}$ = -9.137，$p<0.001$），但推理论证能力得分率显著高于女生（$t_{推理论证能力}$ = 5.279，$p<0.001$）。③在九年级，男生数据处理能力、推理论证能力、问题解决能力得分率均显著低于女生（$t_{数据处理能力}$ = -4.741，$t_{推理论证能力}$ = -4.257，$p<0.001$；$t_{问题解决能力}$ = -3.217，$p<0.01$），但运算求解能力得分率显著高于女生（$t_{运算求解能力}$ = 2.167，$p<0.05$）。这显示男生的运算求解能力在某些年级较女生有显著发展，但数学能力整体上与女生有显著差距。

（二）学生学习心理因素

1. 小学生学习心理因素

表 10 列出了广州市小学生在学习能力、学习动机、学习策略、学业负担评价指标上的得分，与数学素养相关评价指标得分的皮尔逊积差相关结果。

第一，三个年级的学习能力、学习动机、学习策略得分与数学素养得分均具有显著的正弱相关（$p<0.001$），与数学能力得分率均具有显著的正弱相关或正极弱相关（$p<0.001$）。这表示，小学生在学习能力、学习动机、学习策略方面的学习心理特质，与其认知领域表现的数学素养得分有一定关联，但与具体数学能力的关联性不大。值得注意的是，五年级的学习策略得分与问题解决能力得分率具有显著的正中等程度相关（$p<0.001$）。这可能是因为学生形成的学习策略有助于个人综合运用数学知识解决实际问题，所以这两个指标有相对较高的相关系数。

表 10　广州市小学生学习心理因素与数学素养相关分析的 r 值

指标	年级	数学素养得分	数学能力					学习情感态度	
			运算求解	数据处理	空间想象	推理论证	问题解决	数学学习信心	数学学习兴趣
学习能力	三年级	0.371***	0.274***	0.257***	0.317***	0.252***	—	0.302***	0.206***
	四年级	0.253***	0.221***	0.244***	0.136***	0.148***	—	0.279***	0.200***
	五年级	0.333***	0.292***	0.275***	0.221***	0.241***	0.209***	0.308***	0.207***
学习动机	三年级	0.274***	0.223***	0.198***	0.220***	0.188***	—	0.461***	0.395***
	四年级	0.240***	0.211***	0.217***	0.152***	0.142***	—	0.435***	0.428***
	五年级	0.269***	0.228***	0.216***	0.204***	0.183***	0.175***	0.510***	0.506***
学习策略	三年级	0.200***	0.160***	0.128***	0.164***	0.144***	—	0.438***	0.466***
	四年级	0.243***	0.205***	0.205***	0.177***	0.148***	—	0.431***	0.465***
	五年级	0.248***	0.216***	0.191***	0.188***	0.177***	0.442***	0.504***	0.555***
学业负担	三年级	-0.282***	-0.221***	-0.200***	-0.229***	-0.199***	—	-0.483***	-0.424***
	四年级	-0.267***	-0.231***	-0.239***	-0.172***	-0.155***	—	-0.462***	-0.462***
	五年级	-0.289***	-0.246***	-0.235***	-0.215***	-0.197***	-0.189***	-0.529***	-0.520***

第二，三个年级的学业负担得分与数学素养得分具有显著的负弱相关（$p<0.001$），与数学能力得分率具有显著的负弱相关或负极弱相关（$p<0.001$）。这表示小学生的学业负担一定程度上负面影响其数学素养水平。

第三，三个年级的学习能力、学习动机、学习策略得分与学习情感态度得分率具有显著的正中等程度相关或正弱相关（$p<0.001$），学业负担得分与学习情感态度得分率具有显著的负中等程度相关（$p<0.001$）。这表示小学生的学习心理特质与学习情感态度有较密切的关系。

2. 初中生学习心理因素

表11列出了广州市初中生在学习能力、学习动机、学习策略、学业负担评价维度上的得分，与数学素养相关评价指标得分的皮尔逊积差相关结果。初中生的相关分析结果与小学生的相似，具体是：①初中生的学习能力、学习动机、学习策略方面的学习心理特质与其数学素养有显著的正向关系（$p<0.001$），初中生感受到的学业负担与其数学素养有显著的负向关系（$p<0.001$）。②学生这些学习心理因素与学习情感态度的关系强度，高于它们与数学素养的关系强度。

（三）教师教学方式

1. 小学生感知的教师教学方式

如表12所示，广州市三年级学生感知到教师最常使用"教师主导教学"方式，四年级、五年级学生均感知到教师最常使用"认知激活"教学方式。各区三个年级学生也均主要感知到教师最常使用这两种教学方式。因此，这两种教学方式是广州市小学生数学素养形成和发展的主要教学方式。此外，随着年级的增长，广州市和各区小学生认为教师使用每种教学方式的频率均有所增加。"师生双向反馈""适应性教学"方式也会对小学生数学素养形成和发展产生一定程度的影响。

表 11　广州市初中生学习心理因素与数学素养相关分析的 r 值

指标	年级	数学素养得分	数学能力					学习情感态度	
			运算求解	数据处理	空间想象	推理论证	问题解决	数学学习信心	数学学习兴趣
学习能力	七年级	0.305 ***	0.216 ***	0.162 ***	0.149 ***	0.284 ***	—	0.271 ***	0.119 ***
	八年级	0.342 ***	0.308 ***	0.302 ***	0.345 ***	0.129 ***	—	0.235 ***	0.129 ***
	九年级	0.272 ***	0.070 ***	0.192 ***	0.238 ***	0.196 ***	0.209 ***	0.209 ***	0.088 ***
学习动机	七年级	0.261 ***	0.208 ***	0.141 ***	0.131 ***	0.236 ***	—	0.494 ***	0.403 ***
	八年级	0.286 ***	0.262 ***	0.253 ***	0.285 ***	0.133 ***	—	0.480 ***	0.400 ***
	九年级	0.233 ***	0.061 ***	0.163 ***	0.198 ***	0.175 ***	0.194 ***	0.512 ***	0.410 ***
学习策略	七年级	0.219 ***	0.179 ***	0.109 ***	0.111 ***	0.197 ***	—	0.442 ***	0.447 ***
	八年级	0.241 ***	0.223 ***	0.212 ***	0.240 ***	0.112 ***	—	0.446 ***	0.447 ***
	九年级	0.163 ***	0.053 ***	0.116 ***	0.128 ***	0.120 ***	0.147 ***	0.482 ***	0.473 ***
学业负担	七年级	-0.229 ***	-0.180 ***	-0.125 ***	-0.115 ***	-0.208 ***	—	-0.451 ***	-0.372 ***
	八年级	-0.263 ***	-0.241 ***	-0.235 ***	-0.259 ***	-0.115 ***	—	-0.445 ***	-0.389 ***
	九年级	-0.190 ***	-0.048 ***	-0.127 ***	-0.166 ***	-0.141 ***	-0.154 ***	-0.457 ***	-0.365 ***

表 12　广州市小学生感知的教师教学方式使用频率

单位：%

区域	教师主导教学			师生双向反馈			适应性教学			认知激活		
	三年级	四年级	五年级	三年级	四年级	五年级	三年级	四年级	五年级	三年级	四年级	五年级
A 区	66.83	69.36	76.28	67.75	68.13	75.96	67.37	68.63	75.10	67.81	71.80	77.91
B 区	68.78	68.25	76.69	69.61	68.92	76.86	68.56	69.55	76.42	68.85	69.54	76.74
C 区	67.34	70.42	80.08	68.20	70.06	78.67	66.75	69.91	77.14	66.77	72.12	80.37
D 区	72.15	74.13	83.16	69.47	68.70	78.68	65.85	66.26	73.90	71.06	73.40	81.46
E 区	69.19	83.58	90.51	69.73	84.67	90.82	68.72	85.35	89.15	69.85	85.07	89.87
F 区	65.28	68.08	76.24	64.09	64.12	72.33	63.70	65.36	69.85	64.38	69.34	75.93
G 区	66.71	74.64	82.64	68.04	74.29	81.80	65.49	73.99	78.40	67.81	76.68	82.68
H 区	65.41	69.76	78.47	65.50	67.98	76.04	66.22	69.53	75.76	66.02	71.23	78.86
I 区	72.53	73.83	83.19	71.38	71.03	80.45	69.46	71.40	78.77	71.70	74.70	82.93
J 区	68.55	72.93	80.60	68.18	70.63	80.45	65.48	69.20	77.04	67.67	73.97	82.48
K 区	68.10	73.38	81.12	69.08	73.71	80.31	69.23	75.52	79.07	68.57	76.00	80.75
广州市	69.18	72.89	80.87	69.01	71.48	79.53	67.70	71.85	77.32	69.00	74.39	81.01

　　方差分析显示（见表 13），各区的教师教学方式使用频率在三个年级均存在显著差异（$p<0.001$）。这表示不同区教师有显著差异的教学方式使用习惯，更显示特定区域的小学生数学素养水平可能与其教师教学方式使用频率有一定关系。

表 13　广州市各区小学教师教学方式使用频率方差分析的 F 值

年级	教师主导教学	师生双向反馈	适应性教学	认知激活
三年级	50.121***	27.028***	19.105***	36.382***
四年级	111.051***	125.348***	123.258***	119.753***
五年级	48.682***	37.290***	28.542***	36.426***

2. 初中生感知的教师教学方式

如表14所示，广州市三个年级初中生均感知到教师最常使用"教师主导教学"方式。各区三个年级学生也均感知到教师最常使用"教师主导教学"方式，最少使用"师生双向反馈"教学方式。因此，"教师主导教学"方式是广州市初中生数学素养形成和发展的主要教学方式。此外，随着年级的增长，除了"教师主导教学"方式外，各区初中生均认为教师有增加使用其他三种教学方式的频率。其他三种教学方式也可以对初中生数学素养形成和发展产生一定程度的影响。

表14　广州市初中生感知的教师教学方式使用频率

单位：%

区域	教师主导教学			师生双向反馈			适应性教学			认知激活		
	七年级	八年级	九年级	七年级	八年级	九年级	七年级	八年级	九年级	七年级	八年级	九年级
A 区	76.81	74.93	75.27	66.54	70.09	74.10	71.24	73.42	74.84	70.81	73.87	74.83
B 区	78.47	76.52	75.51	64.62	64.92	70.48	69.66	70.41	72.97	70.64	72.00	72.64
C 区	83.05	83.86	82.80	66.62	71.74	75.07	72.98	77.05	77.71	73.90	80.05	79.48
D 区	83.36	82.59	80.16	63.97	68.21	71.52	73.34	75.17	74.94	72.17	79.18	76.90
E 区	76.68	82.58	82.65	66.75	72.58	77.85	71.10	77.23	79.96	70.96	79.55	80.64
F 区	78.42	82.25	75.78	62.31	71.25	74.20	70.91	75.92	75.50	70.27	78.51	73.60
G 区	78.38	81.02	82.99	63.70	68.44	73.03	69.80	74.36	77.19	70.05	78.06	79.86
H 区	83.20	80.74	82.60	67.78	68.26	75.45	74.04	74.24	78.14	74.56	77.64	80.40
I 区	80.43	81.74	85.20	65.33	71.12	79.60	72.19	75.95	81.67	71.88	78.46	82.83
J 区	80.14	81.55	80.15	66.36	71.28	74.12	72.58	75.47	76.81	72.25	78.91	78.17
K 区	81.04	79.62	78.85	67.61	68.63	72.43	73.37	73.79	74.57	74.61	77.06	75.76
广州市	79.36	81.00	81.28	66.06	69.71	73.92	71.86	75.02	76.85	71.93	77.96	78.50

方差分析显示（见表15），各区的教师教学方式使用频率在三个年级均存在显著差异（$p<0.001$）。这表示不同区教师对每种教学方式的使用安排均有显著差异的情况，可能是因为教师有不同的教学方式使用倾向。

表 15　广州市各区初中教师教学方式使用频率方差分析的 *F* 值

年级	教师主导教学	师生双向反馈	适应性教学	认知激活
七年级	37. 901 ***	7. 868 ***	7. 604 ***	12. 485 ***
八年级	23. 653 ***	13. 611 ***	11. 095 ***	19. 356 ***
九年级	26. 152 ***	12. 876 ***	13. 505 ***	24. 275 ***

六　结论与建议

（一）研究结论

1. 学生数学素养整体表现不理想，有待进一步发展

本研究显示 2020～2022 年广州市义务教育阶段学生数学素养表现整体不理想。随着年级的增长，小学生和初中生数学素养得分、高分段学生人数比例均呈现下降趋势。

导致学生数学素养整体表现不理想的原因是多元化的。首先，学生数学素养表现受测评方式的制约。广州市数学素养测评参照 PISA 数学素养测评框架，但小学和初中学段各年级测评使用的数学素养等级水平要求不完全相同。而且，各年级测评内容围绕数学素养的关键内涵，素养导向的测评任务也与学生日常完成的练习不尽相同。这些因素均在一定程度上影响了学生数学素养的表现。其次，学生数学素养表现受社会环境的影响。2020～2022 年是新冠疫情传播和政府防控的重要阶段。学生有较长时间居家学习，学科学习质量容易受到较大影响。虽然澳大利亚的研究认为新冠疫情没有对该国小学生和初中生的数学计算水平产生明显影响[1]，但德国面向由新冠疫情导致处境不利的学生，通过实施教育补偿计划缩小学生间的数学学业成就差

---

[1]　戴宜楠、刘润锌、陆程圆、王冠男等：《疫情期间，学生学习能力受到哪些影响?》，《中国教育报》2021 年 9 月 23 日，第 10 版。

距①。因此，有必要重视新冠疫情对学生数学素养发展的负面影响，广州市需要对受影响的学生持续开展促进数学素养发展的补救教学。

2. 市域各区学生数学素养差异显著，有待进一步均衡

本研究显示，广州市 11 个区义务教育阶段学生数学素养表现均存在显著差异，区域发展尚未均衡。其中，各区在数学素养得分、数学能力得分率、学习情感态度得分率上均存在显著差异，各区各年级数学素养均衡表现也有较大差异。

区域数学学业水平不均衡是数学教育的现实常见问题。国内三年级和八年级学生大规模数学学业质量监测结果显示，不同地区、城乡学生群体的数学学业水平存在明显差异②。四川省五年级学生数学学业发展水平③、江苏省八年级学生数学核心素养水平④均存在区域发展不均衡的特点。由于基础教育发展要实现质量均衡发展⑤，广州市需要努力实现区域数学学业水平均衡化，把学生数学素养均衡化作为区域数学教育和教研工作的核心目标之一，持续缩小区内校际差距和区间差距。

3. 不同性别学生数学素养发展迥异，有待进一步提升

本研究显示，2020~2022 年广州市义务教育阶段学生数学素养存在显著的性别差异。男生数学素养得分在三年级、四年级、八年级、九年级均显著低于女生，在五年级显著高于女生。小学男生数据处理能力、空间想象能力发展显著优于女生，初中男生运算求解能力发展显著优于女生。

---

① 闫广芬、王泽：《回归与重构：疫后德国处境不利学生教育补偿行动研究——基于〈青少年儿童疫后追赶战略〉解析》，《比较教育研究》2023 年第 6 期，第 34~45 页。

② 刘坚、张丹、綦春霞、曹一鸣：《大陆地区义务教育数学学业状况及影响因素研究》，《全球教育展望》2014 年第 12 期，第 44~57 页。

③ 四川省人民政府教育督导委员会办公室、四川省基础教育监测评估中心：《2014 年度四川省基础教育学业质量监测报告——以五年级数学为例》，《教育科学论坛》2015 年第 8 期，第 48~51 页。

④ 董林伟、喻平：《基于学业水平质量监测的初中生数学核心素养发展状况调查》，《数学教育学报》2017 年第 1 期，第 7~13 页。

⑤ 文丰安、刘昊东：《均衡发展：我国基础教育发展的路径选择》，《教育理论与实践》2022 年第 10 期，第 13~16 页。

学生数学学业水平的性别差异是数学教育的重要研究问题[①]。国内三年级和八年级学生大规模数学学业质量监测结果显示，性别对学生数学学业成绩影响很小。北京市根据连续 7 年对五年级、八年级学生大规模学业质量监测的数据，仅发现八年级女生数学学业成绩较男生有相对较小的差异优势[②]。江苏省学业质量监测发现八年级学生数学核心素养水平不存在性别差异[③]。上海市某区初中生数学学业质量调研结果显示，性别差异仅存在于个别不同年份[④]。总的来说，上述研究主要认为性别对学生数学学业水平产生较小的影响，但本研究的结果与之并不一致。广州市需要关注男生数学学习的过程和结果，通过适合男生心理特点的教学方式提升男生数学素养，不断减少性别差异的显著影响，确保数学教育公平。

4. 义务教育教师教学方式使用单一，有待进一步优化

本研究显示，2020~2022 年广州市义务教育阶段学生感知的教师教学方式使用较单一，小学不同年级学生感知教师主要使用"教师主导教学"或"认知激活"教学方式，初中生感知教师主要使用"教师主导教学"方式。

教师教学方式的使用对学生数学素养的形成和发展产生重要作用。国内三年级和八年级学生大规模数学学业质量监测结果显示，与其他影响因素相比，教师教学方式对学生数学学业成绩有更大的影响[⑤]。PISA 科学素养测

---

① 刘蕴坤、陶沙：《数学成就的性别差异》，《心理科学进展》2012 年第 12 期，第 1980~1990 页。

② 李美娟、郝懿、王家祺：《义务教育阶段学生学业成绩性别差异的元分析——基于大规模学业质量监测数据的实证研究》，《教育科学研究》2019 年第 11 期，第 34~42 页。

③ 董林伟、喻平：《基于学业水平质量监测的初中生数学核心素养发展状况调查》，《数学教育学报》2017 年第 1 期，第 7~13 页。

④ 胡军、詹艺：《初中生数学学习性别差异分析——以上海市 A 区为例》，《数学教育学报》2020 年第 5 期，第 20~24 页。

⑤ 刘坚、张丹、綦春霞、曹一鸣：《大陆地区义务教育数学学业状况及影响因素研究》，《全球教育展望》2014 年第 12 期，第 44~57 页。

评①、阅读素养测评②的研究也显示，教师教学方式是学生学科素养表现的重要影响因素。教学方式的使用涉及教学方式种类的选择、教学方式使用频率和强度的确定等一系列设计与实施问题。广州市需要不断提高教师专业能力，持续优化和改进教师教学方式的使用，引导教师根据教学实践需要组合使用多种教学方式，充分发挥教师课堂教学对学生数学素养发展的支持作用。

（二）发展建议

1. 开展市域数学教育发展顶层设计，规划数学课程系统改革

为系统和有效地落实《义务教育数学课程标准（2022年版）》的数学课程改革要求，全面推进素养导向的数学教育教学实践，有必要开展全市层面义务教育数学教育高质量发展的顶层设计，把实现学生数学素养发展的义务教育数学学科建设作为当前和今后一个较长时期的重要工作。

做好全市义务教育数学学科建设的统筹谋划和长远规划，形成义务教育数学教育高质量发展行动方案，确定发展和行动的总体思路、主要目标（总体目标和具体目标）及多个主要任务，建立科学和可行的路线图，指引全市未来数年的数学学科建设。

以重大项目、重大基地、重大活动等有组织的研究活动为抓手，聚焦学生数学素养发展的核心问题和关键疑难，统整义务教育全学段和全过程的数学教育教学和教研工作，探索全学段教研融贯联动的工作机制，集中力量开展品牌性全学段教研活动，充分发挥教研工作对深化数学课程改革的专业服务与支撑作用。

2. 推动义务教育数学课程有效实施，提高数学学科育人成效

引领和推动广州市义务教育数学课程实施与教学改革，是义务教育数学

---

① 王海涛、刘永东：《四种科学课堂教学方法对 PISA 2015 科学表现影响的探析与启示》，《上海教育科研》2019 年第 3 期，第 34~38 页。

② 李刚、褚宏启：《转变教学方式：基于"国际学生评估项目 2018"的思考》，《教育研究》2019 年第 12 期，第 17~25 页。

学科建设的核心任务。结合教育部办公厅印发的《基础教育课程教学改革深化行动方案》①的精神和要求，义务教育数学课程的有效实施可以从以下三个方面开展。

第一，在数学课堂教学方面，进一步构建以数学素养发展为导向、以学生学习为中心的数学课堂教学模式，注重学生数学素养和高阶思维培养。支持教师合理地组合使用多种教学方式，积极开展探究性学习、发现式学习、项目式学习等教学实践。在教育数字化转型背景下，充分发挥智能技术等先进科技的支持作用，实现数学课堂精准教学和学生个性化发展。

第二，在数学学习活动方面，推进数学学科的跨学科实践活动，进一步举办好广州市"玩转数学——初中生数学创新作品评比"活动，促进学生"做中学""研中学""玩中学"。坚定落实"双减"政策，不断优化义务教育阶段数学作业管理和作业设计工作，提升作业的育人功能。

第三，在数学均衡发展方面，进一步关注义务教育阶段学生性别、学习心理因素与数学素养的关系，采取有效措施减少性别差异的影响。探索义务教育数学学科示范区、示范校的建设，扎实推动市域各区数学教育帮扶工作，实现区域数学教育质量优质均衡化发展。

3. 重视义务教育学生数学素养评价，加强评价结果的有效运用

义务教育数学课程改革需要教育评价改革的紧密支持。为充分践行《深化新时代教育评价改革总体方案》②要求，推进广州市基础教育教学评新生态行动，结合广州市数学教育评价的已有工作基础，进一步改进结果评价，强化过程评价，探索增值评价，健全综合评价，形成符合广州市需要的数学教育评价新思路、新方法、新样态。

充分重视国家义务教育质量监测、广东省义务教育质量监测和广州市智

---

① 《教育部办公厅关于印发〈基础教育课程教学改革深化行动方案〉的通知》（教材厅函〔2023〕3号），教育部网站，2023年5月9日，http：//www.moe.gov.cn/srcsite/A26/jcj_kcjcgh/202306/t20230601_1062380.html，最后检索时间：2023年10月20日。

② 《中共中央　国务院〈深化新时代教育评价改革总体方案〉》，中华人民共和国中央人民政府网站，2020年10月13日，https：//www.gov.cn/gongbao/content/2020/content_5554488.htm，最后检索时间：2023年10月20日。

慧阳光评价的监测结果，充分挖掘和建立各级别大型义务教育质量监测数学学科监测内容与结果的联系。进一步综合运用数学素养监测结果，发挥好监测结果对教学实践的正向反拨作用。

持续优化广州市数学素养测评的设计和实施工作，使之更适合义务教育数学课程改革需要。加强教师教育评价能力建设，促使教师有效运用数学素养监测结果，优化和提升数学教育教学实践的能力。

参考文献

洪燕君：《基于义务教育数学课程标准的核心素养的理解与实施——访谈史宁中教授》，《数学教育学报》2023年第3期。

郑毓信：《〈义务教育数学课程标准（2022年版）〉的理论审思》，《数学教育学报》2022年第6期。

孙国春：《〈义务教育数学课程标准（2022年版）〉的改革意涵探析——以核心素养为逻辑基点》，《课程·教材·教法》2022年第12期。

郑义富：《关于数学精神、数学思想与数学素养的辨析》，《课程·教材·教法》2021年第7期。

曹一鸣、朱忠明：《变与不变：PISA 2000—2021数学测评框架的沿革》，《数学教育学报》2019年第4期。

朱忠明：《PISA 2021数学测评框架关键特征的审视及启示》，《课程·教材·教法》2020年第4期。

区域测评篇

Area Assessment Section

广州市天河区初中生数学能力提升实践报告

——基于 2022 年广州数学素养测评结果的运用

刘永东　朱芷滢　杨　磊*

摘　要： 为探讨天河区初中学生数学能力发展水平，本研究对广州数学素养测评中天河区 902 名九年级学生数学能力结果进行详细的数据分析。结果表明，天河区初中数学学科存在学生运算能力偏弱、区域均衡发展不足的问题，男女生在数学能力表现上不存在显著差异，且学生的学习动机、学习策略、学习能力和心理健康情况均直接显著影响学生的数学能力。基于此，天河区在推进课程教学改革、教研专业引领和评价机制牵引等多个层面开展教科研行动，以促进学科特色发展和全面提高初中生数学能力。

---

* 刘永东，天河区教师发展中心初中数学教研员，正高级教师，主要研究方向为初中数学教育；朱芷滢，天河区教师发展中心教育评价监测部研训员，主要研究方向为教育测量与评价；杨磊，天河区教师发展中心教育评价监测部部长，副高级教师，主要研究方向为教育评价、教育信息化。

关键词： 数学素养测评　数学能力　教科研行动　广州天河区

一　引言

党的二十大报告明确指出："深化教育领域综合改革，加强教材建设和管理，完善学校管理和教育评价体系，健全学校家庭社会育人机制。"其中，教育评价改革被摆在了突出的位置。在深化教育评价改革新时代下，广州市推出《中小学教育质量综合评价指标框架》以及中国学生发展核心素养研究成果等，研制并发布了广州市中小学教育质量阳光评价指标体系。阳光评价项目关注学生综合素养的发展，采用"学业测试+问卷调查+非学业量表"综合评价新模式，全方面考查学生发展水平指数，实现对学生学业质量全面科学评价及科学追踪。

数学素养是个体在真实世界背景下，进行数学推理，并表达、应用和阐释数学来解决问题的能力[1]。良好的数学能力可以帮助个人成为一名关注社会、善于思考的建设性公民，从而认识数学在世界中所起的重要作用，并进行有根据的数学评估和决策[2]。近年来，我国中小学数学教育都提倡重视培养学生的数学能力。已有研究表明，学生的素养发展受到学生学校氛围、教师指导、家庭社会经济地位等外部因素和学习策略、学习动机等多种内部因素的综合影响[3]，其中数学学习动机是提升数学核心素养的关键[4]。不少一

---

[1]　董连春、吴立宝、王立东：《PISA2021数学素养测评框架评介》《数学教育学报》2019年第4期，第6~11页。

[2]　〔澳〕凯·斯泰西、〔澳〕罗斯·特纳主编《数学素养的测评——走进PISA测试IMI》，曹一鸣等译，教育科学出版社，2017，第22~23页。

[3]　陈启山、雷雅缦、温忠麟等：《教师指导、学习策略与阅读素养的关系：基于PISA测评的跨层中介模型》，《全球教育展望》2018年第12期，第51~61页。

[4]　朱晓语：《湖北省高中生数学核心素养影响因素的调查研究》，华中师范大学硕士学位论文，2018。

线教师从课堂教学的角度出发，探讨核心素养下学生数学教学改进策略[1]，如提升课前学习兴趣、利用情景开展教学、开展实践操作等[2]，并开展多种以培养学生数学核心素养为中心的教学行动研究[3]。但现有研究中，从区域数学教研的角度出发，探讨促进学生数学能力提升的研究成果并不多。

根据国家义务教育质量监测结果，天河区八年级学生数学成绩平均分远高于省市水平，在运算求解能力、空间想象能力、数据处理能力、推理论证能力、问题解决能力方面中等及以上学生占比均高于全市，但也存在学业不均衡情况进一步扩大、学习兴趣亟待提高等问题。本研究利用 2022 年广州智慧阳光评价·数学素养测评（以下简称"广州数学素养测评"）数据，分析天河区九年级学生数学素养的发展水平，进一步探讨学生数学能力表现的影响因素，进而提出在区域数学教研过程中的改进策略，以促进数学学科特色发展和全面提高初中生数学能力。

二　研究方法

（一）资料来源

本研究使用 2022 年广州数学素养测评天河区九年级学生数据作为调查分析数据。天河区根据区域内学校学业监测水平，采用分层随机抽样的方式抽取 8 所初级中学参与本次测评。本次共 902 名九年级学生参与测评，其中有男生 446 人（49.4%），女生 456 名（50.6%）。

（二）研究工具

本研究使用广州数学素养测评通过能力测验和常模参照的调查问卷，主

---

[1]　徐宗军：《关于小学数学核心素养生成的教学策略》，《名师在线》2020 年第 4 期，第 23~24 页。

[2]　尤秀梅：《强化小学数学学科核心素养及教学实践性的策略》，《数学学习与研究》2020 年第 2 期，第 118 页。

[3]　冯昌潮：《核心素养下小学数学教学的策略》，《科技资讯》2020 年第 26 期，第 156~157 页。

要使用的评价指标包括"数学素养总分"和"数学能力"。

数学采用学科测试，运用测试问卷原始分和等级水平分析学生表现。数学等级依照学科标准，结合国家义务教育质量监测标准将学生学业表现划分为四个水平段：A级（86~100分，优秀）、B级（71~85分，良好）、C级（60~70分，中等）、D级（60分以下，待提高）

"数学能力"评价指标分为"运算求解能力""数据处理能力""空间想象能力""推理论证能力""问题解决能力"5种能力。

（三）数据分析

使用SPSS 25.0对数据进行初步整理，包括无效问卷、极端值、反向计分、数据转换、数据编码、计算均分等。使用SPSS 25.0进行信效度检验与共同方法偏差检验，本研究采用Harman单因子检验法。对变量进行描述性统计分析、方差分析与相关分析以了解天河区九年级学生数学能力的发展水平。为了进一步探讨学生数学能力表现的影响因素，采用多元回归分析对变量做进一步检验。

三　数据结果

（一）信效度与共同方法偏差检验

对数据进行信效度检验，其中Cronbach's α系数为0.76，各子量表的KMO值均大于0.650，球形检验sig值为0.000，表明数据有较好的信效度。采用Harman单因素法检验共同方法偏差，产生2个特征根大于1的因子，其中，第一个因子的累积方差解释率为38.04%，低于40%的临界标准，说明不存在较为明显的共同方法偏差，可以进行后续研究。

（二）学生数学能力表现水平

1.学生学业表现

天河区九年级学生的数学能力在不同水平上的分布存在差异，大多数学生处于待提高水平。其中，天河区九年级学生数学能力优秀水平占比比全市均值低 0.39 个百分点，良好水平占比比全市平均占比高 0.39 个百分点；中等水平占比比全市平均占比高 2.12 个百分点；待提高水平占比比全市平均占比低 2.12 个百分点。为了提高学生的数学能力，学校和老师需要关注那些处于中等水平和待提高水平的学生，并提供更多的支持和帮助。同时，优秀水平的学生也需要得到适当的鼓励和挑战，以保持他们的学习动力和兴趣。

2. 数学能力

从表 1 看出：在五种数学能力中，天河区九年级学生问题解决和数据处理能力得分率较高，运算求解能力得分率较低，但五项能力均高于市均值。同时，与市均值对比发现，天河区的学生在数据处理和空间想象能力方面展现出了一定优势。学生在面对各种复杂的数据时，能够迅速准确地进行分析和处理，从中提取出有用的信息。同时，他们在空间想象能力方面也表现出色，无论是立体几何还是平面图形，都能够清晰地在脑海中构建出相应的模型，这对于解决一些空间问题非常有帮助。

表 1　天河区九年级学生数学能力水平表现

单位：%，个百分点

区域	数学能力得分率				
	问题解决	运算求解	推理论证	数据处理	空间想象
天河区	43	28	37	46	39
广州市	41	27	35	41	36
与市比较	2	1	2	5	3

（三）数学能力表现差异分析

1. 性别差异

在性别方面，男生 D 水平占比（45.89%）低于女生（47.69%）。表 2 的方差分析结果表明，男生和女生在数学总体成绩及五项能力上均不存在显著差异。

表2　天河区九年级男女生数学能力表现方差分析

项目	男生		女生		F	p
	M	SD	M	SD		
数学成绩	36.76	14.5	37.51	14.63	0.577	0.448
问题解决	41.33	25.22	43.39	26.27	1.437	0.213
推理论证	36.45	20.27	36.05	19.82	0.086	0.769
数据处理	43.45	32.03	47.09	32.09	3.511	0.061
运算求解	27.37	17.69	26.92	18.21	0.141	0.707
空间想象	37.56	19.58	38.81	19.29	0.921	0.338

2. 校际差异分析

进一步对2022年天河区参测学校的数学素养作对比分析发现：超均率[①]高于全区水平的仅有三所学校；其他学校均低于全区水平。其中，学校8明显大幅低于全区水平。可见，天河区学校间九年级学生数学素养表现差异较大，呈现教育教学优质均衡发展不足。

表3　2022年天河区参测学校学生数学能力对比分析

单位	数学能力得分率	超均率(%)
本区	37.12	—
学校1	32.65	−12.04
学校2	33.72	−10.41
学校3	41.86	14.06
学校4	50.31	31.51
学校5	33.08	−8.03
学校6	45.14	24.24
学校7	35.25	−4.14
学校8	24.04	−37.11

---

① 超均率＝（学校分−全区成绩）÷全区成绩。

（四）数学能力表现影响因素分析

1. 数学能力表现相关分析

对数学学业水平及五项数学能力进行相关分析，表4的结果表明：学生数学成绩与五项数学能力均有着中等以上程度的正相关（$r = 0.500 \sim 0.861$），其中与空间想象能力的相关程度最大（$r = 0.861$），表明空间想象能力对于学生的数学成绩有着重要的影响。而五项数学能力之间均有着弱正相关（$r = 0.180 \sim 0.505$），其中空间想象能力与其他数学能力之间的相关系数相对最大。所有相关系数均在0.01水平显著。

表4　天河区九年级学生数学能力及学业水平表现相关分析

项目	M	SD	1	2	3	4	5	6
运算求解	27.14	17.95	1					
空间想象	38.19	19.42	0.251**	1				
数据处理	45.11	32.1	0.180**	0.432**	1			
推理论证	36.25	20.03	0.289**	0.460**	0.382**	1		
问题解决	42.37	25.76	0.205**	0.505**	0.461**	0.405**	1	
数学成绩	37.13	14.56	0.500**	0.861**	0.597**	0.669**	0.696**	1

2. 数学能力表现归因分析

在对学生数学学业成绩的回归分析中（见表5），学生的学习动机（$\beta = 0.307$，$p = 0.004$）、学习策略（$\beta = 0.206$，$p = 0.030$）、学习能力（$\beta = 0.422$，$p = 0.004$）、心理健康（$\beta = 0.195$，$p = 0.024$）均可以直接预测学生的数学成绩。这表明学习能力是决定学生数学成绩的最关键因素，同时学生的学习动机越强烈，其数学成绩就越高，且学生使用有效的学习策略对提高数学成绩具有积极作用。同时表明学生的心理健康状况对数学成绩有一定的影响。然而，学业负担和学校认同这两个因素对数学成绩的影响并不显著，这表明过重的学业负担可能会影响学生的心理健康和学习策略的运用，但对数学成绩的直接影响并不明显。且学校认同感的高低并不直接影响学生的数学成绩。

表5　天河区九年级学生数学能力回归分析

模型		非标准化系数		标准系数	t	p
		β	标准误差			
1	（常量）	40.088	2.071		19.361	0.000
	性别	−0.813	1.296	−0.027	−0.627	0.531
2	（常量）	−14.731	9.66		−1.525	0.128
	性别	−2.185	1.187	−0.073	−1.841	0.066
	学习动机	0.307	0.105	0.196	2.914	0.004
	学习策略	0.206	0.095	0.131	2.171	0.030
	学习能力	0.422	0.057	0.301	7.352	0.004
	心理健康	0.195	0.083	0.127	2.336	0.024
	学业负担	0.099	0.084	0.069	1.167	0.244
	学校认同	−0.152	0.086	−0.103	−1.76	0.079

四　研究结果与探讨

从九年级学生数学素养的发展水平上看，天河区中学生的数学能力在不同水平上的分布存在差异，大多数学生处于待提高水平，其中良好和中等水平学生占比均高于全市水平，而优秀和待提高水平学生占比低于全市。在五种数学能力中，天河区学生问题解决和数据处理能力得分率较高，运算求解能力得分率较低，与市均值对比发现，天河区的学生在数据处理和空间想象方面展现出了一定优势。

数学能力表现差异分析结果表明，无论是总体成绩还是五项具体的数学能力，男生和女生之间均不存在显著的差异，但天河区学校间初中学生数学能力的表现存在较大的差异，反映出教育教学优质均衡发展方面的不足。这种差异可能体现在不同学校的教育资源、师资力量、课程设置、教学方法等方面，导致学生在数学能力上出现较大的差距。

数学能力表现影响因素分析结果表明，学生的数学成绩与五项数学能力均存在中等以上程度的正相关关系，其中空间想象能力对于学生的数学成绩有着重要的影响，且数学空间想象能力与其他数学能力之间的相关系数相对最大。提高学生的空间想象能力有助于提高学生的数学成绩，同时也需要关注其他数学能力的培养，以全面提高学生的数学水平。学生的学习动机、学习策略、学习能力、心理健康均可以直接预测学生的数学成绩，而学业负担和学校认同这两个因素对数学成绩的影响并不显著。学校应通过激发学生的学习动机、教授有效的学习策略、提高学生的学习能力和关注学生的心理健康等方式，来帮助学生提高数学成绩。

结合日常对学校的常规听课调研，发现天河初中数学学科教学存在的问题主要有以下几个方面。一是在教学设计上，教师缺乏依标靠本意识、聚焦问题意识和课堂主线意识；二是在教学实施上，教师缺乏学生表达意识、总结串联意识和学法指导意识；三是在教学策略上，教师缺乏树立学生自信意识、分层达标落实意识和数学书写规范意识；四是在复习教学上，教师缺乏限时训练意识、思维训练意识和补弱增分意识。这些意识的缺失，导致缺乏系统思维，不能有效地促进学生学会学习、合作和反思，帮助学生理解，缺乏以适宜的方式为学生提供自我挑战、自我组织、自我评价以及寻求指导与支持的学习环境，从而达成教学的教、学、评一致。

五　改进措施

学生数学素养评价报告中的情况，反映了天河区初中数学学科教育质量的现状和存在的深层次问题。对此，应在区教育督导室和教师发展中心教育评价监测部的引领下，设置学校质量监测部门，成立监测数据应用小组，提高监测结果应用成效。通过在区域、学校两个层面开展基于证据做精准诊断和传导，形成基于监测结果的"研读—诊断—归因—寻策—改进—后测"的闭环，以行政手段推动区域运用监测结果。发动学科核心组、中心组教师的作用，学习了解和掌握义务教育质量监测的基本方法，对照发现的问题开展深度数据分析以找差距，针对问题摸清成因以抓整改，通过精准施策，创新区域和学校教研方式，开展基于数据的价值行动，以促进学科特色发展和全面提高初中数学教学质量。

（一）落实推进合作项目，促进课程教学改革

天河区为落实基础教育改革和提升教育教学质量以及新课程新课标的实施，牵手华东师范大学课程与教学研究所的专家团队，开展为期三年的"天河区基础教育课程与教学改革提升"项目。以课堂教学为抓手，充分利用信息化手段，结合教育质量监测，推行区域教学评一体化评价改革，聚焦"新课程、新教学、新评价"，从课程体系建设、"教学评一体化"课程实施和多元化课程评价改革三个维度全力深化课程改革。

天河区通过项目式培训，帮助学校通过采用 SWOT 分析，综合考虑各学校在地理位置、办学历史、学生来源等方面存在的优势与劣势，从课程建设背景目标、内容体系、实施方略、评价设计等内容出发，制定具备科学性与校本性的学校课程方案。在制定学校整体课程方案的基础上，数学学科通过编制学科课程纲要，梳理学科课程结构、学科课程实施和评价路径，构建学科课程校本化实施标准。天河区开展为期三年的系统培训，通过讲座培训、实地指导、修改作品等多种形式，从理论讲解到案例分享，让天河的老师理解并掌握课程纲要的基本要素和撰写要求。而初中数学学科主要是围绕精选的数学核心概念设置一些独特的、有针对性的课程，包括针对不同学习需求的学生定制课程，以学历案为载体，在以学为中心的教学策略下，侧重数学阅读理解和交流表达，全面开展系列学业提升课程项目。

学历案是基于学生的立场，从学习结果出发，从期望"学会什么"出发，设计并展示"学生何以学会"的过程的专业方案。学历案的设计和使用能有效链接教材知识点与学科核心素养，帮助学生明确学习目的，建立学习内容与真实情境之间的联系，并进一步对整个学习单元的知识进行有效整合，从整体上建构知识形成经验，促进学生学科素养的提升。由此，数学学科特别关注学生在学历案实施中情境脉络的学习与实践表现，通过建立跨学科合作课程或跨领域的教师社群，结合学历案开展校本教研、课堂观察等方

面的推进实践，针对学历案六要素，对学习过程进行学科化的理解，采用"双题"形式进行编写，有效改变以往学案的编写形式，同时结合 AI 智慧评价开展学历案教学实施成效评判和改进，并通过三人行研训团队以大讲堂形式推广学历案教学等课程改革的实践创新。

（二）强化教研专业引领，促进薄弱管理改进

天河区建设基础教育学科教研基地，建立区域教研联盟，加强协同教研。一是在政策层面加强教育政策导向、均衡或扶持教育资源配置，提供优惠措施鼓励优秀教师到薄弱学校任教或帮扶。二是借助教师发展中心集体调研，让更多学校参与听评课，从中学习教学理念，并在课堂中落实，即以公办学校教学调研为主，将相近层次和同片区学校分类，组建片区教师研修共同体，凸显"同课异构+观摩共享"的主题调研形式，以聚焦课堂教学为主题，开展教学和策略的共享、共荣行动，提高教师整体素质，努力缩小校际差距。三是加强教育集团化办学下的创新和重构学校教研组建设，把前期区构建的学校教育联盟深化和完善，学校邀请研训员到校开展具体教学指导，参与学校年级备课组的相关活动，以学校教研组建设的优化来促进教师的专业成长，最终落实到课堂让学生受益。四是在天河区课程教学改革与提升项目中，以种子校与非种子校联合组成学习共同体，共同体开展活动主要是以差异化学习来呈现，以同课异构的方式来推进教师交流。

同时，区教育局中学教育科、督导室和教师发展中心中学教育研训部联合对部分学校进行蹲点，开展全方位的教学视导和学校管理引导，督促学校在教学管理、教师教学、教研组建设等方面进行监控和指导，以此加强教师的课堂管理。通过加大教育局的行政督导力度，促进提升教师的课堂管理，让学生更喜爱教师。在区教师发展中心听课调研中，为更好地让教与学、教与评、学与评一致性指向新课程标准，在华东师大专家团队的指导下，聚焦学生学习、教师教学、课程性质和课堂文化四个要素，围绕课程学习目标的准确性、活动设计的适切性、评价任务的一致性三个方面设计课堂观察指南。从"点"和"面"出发引领教研员和教师反思课堂、改进课堂，引导

教研员与教师在真实的课堂情景中分析评价教师的教、学生的学及师生之间的有效互动。

（三）教学评价牵引行动，促进学生全面发展

在新课标理念下，天河区教师发展中心积极探索完善对学生学科核心素养评价体系与学习过程性评价，改变结果导向的评价范式，贯彻与核心素养培养目标相一致的评价理念。通过连续三年对天河区全体学校同一批学生进行追踪评价，形成了"区域—学校—班级—学生"多层次多主体评价数据资源库，实现了对历年天河区各学校的学校概况与学生发展水平的追踪记录和区域学生数字画像，全面了解天河区中小学生质量发展情况，总体把握天河区义务教育优质均衡发展水平，将学生的改变和进步作为评价的核心。

为充分运用教育质量监测数据结果，更好地发挥监测数据"以评促教，以评促学"的导向作用，天河区教师发展中心成立评价中心组，加强区校联动，形成"全区数据解读报告—片区研讨交流—针对性下校调研指导"三层数据解读反馈工作机制，强化各学校对测评数据的解读应用意识。组织了20余场基于测评数据的"聚焦教学 论道质量"的教学研讨活动，教研员和全区一线教师们深入解读、剖析结果报告，把握监测理念和指标框架，清晰监测数据反馈的学科教学优势和不足，立足课堂教学现状分析差距，明确改进的关键内容和核心要素，以评价倒逼教师专业发展。同时，以主题汇报交流和专家评审的形式不断提升天河区教师数据应用意识与解读能力，指导学校构建专业教育评价数据应用队伍。

天河区不断强化学生数学学习评价的动态性和伴随性，完善学生学业质量过程性评价方案，将课堂观察、随堂考查、活动呈现或书面专项检测等多种方式有机结合，开展贯穿于学生教学全过程的动态学习诊断与评价。通过行政推动、教研促动、专家带动、项目驱动的"四级联动"式新时代教研工作形式，指导学校教师在教育教学实践中依据教学目标确定过程性评价内容与标准，深入开展作业设计与实施研究，选择科学合理的评价技术和手段，切实解决以往学生作业量过多、评价形式单一、质量不高、功能异化的

问题，帮助教师立足教学重难点和实际学情，运用形成性评价引领学生学习过程。深入开展作业设计与实施研究，根据逆向思维理论将评价前置，基于教学目标确定过程性评价内容、任务与标准，促使教师在教育教学实践中将评价嵌入教学过程，伴随每位学生的学习历程，体现"教—学—评"的一致性。天河区各学校利用形成性评价，充分关注学生成长过程，使学生逐步把握正确的学习方式，树立正确的学习动机，发挥评价导向的积极作用。

六　行动成效

初中数学学科发挥区教师发展中心"研究、指导、培训、服务"职能，通过加强教研组、中心组建设，以及学校调研指导、区域集备引领、教师教学反思、学生学习研究等方面提高课堂教学的有效性，扎实推动天河区初中数学教师队伍建设与数学教育质量内涵建设。基于阳光测评数据，通过创造价值的分析和行动，促进全区教师树立起用数据创造价值的理念，"为教学的评价"理念根深蒂固，分析必有行动，行动产生价值，取得显著效果。

（一）指导有方

经过集体调研和有针对性的中心组团队指导，有效引导和促进教师反思并提升教学质量，推动教师专业成长。为了让学生充分投入学习，数学教师逐渐注重教学方式方法的适切性，将关注点聚焦于课堂教学，以学生的学习为中心。通过创造情境，让学生自主探究和解释现象，教师则更多地关注推理性问题和开放性问题。通过这种方式，师生共同深入探究问题背后的数学原理，旨在发展学生发现问题、提出问题、分析问题和解决问题的能力。此外，鼓励学生积极、自主地学习，同时帮助他们发展探究性思维并激发对学习的热爱之情，帮助学生在解决与生活相关的陌生情境的数学问题时能够运用探究、推理和沟通表达等多种能力。

通过基于测评数据的区域教研行动，天河区初中数学教师在教学能力与工作动力上均得以发展进步，教师教学观念发生了质的转变，教学目标成为教师进行教学设计和课堂教学必须时刻追问反思的核心，评价任务的设计也成了备课的重中之重。根据广州数学素养测评结果，教师在教学设计能力、教学实施能力、教学管理能力及教学评估能力上均有分数及排名上的显著提升，且教师的教育热情与自我成长期望也较之前有了明显提升。在2021年广州市教学能力大赛中，天河初中数学学科教师有3名选手获一等奖，并代表广州市参加广东省教学能力大赛并获一等奖第三名；在第七届初中数学十佳青年数学教师评比中天河区3人获选，占全市的1/4。

（二）研究有向

以数学交流和阅读素养为抓手，围绕课例研究开展系列活动，以观课议课方式促进所有教师深度参与研究，在提升教师积极性的同时促进教师科研能力的发展。天河初中数学学科通过广东省教育科研"十三五"规划2019年度重点项目"基于教材精读的初中生数学交流素养提升路径研究"（编号2019ZQJK003）的实施，同时发动全区教师申报与此相关的一般课题或小课题研究，开展研读课程标准和教材精读，在已有研究的数学交流素养培养结构模型基础上，开展数学阅读和数学交流双方面融合的提升路径研究，打造促进数学交流素养提升的具体典型案例，凝练成果"基于教材精读的初中生数学交流素养提升路径"（见图1）。提炼出课堂教学中基于教材精读的初中生数学交流素养提升路径的关键内涵与结构环节，包括相关的方法和策略。课题研究取得突破性进展，共完成论文23篇，被人大《复印报刊资料·初中数学教与学》全文转载1篇、列入相关题录1篇、索引8篇。成果对学科发展具有一定的前沿性、创新性和引领作用，对解决数学教育实践问题具备应用性和可推广性，能引领学术发展。

（三）常规有新

天河区初中数学学科在教研员和核心组的领导下，带动各学段21个中心组成员集体开展全区性的教研活动，并与各学校科组长合作，做好区域和学校的教研工作，带动学校的教师专业发展。这股教研力量在学校各自不同

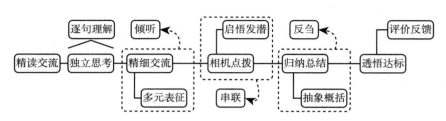

图 1　基于教材精读的初中生数学交流素养提升路径

的环境下，针对不同发展阶段的学生进行分类分层的培养，如初中的 4+2、小创班等促进学生的学习质量提升。同时，通过集团化办学、区域间的教师流动来促进优质均衡发展。在推动教育教学改革方面，主要是通过分层走班的教学，在一些学校中进行实践并形成一些较好的经验，例如广州中学初三年级大规模的走班，对促进广州中学数学教学成绩的提升有很大的帮助。通过教研员的重点课题在全区的推广应用，形成了很好的经验并持续开展，初中生数学交流素养实践成果最终获得了国家教学成果二等奖。同时，抓住全区课程教学改革机遇，在全区推动初中数学单元学历案的教学改进，基于核心素养发展学科关键能力，助力教师专业成长。通过学校调研、区教研等专项活动大力推进具有学科特色的学历案，并以"天河初数大讲堂"方式，面对全区初中数学教师做深度学习和总结，打造"洁净、宽正、沉潜、精致"的研训风格，针对学校和教师的引领、服务、指导等得到广大数学教师的认可。

七　结语

回顾近三年的实践创新路，在区教育局的正确领导下，在区教师发展中心"引领、服务、指导和组织"的学科研训职责下，天河初中数学学科努力构建并完成了"备—教—学—评—训"一体化，即构建基于天河部落教研平台支持下教学资源，构建专业的教学指导和丰富多样的教研方式，构建以学为中心的研究项目，构建高质量的命题诊断和分析指导，构建促进教师专业成长的培训内容和方式。

展望未来，天河初中数学学科将继续推进华东师大项目的实施，加强与学校、教师的合作，提高教师的专业素养，通过不断的探索和创新，落实新课程新标准的理念和要求，发展学生核心素养，提升天河区初中数学教育教学质量。

参考文献

崔允漷、郭洪瑞：《试论我国学科课程标准在新课程时期的发展》，《全球教育展望》2021 年第 9 期。

杨季冬、王后雄：《论"素养为本"的"教、学、评"一致性及其教学实现》，《教育科学研究》2022 年第 11 期。

刘志军、徐彬：《新课标下课程与教学评价方式变革的挑战与应对》，《课程·教材·教法》2022 年第 8 期。

初中生数学素养表现及教师
教学方式使用情况研究

——基于广州市荔湾区 3900 名初三学生的调查

麦裕华　庞新军　姚正鑫*

摘　要： 关注和培养初中生数学素养是义务教育数学课程改革的重要任务。通过广州市荔湾区 3900 名初三学生参与广州智慧阳光评价·数学素养测评，发现学生的数学素养得分和数学能力指标得分率不理想，学生的学习情感态度指标得分率较高；不同组别的学校在数学素养各方面指标上的表现均存在显著差异；学生感知到教师主要使用"教师主导教学"方式。建议区域、学校和教师，聚焦数学素养培养，优化课程内容结构；优化教学方式使用，加强人才全面培养；加大数学教研力度，解决素养发展难点。

关键词： 智慧阳光评价　数学素养　数学能力　学习情感态度　广州市荔湾区

一　问题提出

学生的数学学习对个人的思维塑造、智力发展、品格锤炼等方面有着重

* 麦裕华，博士，广州市荔湾区教育发展研究院教学质量监测中心教研员，主要研究方向为教育评价；庞新军，广州市荔湾区教育发展研究院教学质量监测中心主任、中学正高级教师，主要研究方向为教育评价、中学数学教育；姚正鑫，博士，广州市荔湾区教育发展研究院教学质量监测中心教研员，主要研究方向为教育评价。

要作用，学生在数学学习中形成的数学素养对个人全面和终身发展具有重要价值。而且，数学拔尖人才的培养关乎科技发展和国家建设。因此，习近平总书记在 2020 年 9 月的科学家座谈会上强调：“加强创新人才教育培养”“要加强数学、物理、化学、生物等基础学科建设。”① 党的二十大报告指出，教育、科技、人才是全面建设社会主义现代化国家的基础性、战略性支撑。身处素养为本的时代，培养和发展学生数学素养是中学数学教学和教研的时代任务与中心工作②。

新一轮义务教育数学课程改革重视核心素养导向的育人价值、培养路径和评价改进。国内研究者对学生数学学科核心素养的测评进行了一定探索，但未能够精准构建合适的评价框架③。经济合作与发展组织（Organization for Economic Cooperation and Development，OECD）组织的国际学生评估项目（Program for International Student Assessment，PISA）一直对数学素养的测评开展持续性研究，不断修订和调整测评框架，获得较多研究成果④。如何有效地测评学生的数学素养、学生的数学素养具有何种表现，是值得研究者深入思考的问题。

广州智慧阳光评价·数学素养测评（以下简称广州数学素养测评），参考 PISA 数学素养测评框架，有效诊断学生数学素养表现和了解主要的影响因素，有助于系统判断区域和学校数学教育质量，揭示学生数学学习中存在的问题，促进教师改进和优化教学实践。

广州市荔湾区位于广州市城区的核心地带，长期重视教育发展和坚

---

① 习近平：《在科学家座谈会上的讲话》，中华人民共和国中央人民政府网站，2020 年 9 月 11 日，https：//www.gov.cn/gongbao/content/2020/content_5547627.htm，最后检索时间：2023 年 10 月 18 日。

② 朱立明：《中国学生数学学科核心素养研究述评》，《数学教育学报》2020 年第 2 期，第 84~88 页；孙国春：《〈义务教育数学课程标准（2022 年版）〉的改革意涵探析——以核心素养为逻辑基点》，《课程·教材·教法》2022 年第 12 期，第 39~46 页。

③ 朱立明：《中国学生数学学科核心素养研究述评》，《数学教育学报》2020 年第 2 期，第 84~88 页。

④ 史潮女：《PISA 数学测评框架对基于核心素养课程教学的启示》，《中国教育学刊》2023 年第 S2 期，第 64~68 页。

持提升教育质量，基础教育质量一直位于全市前列。但在教育高质量发展的转型期，荔湾区面临数学拔尖学生数量相对较少且后进学生数量相对较多、数学教师教学方式较传统和创新动力有待提升等现实问题，亟待解决。教师的教学方式是影响学生数学素养培养的重要因素。因此，荔湾区初中生在广州市数学素养测评中表现如何？教师主要使用何种教学方式？上述问题的解答将为荔湾区有目的地开展数学教学改进和优化提供重要的参考依据。

二　研究方式

（一）调查对象

广州市荔湾区教育局在广州市智慧阳光评价项目确定的实验校基础上，实施增测工作，组织全区中学参与该评价项目。5 所中学的 13 个校区，与 27 所中学形成 40 个参测单位。每个单位随机抽取 2~3 个班，共 100 多名学生成为被试。

本研究使用 2023 年公布的广州市智慧阳光评价荔湾区初三学生测评数据。本次调查对象是全区初三学生，共 4364 人，其中完整完成数学素养测评的有效样本为 3900 人，有效率为 89.37%。在有效样本中，男生 2077 人（53.26%），女生 1823 人（46.74%）。

本研究采用聚类分析，以 10 个单位距离为组别划分依据，40 个单位聚类为 3 个组别（见图 1）。首先，第 1 组包括 14 个单位，共有学生 1455 人，占全体学生的 37.31%，其中男生 725 人（49.83%）、女生 730 人（50.17%）。该组内均为公办学校，聚集了区内初中教育质量位于前列的单位。其次，第 2 组包括 15 个单位，共有学生 1560 人，占全体学生的 40.00%，其中男生 808 人（51.79%）、女生 752 人（48.21%）。该组内均为公办学校，是区内初中教育质量位于中游的单位。最后，第 3 组包括 11 个单位，共有学生 885 人，占全体学生的

22.69%，其中男生 544 人（61.47%）、女生 341 人（38.53%）。该组内为个别公办学校和大量民办学校，主要是区内初中教育质量位于下游甚至末位的单位。

聚类分析结果与荔湾区初中学业质量监测的常态结果有较好的对应关系，各单位的聚类情况具有较大的合理性，能够较好地反映出各单位共性和层级关系全貌。

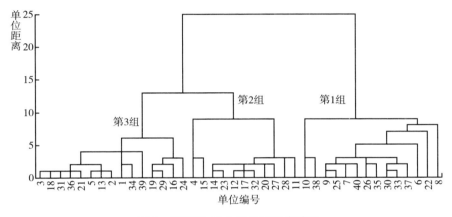

图 1　荔湾区 40 个单位的聚类情况

（二）研究工具

广州市数学素养测评通过能力测验和常模参照的调查问卷了解学生的数学素养和学习过程，主要使用的评价指标包括"数学素养得分""数学能力""学习情感态度""教师教学方式"等。

首先，"数学素养得分"评价指标通过百分制得分，将学生的数学素养分为4 个等级（A 等级，优秀；B 等级，良好；C 等级，中等；D 等级，待提高）。

其次，"数学能力"评价指标分为"运算求解能力""数据处理能力""空间想象能力""推理论证能力""问题解决能力"5 种能力。"学习情感态度"评价指标分为"数学学习兴趣""数学学习信心"等。通过得分率反映学生在数学能力和学习情感态度上的表现。

最后，"教师教学方式"评价指标分为"教师主导教学""师生双向反馈""适应性教学""认知激活"4 种方式。通过使用频率了解教师教学方式的使用情况。

（三）数据统计

本研究使用 SPSS 23.0 处理数据，数据统计过程分为两个阶段。

第一，"数学素养得分""数学能力""学习情感态度"评价指标是反映学生数学素养相关表现的重要依据，因而计算各单位各评价指标及其下属评价指标的平均分。对评价指标数值作标准化处理后，应用层次聚类分析，使用常用的欧氏距离平方（Squared Euclidean Distance）和组间平均距离连接法（Between-Groups Linkage），根据各单位在指标数值上的相似性，将各单位划分成组间异质、组内同质的有限个数组别。该阶段有助于了解荔湾区各参测单位的聚集状态和独立组别。

第二，分别对各组别评价指标的得分、得分率和使用频率，作描述统计和单因素方差分析。方差齐性时，使用邦弗伦尼（Bonferroni）检验作为事后多重比较方式。方差不齐性时，使用韦尔奇（Welch）检验进行校正的 F 检验，并且使用盖姆斯-豪厄尔（Games-Howell）检验作为事后多重比较方式。而且，使用卡方检验比较广州市和荔湾区"数学素养得分"评价指标各等级人数比例的差异性。该阶段有助于了解各组别数学素养的学习特征及差异性。

三　研究结果与分析

（一）学生的数学素养表现

1. 数学素养得分的情况

数学素养得分是从宏观角度对学生数学素养表现的整体描述。本研究从两个方面分析"数学素养得分"评价指标得分情况。

（1）市、区评价指标比较。从平均分的数值看，荔湾区学生数学素养在群体层面有待提高，教育者和研究者需要给予高度重视和关注。从平均分的比较看，荔湾区及其第 1 组、第 2 组的平均分均高于广州市平均分。这表明荔湾区整体高于全市平均水平。从等级人数比例比较看，卡方检验显示，$\chi^2 = 85.136$，$p < 0.001$。这表明荔湾区学生数学素养各等级人数比例分布显著优于广州市。

上述研究结果表明荔湾区的数学教学实践在提高中等水平学生和减少待提高等级学生方面有一定成效，未来需要进一步加强学生数学素养培养。

（2）区内组别评价指标比较。在 3 个组别中，第 1 组的表现最优，其次是第 2 组，最后是第 3 组。韦尔奇检验显示，3 个组别的数学素养得分存在显著差异（$F = 646.452$，$p < 0.001$），盖姆斯-豪厄尔检验显示，第 1 组显著高于第 2 组和第 3 组，第 2 组显著高于第 3 组（$p < 0.001$）。

2. 数学能力的表现

数学能力是学生在数学学习过程中形成的一般性稳定状态，是组成数学素养的重要因素。广州市数学素养测评在"数学素养得分"评价指标的基础上，通过"数学能力"评价指标更具体地反映学生的表现。本研究从三个方面分析"数学能力"评价指标得分率情况。

（1）区评价指标比较。从表 1 的数据可见，荔湾区各项数学能力评价指标的得分率均不高，为 0.28~0.47，可大致分为 3 个层级。首先，"运算求解能力"评价指标得分率最低，为 0.28；其次，"空间想象能力"和"推理论证能力"评价指标的得分率介于其他能力评价指标之间，为 0.40 左右；最后，"数据处理能力"和"问题解决能力"评价指标得分率最高，均达到 0.47。学生的数据处理能力和问题解决能力获得较好发展，运算求解能力最薄弱，这表明荔湾区学生数学能力具有较大发展空间，各项数学能力发展不均衡，面临不同的发展问题。

表1　荔湾区各组别的数学能力表现

能力	项目	全体	第1组	第2组	第3组	F	p	多重比较
运算求解	平均分	0.28	0.32	0.26	0.24	45.318	<0.001	1>2,3;2>3
	标准差	0.19	0.20	0.18	0.17			
数据处理	平均分	0.47	0.60	0.45	0.32	275.056	<0.001	1>2,3;2>3
	标准差	0.31	0.30	0.29	0.26			
空间想象	平均分	0.41	0.50	0.39	0.30	441.838	<0.001	1>2,3;2>3
	标准差	0.19	0.18	0.17	0.15			
推理论证	平均分	0.40	0.48	0.39	0.29	287.454	<0.001	1>2,3;2>3
	标准差	0.21	0.22	0.20	0.16			
问题解决	平均分	0.47	0.57	0.45	0.32	329.142	<0.001	1>2,3;2>3
	标准差	0.26	0.24	0.24	0.22			

注：（1）1，第1组；2，第2组；3，第3组（下同）。（2）评价指标的分析均使用韦尔奇检验和盖姆斯－豪厄尔检验。

（2）市、区评价指标比较。广州市"运算求解能力"评价指标得分率是0.27，"数据处理能力"评价指标得分率是0.41，"空间想象能力"评价指标得分率是0.36，"推理论证能力"评价指标得分率是0.35，"问题解决能力"评价指标得分率是0.41。荔湾区各项数学能力评价指标的得分率均高于全市平均水平。在市、区相差比例上，除了"运算求解能力"评价指标只略大于0.01外，其他数学能力评价指标均大于0.05左右。这表示荔湾区在多项数学能力上能够优于全市。

（3）区内组别评价指标比较。通过方差分析，各组别各项数学能力的表现均存在显著差异（$p<0.001$），组别大小关系均是：第1组>第2组>第3组。而且，第1组显著高于第2组和第3组，第2组显著高于第3组（$p<0.001$）。这表明荔湾区内部各单位间有显著差异，有必要加强区域数学教育质量均衡化发展，重点加强薄弱学校后进学生数学能力的培养力度。

3.学习情感态度的表现

学习情感态度是学生在数学学习过程中形成的重要非智力因素，对数学素养的发展有重要作用。本研究从两个方面分析"学习情感态度"评价指标得分率情况。

（1）区评价指标情况。表2显示荔湾区在学习情感态度方面具有较正面的表现。全区"数学学习信心"评价指标得分率是0.73，"数学学习兴趣"评价指标得分率是0.74，各组别的两个评价指标得分率均大于0.60。这表示学生对数学学习有一定的兴趣，对学习结果具有一定的自信心，愿意投入时间和精力完成数学学习任务。

表2　荔湾区各组别的学习情感态度表现

态度	项目	全体	第1组	第2组	第3组	F	p	多重比较
数学学习信心	平均分	0.73	0.78	0.73	0.65	263.145	<0.001	1>2,3;2>3
	标准差	0.14	0.13	0.14	0.12			
数学学习兴趣	平均分	0.74	0.76	0.75	0.69	57.252	<0.001	1>2,3;2>3
	标准差	0.17	0.17	0.17	0.17			

注：评价指标的分析使用韦尔奇检验和盖姆斯-豪厄尔检验。

（2）区内组别评价指标比较。通过方差分析发现，各组别在学习情感态度上的表现存在显著差异（$p<0.001$），组别大小关系均是：第1组>第2组>第3组。而且，第1组显著高于第2组和第3组，第2组显著高于第3组（$p<0.001$）。组别间变化状况与它们在"数学素养得分"和"数学能力"评价指标上的变化状况相一致。这表示学生学习情感态度的水平与数学素养及其相关能力的水平有一定关系。具体而言，学生的数学素养及其相关能力处于较高水平时，学生的学习情感态度也处于较高水平。该研究结果符合人们的一般认识和预期。

需要注意的是，在本研究中，学生"数学素养得分"评价指标的得分和"数学能力"评价指标的得分率不高，但"学习情感态度"评价指标的得分率处于中等水平。换言之，荔湾区学生在数学素养及其相关能力有待进一步发展的情况下，仍然对数学学习过程和结果具有一定的积极态度。这可能由于学生对数学学习具有较大的学习热情和较强的内部动机，也可以反映出教师在日常教学中能够注重培养学生形成较积极的学习情感态度。因此，教学者和研究者应深入探究学生学习情感态度的形成和发展过程，从而助力数学素养培养。

（二）学生感知的教师教学方式使用

教学方式是教师在教学设计和实施中，实现教学目标和取得教学效果的重要手段。研究发现，教师教学方式的具体行为会影响学生数学素养的发展[①]。本研究参照 PISA 项目的研究设计，选择了最具代表性的 4 种教学方式。评价指标的使用频率越大，表示学生越能感知到教师高频率地使用某种教学方式。本研究从两个方面分析"教师教学方式"评价指标使用频率情况。

（1）区评价指标情况。如表 3 所示，各组别均认为教师较为频繁地使用各种教学方式。全区教师各种教学方式的使用频率为 0.73~0.83，除了第 3 组"师生双向反馈"的使用频率为 0.67 外，各组别其他教学方式的使用频率均大于 0.70。第 1 组除了"师生双向反馈"的使用频率为 0.76 外，其他教学方式的使用频率均大于或等于 0.80。这表示教师并非只局限于使用某种特定教学方式，而是能够结合学生发展和教学实际需要综合使用多种教学方式。

表 3　荔湾区各组别感知的教师教学方式使用表现

维度	项目	全体	第 1 组	第 2 组	第 3 组	F	p	多重比较
教师主导教学	平均分	0.83	0.86	0.84	0.75	99.278	<0.001	1>2,3;2>3
	标准差	0.19	0.17	0.18	0.20			
师生双向反馈	平均分	0.73	0.76	0.74	0.67	43.280	<0.001	1>2,3;2>3
	标准差	0.23	0.23	0.23	0.23			
适应性教学	平均分	0.77	0.80	0.78	0.71	62.832	<0.001	1>2,3;2>3
	标准差	0.21	0.20	0.20	0.21			
认知激活	平均分	0.80	0.83	0.81	0.72	112.634	<0.001	1>2,3;2>3
	标准差	0.18	0.17	0.17	0.19			

注："师生双向反馈"和"认知激活"评价指标的分析使用邦弗伦尼检验，其他两个评价指标的分析使用韦尔奇检验和盖姆斯-豪厄尔检验。

[①]　程汉波、杨旭端、胡典顺、张可心：《中学数学课堂中"教学行为""学习行为""数学反思性"对"数学核心素养"的影响研究》，《数学教育学报》2023 年第 4 期，第 5~12 页。

在各组别中，"教师主导教学"的使用频率最高，其次是"认知激活"，再次是"适应性教学"，最后是"师生双向反馈"。这表示荔湾区学生在群体层面均感知到教师主要使用"教师主导教学"方式，即教师通过个人讲解、组织学生提问和讨论等活动形式来开展课堂教学活动。该教学方式成为教师常规使用的方式，符合人们的一般认识和预期。

"适应性教学"方式主要针对学生在特定教学主题和知识点的学习难点，"认知激活"方式通过将数学问题与实际情境相结合，培养发散思维以及解决问题的能力。教师有较多针对性的教学方法和策略来满足这些常见的教学需求。所以，这些评价指标有较高的使用频率。

"师生双向反馈"方式是指教师根据学生实际的学习情况，给予学生针对性的学习意见和建议，而学生在吸收教师的指导后，调整个人学习行为，再将个人信息反馈给教师。该教学方式的重点在于师生双向均要做出有效的反馈和相应的行动。该教学方式要取得成效，需要学生主动和积极地参与该过程，教师能够及时关注学生和反馈信息。受多种因素影响，教师可能倾向于选择"教师主导教学"方式，从而导致"师生双向反馈"方式使用频率最低。

（2）区内组别评价指标比较。方差分析显示，各组别在各种教学方式使用频率上均存在显著差异（$p<0.001$），组别大小关系均是：第1组>第2组>第3组。而且，第1组显著高于第2组和第3组，第2组显著高于第3组（$p<0.001$）。组别间变化状况与它们在数学素养多方面评价指标上的变化状况相一致。这可能是因为数学素养较好组别的教师更愿意尝试使用多种教学方式，从而导致其组别的教学方式使用频率高于其他组别。

四　结论与建议

（一）研究结论

在广州市数学素养测评中，荔湾区初中生数学素养及教师教学方式使用情况如下。

第一，荔湾区学生的数学素养及数学能力表现有待进一步发展，但优于广州市平均水平，而且学生具有较积极的学习情感态度。

第二，荔湾区 40 个中学（含校区）聚类的 3 个组别在学生数学素养各方面评价指标上的表现均存在显著差异。

第三，学生认为教师主要使用"教师主导教学"方式，而使用"师生双向反馈"方式的频率较低。

（二）对策建议

1. 聚焦数学素养培养，优化课程内容结构

有研究者基于 PISA 的测评特点和结果，从课程设计、教学实践、评价体系、师资培训等维度，提出数学核心素养培育路径和教学建议①。针对荔湾区中学生数学素养及其相关能力有待发展的现实问题，教师应该更新数学学科育人理念，深度理解发展学生数学素养的重要意义，更快和更好地形成培养学生数学素养的工作视角，系统思考和开展指向学生数学素养发展的教学工作。

"教什么"是一个比"怎样教"更为重要的问题。教师应结合学生数学素养培养的重难点，分别从数学知识维度和数学能力维度，充分挖掘数学知识教学承载的数学素养培养功能、数学能力教学体现的数学素养发展路径，优化初中数学课程新的教学内容结构。教师可以进一步结合数学知识和数学能力的发展逻辑，形成符合学科认识、可操作性强的学习进阶，提供显性化的教学进路，支持更好地实现指向学生数学素养发展的教学。

2. 改进教学方式使用，加强人才全面培养

荔湾区存在教师主要使用"教师主导教学"方式而未充分使用其他教学方式的问题。在全区层面，既要加大对尖子学生的培优力度，也要强化后进学生的托底工作。

---

① 史潮女：《PISA 数学测评框架对基于核心素养课程教学的启示》，《中国教育学刊》2023 年第 S2 期，第 64~68 页；姬梁飞：《PISA 视野下的数学核心素养培育路径探究》，《教学与管理》2019 年第 24 期，第 98~100 页。

尽管不同组别和学校面临不同的数学教学问题，但教师均需更新数学教学理念，掌握更多有效教学方式的基本原理和操作方式，教师要努力创造支持学生开展探究学习、促进师生双向互动反馈的教学环境，探索组合使用多种教学方式的综合设计和实践安排，促进学生多种数学能力，尤其是运算求解能力的快速提升。

顺应教育数字化的建设工作，教师应该主动学习和使用信息工具实现智慧教学，精准诊断尖子学生和低水平学生的学习困难，快速掌握课堂教学实践中的学情变化，为使用"适应性教学"和"认知激活"方式提供有力帮助。

3. 加大数学教研力度，解决素养发展难点

区域教研和校本教研的有效实施是供给先进教学思想和方式、提升教师教学能力和促进教学质量提升的重要力量。以区域教研部门为核心的区域教研和以学校学科组为核心的校本教研均应充分发挥引领、支持作用。

因此，区域教研和校本教研应建设和优化"精准定位、分层共决、多层联动"的教研合作机制，开展"有组织的研究"。首先，区教育研究部门可以结合学生数学素养培养的教研工作立意，深入了解不同组别和学校在数学教学理念、方式和过程中存在的不足，聚焦普遍存在的教学问题，集中力量突破专题困难。其次，区域教研应通过专家指导和案例分析，重点解决区域数学教学专题困难的共性问题。校本教研应结合学校数学教学实际情况，研讨解决存在的共性问题和校本问题，形成有代表性的问题解决案例。最后，区教育研究部门应充分交流不同组别与学校的校本教研重要成果，促进不同单位间学习和发展，提升区域数学教学质量。

参考文献

洪燕君：《基于义务教育数学课程标准的核心素养的理解与实施——访谈史宁中教授》，《数学教育学报》2023 年第 3 期。

朱立明：《从"核心概念"到"核心素养"——2011 年版与 2022 年版〈义务教育数学课程标准〉比较研究》，《天津师范大学学报》（基础教育版）2022 年第 3 期。

史宁中、吕世虎、李淑文：《改革开放四十年来中国中学数学课程发展的历程及特点分析》，《数学教育学报》2021 年第 1 期。

左浩德：《数学教育研究支持课堂教学实践：赋能未来——第 45 届国际数学教育心理学大会会议综述》，《数学教育学报》2023 年第 3 期。

刘达：《上海数学课程改革推动下的教研转型与范式生成》，《中国教育学刊》2019 年第 11 期。

广州市花都区小学生数学素养追踪分析报告

杨焕娣　徐敏红*

摘　要： 为了解花都区小学生数学素养的发展水平，本文对本区连续三年参加广州数学素养测评的小学生进行追踪调查。从小学生数学素养整体情况、均衡表现、数学能力、学习态度四个维度分析，发现本区小学生数学素养显著提升，其提升可能有四个方面的原因，但还存在两极分化比较严重、均衡水平有待得高、解决问题能力偏低的问题。基于此，本文提出针对性的反思与建议：深化课堂教学改革，提升数学教学的能效；实施提质帮扶行动，全面保障优质均衡发展；加强教师队伍建设，促进教师专业素养的提升；探索有效策略，培养学生问题解决能力，以期促进学生数学素养的发展。

关键词： 数学素养　小学生　广州市花都区

一　研究的意义和背景

《义务教育数学课程标准（2022年版）》在目标设定中明确了学科核心素养的导向，提出了"三会"的素养目标，也就是"会用数学的眼光观

* 杨焕娣，广州市花都区教育发展研究院教研员，高级教师，主要研究方向为教育评价、小学数学教育；徐敏红，广州市花都区教育发展研究院教研员，高级教师，主要研究方向为教育评价、中学生物教育。

察现实世界，会用数学的思维思考现实世界，会用数学的语言表达现实世界"①。可见，数学核心素养是育人价值的集中体现，它已经成为学生适应未来发展的正确价值观、必备品格和关键能力，培养学生数学的核心素养是数学教育的终极目标。

2019 年，出台了《中共中央　国务院关于深化教育教学改革全面提高义务教育质量的意见》；2020 年，中共中央、国务院印发《深化新时代教育评价改革总体方案》；2021 年，教育部等六部门印发《义务教育质量评价指南》。从国家层面密集出台的文件、政策来看，学生的教育评价已经成为教育教学改革与发展的重点。广州作为国家中小学教育质量综合评价改革实验区之一，2015 年以来连续八年开展中小学教育质量综合评价（以下简称"广州阳光评价"）测评，2020 年，广州阳光评价升级转型为广州智慧阳光评价，并与国家义务教育质量监测接轨，完善和提升学科能力测试评价体系，新增学业发展维度下的学科素养测评，包括数学素养、科学素养和阅读素养三大素养。2022 年广州数学素养测评以《义务教育数学课程标准（2022 年版）》为依据，同时对标国家义务教育质量监测形式展开评价，重点测查学生的数学能力，以及学生数学学习情感态度，并结合国家相关政策规定，对数学教育教学方式状况进行调查。

为了解花都区小学生数学素养的发展水平，花都区连续三年组织实验学校学生参加广州智慧阳光评价·数学素养测评（以下简称"广州数学素养测评"）。本研究试图运用 2020~2022 年获取的广州数学素养测评数据，通过对比分析，探讨花都区小学生的数学素养发展状况及存在的问题，并提出相应的发展建议，为促进花都区小学生数学素养的提升提供参考。

---

① 中华人民共和国教育部制定《义务教育数学课程标准（2022 年版）》，北京师范大学出版社，2022，第 5~6 页。

二 研究设计

（一）研究对象与抽样情况

本研究资料来源于 2020~2022 年获取的广州数学素养测评数据，选取完整地参与广州数学素养测评项目的花都区小学生作为研究对象，具体参测情况：2020 年有 17 所实验校参加，共 1884 名小学生完成测评，其中男生1040 人（55.20%），女生 844 人（44.80%）；2021 年有 16 所实验校参加，共 1864 名小学生完成测评，其中男生 1010 人（54.18%），女生 854 人（45.82%）；2022 年只有 4 所小学有效完成测评，其余学校因为新冠疫情停学未完成测评，故不纳入范围内，因此 2022 年共有 336 名小学生完成测评，其中男生 179 人（53.27%），女生 157 人（46.73%）。每所参测的学校各有2~3 个班的学生参与，具体实验校和学生测评数量情况见表 1。

表 1 花都区参测实验校和学生人数统计

年份	参测小学数（所）	参测学生数（人）	男生		女生		参测年级
			人数（人）	占比（%）	人数（人）	占比（%）	
2020 年	17	1884	1040	55.20	844	44.80	三年级
2021 年	16	1864	1010	54.18	854	45.82	四年级
2022 年	4	336	179	53.27	157	46.73	五年级

注：2021 年花都区有一所学校因疫情全校停学一个月，无法参加测评；2022 年因为突然全面暴发疫情而全区停学，以致 12 所学校未能有效完成参测。

从参测学校所在区域来看，2020 年花都区参测的 17 所小学中，6 所在城镇，11 所在乡村；2021 年 16 所参测小学中，9 所在城镇，7 所在乡村；2022 年 4 所参测小学中，3 所在城镇，1 所在乡村。从参测学校的办学性质来看，2020 年花都区参测小学有 15 所公办学校，2 所民办学校，2021 年和2022 年参测的全部是公办学校。从参测对象的持续性来看，参测对象是由三年级持续到五年级，追踪了 3 年，而且 2020 年花都区参测的 17 所小学中，有 12 所学校持续参加 2021 年的测评，其中还有 4 所学校有效完成了 2022 年测评。因此，本研究参与实验的对象覆盖面广，有一定的代表性和追踪性，能在一定程度上反映花都区小学生数学素养发展的总体状况。

（二）研究工具

学生在义务教育阶段的数学课程学习后表现出来的知识、能力、素养，都是反映数学核心素养的一部分。广州数学素养测评是遵循国际公认的 PISA 研究中使用的评估框架，包括数学内容、数学过程和数学情感与态度三方面（见图 1）。

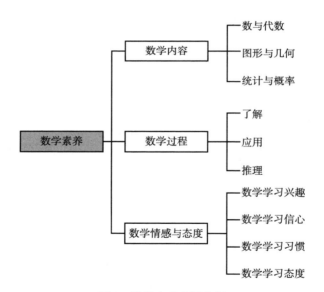

图 1　数学素养内涵分析

本研究中数学素养水平基于项目反应理论得出，通过测试题考查学生在数与代数、图形与几何、统计与概率三大板块数学知识中的数学学科能力（以下简称"数学能力"）。数学能力是数学学科发展中经过长期积淀而形成的，蕴含于数学学科内质中，它脱离不了具体的数学知识和数学活动，数学能力存在于数学活动之中，是在数学活动中形成和发展起来的①。广州数学素养测评重点测查学生的数学能力，它包括运算求解能力、数据处理能力、空间想象能力、推理论证能力、问题解决能力五个指标，以及对学生数学学习情感态度进行调查（见表2）。

表2　数学能力与学习情感态度各维度解释说明

内容	指标维度	内涵
数学能力	运算求解能力	通过使用公式、定义等进行数学计算，进而解决简单的数学问题的能力
	空间想象能力	对客观事物的空间形式（空间几何形体）进行观察、分析、认知的抽象思维能力
	数据处理能力	通过选择适当的数学知识和数学技能进行问题表征和建模，进而解决常规性问题的能力
	推理论证能力	学生通过数学知识和规律提出假设并进行比较、论证、分析，进而解决复杂问题的能力，主要包括归纳推理和演绎推理
	问题解决能力	学生凭借独立思考，综合运用数学知识解决实际问题的能力
学习情感态度	学习兴趣	指学生积极参与数学活动，对数学有好奇心和求知欲，具备数学学习过程中的情绪和动机
	学习态度	学生通过了解数学的特点和价值，形成坚持真理、修正错误、严谨求实的科学态度，形成数学价值观和成长型思维
	学习信心	学生在学习过程中，体验获得成功的乐趣，锻炼克服困难的意志，建立自信心（自我效能感）

　　广州数学素养测评采用学科测试，满分是100分，是运用测试问卷原始分和等级水平分析学生表现。数学等级依照学科标准和结合国家义务教育质量监测标准将学生学业表现划分为四个水平段：A级（优秀）、B级（良好）、C级（中等）、D级（待提高）。数学素养成绩等级划分情况及说明详见表3。

---

① 曹一鸣、刘晓婷、郭衎：《数学学科能力及其表现研究》，《教育学报》2016年第4期，第73~78页。

表 3　数学素养成绩等级划分情况及说明

等级	该水平分数	说明
A 级	86~100 分	学生具有较好的应用能力,能发现问题和提出问题,能灵活运用数学知识和数学思想方法,解决非常规问题。处于该水平的学生数学学业表现为优秀
B 级	71~85 分	学生具有较好的合情推理能力,能运用数学知识和数学策略,解决相对常规的问题。处于该水平的学生数学学业表现为良好
C 级	60~70 分	学生初步建立数感,能直观运用数学基础知识和基本技能,解决简单的问题。处于该水平的学生数学学业表现为中等
D 级	60 分以下	学生仅能掌握一些自然数、简单小数、分数和简单平面图形的最基本知识,只能回答部分简单问题。处于该水平的学生数学学业表现为待提高

（三）分析方法

回收测评问卷后，甄别、剔除无效问卷，本文采用数据分析法、对比法对花都区 2020~2022 年的数据进行统计分析，着重探讨小学生数学素养总成绩、数学能力得分、学习情感态度的变化情况，以及学校间的差异变化情况。

三　研究结果与分析

（一）小学生数学素养整体情况追踪分析

1. 整体表现分析

从三年参测学校的数学素养整体表现看，花都区在 2020 年平均分只有 61.95 分，低于广州市平均分。但 2021 年在广州市数学平均分下降的情况下，花都区的平均分提高到 80.38 分，高于广州市的平均分。2022 年花都区成绩虽然有所下降，回落到 67.87 分，但还是高于广州市的平均分。以上情况说明花都区小学生数学素养整体水平呈上升趋势，不过这三年测评本区的标准差都比较高，都在 20 左右，特别是 2022 年花都区的标准差比广州市高 63.40%，表明区内学生发展差异较大（见表 4）。

表4　花都区数学素养总成绩情况

单位：分

年份	项目	花都区	广州市	与市比较（%）
2020	平均分	61.95	69.1	−10.35
	标准差	20.35	22.53	−9.68
2021	平均分	80.38	57.58	39.60
	标准差	18.86	21.64	−12.85
2022	平均分	67.87	35.04	93.69
	标准差	22.50	13.77	63.40

2. 等级分布情况分析

本研究通过对小学生2020～2022年数学素养成绩各等级分布进行比较（见图2），发现：花都区小学A级水平学生占比总体上升，B级、C级水平的学生占比基本稳定，D级水平学生占比总体下降。

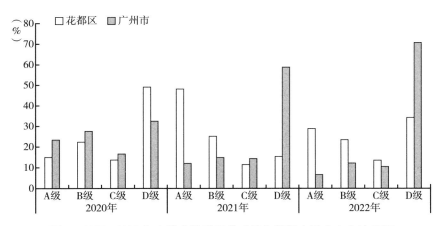

图2　2020～2022年小学生数学素养成绩各等级水平分布占比情况

从图2可以看出，花都区2020年A、B水平的学生占比均低于广州市。但2021年、2022年，花都区在广州市A级、B级水平学生占比下降的情况下，学生占比均高于全市平均水平。花都区D级水平学生占比2020年高于全市平均，2021年显著低于全市平均占比，虽然2022年上升一些，但还是低于全市平均占比。由此可见，花都区小学生数学素养的整体水平有了一定提升，但待提高的学生占比仍然比较大，达到 34.23%。

（二）小学生数学素养校际均衡表现情况追踪分析

因 2021 年花都区部分参测学校调整，而且 2022 年受疫情影响，花都区参加广州数学素养测评的学生人数大幅减少，为了方便追踪对比说明，本研究筛选了 12 所持续参测 2020 年和 2021 年的小学（其中有 4 所小学也参加了 2022 年的测评），整理出它们参加广州数学素养测评的学校数学素养总成绩平均分（见表 5）。

表 5　2020~2022 年花都区小学数学素养测评各学校成绩对比

单位：分

学校	2020 年平均分	2021 年平均分	2022 年平均分
学校 1	72.58	91.09	—
学校 2	62.11	78.22	—
学校 3	68.65	86.08	—
学校 4	53.73	74.05	—
学校 5	58.46	80.60	—
学校 6	70.43	85.48	—
学校 7	49.86	53.65	—
学校 8	75.59	91.52	90.44
学校 9	65.28	66.97	51.92
学校 10	70.63	88.78	72.95
学校 11	60.59	81.15	54.26
学校 12	79.91	92.69	—
全区	61.95	80.38	67.87

从表 5 可以看出，花都区小学生数学学业总体表现均衡水平依然很低，校际差异依然较大。例如同样是城区的学校 1、学校 4 两所小学，学校 1 2020 年数学素养成绩是 72.58 分，学校 4 是 53.73 分，两校相差 18.85 分，2021 年这两所学校成绩都有所提升，不过两校还是相差 17.04 分；2021 年，

学校 12 数学素养成绩是 92.69 分，而学校 7 只有 53.65 分；2022 年也是如此，在 4 所学校中，学校 8 是 90.44 分，学校 10 是 72.95 分，而另外两所学校却只有 50 多分。

（三）小学生数学能力表现情况追踪分析

从图 3 可以看出：2021 年花都区小学生的数学能力均有不同程度的上升，原本花都区小学生比较薄弱的数据处理、空间想象、推理论证三大学科能力均有不同幅度的提升，其中数据处理能力和推理论证能力进步较大；2022 年小学生的数学能力均有不同程度的回落，其中运算求解、数据处理两个能力下降较大，而且增测的问题解决能力花都区的小学生表现比较弱，远低于其他能力，需要重点关注。当然，2022 年小学生的运算求解能力、数据处理能力、空间想象能力、推理论证能力四个能力下降，可能受到花都区参测样本校较少和疫情的影响。

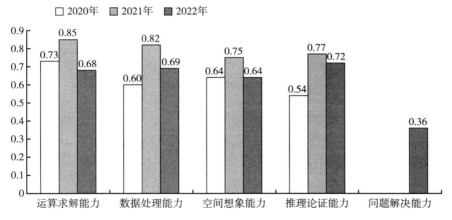

图 3　2020~2022 年花都区数学能力得分率对比

注：由于 2020 年和 2021 年的测评都只是检测运算求解能力、数据处理能力、空间想象能力、推理论证能力四个能力，没有"问题解决能力"这个指标，因此没有数据对比"问题解决能力"，同时，下文也只能对比分析前面四个指标维度。

1. 运算求解能力

从图 4 可以看出，2020 年花都区小学生运算求解能力 A 级、B 级水平

学生占比略低于广州市，但在 2021 年花都区 A 级水平的学生占比为
76.67%，远高于市均占比；2022 年花都区 A 级水平的学生占比虽然有所回
落，但仍然比广州市均值要高。2020 年花都区 D 级水平的学生占 30.54%，
略高于市均值；2021 年花都区 D 级水平的学生占比有所下降，2022 年又上
升到 34.23%。对比 2022 年广州市运算求解能力 D 级水平学生占比高达
65.44%，花都区还是处于正常范围内，基本与全市的波动一致。

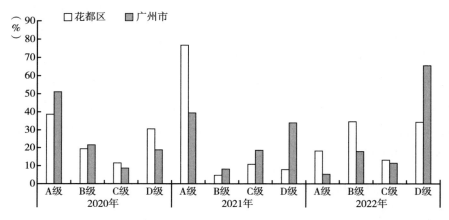

图 4　运算求解能力对比

2. 数据处理能力

在数据处理能力方面，2020 年花都区 D 级水平学生占比为 46.03%，高
于市均占比；2021 年、2022 年 D 级水平学生人数减少，占比均低于市均
值；而 A 级水平学生人数不断上升，占比由原来低于市均值逐步提升到高
于市均值。可见，三年间花都区小学生数据处理能力整体水平得到提升，但
是 D 级水平学生占比没有得到很大的突破，两极分化比较严重（见图 5）。

3. 空间想象能力

2020~2022 年，广州市小学生空间想象能力 A 级水平学生占比呈现下
降趋势，D 级水平学生占比上升，但花都区 A 级水平学生占比略有上升，D
级水平学生占比变化不大。2020 年，花都区空间想象能力达到 A 级水平的
学生占 28.21%，2021 年上升到 44.40%，2022 年占比为 31.25%，2021 年

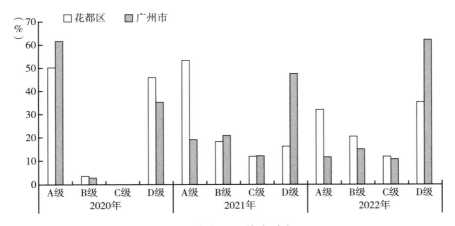

图5 数据处理能力对比

和 2022 年花都区 A 级水平的学生占比均高于市均值。再看 D 级水平学生，三年间花都区占比并没有实质性下降，说明两极分化的情况没有得到有效改善（见图 6）。

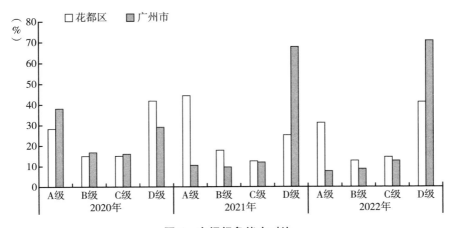

图6 空间想象能力对比

4. 推理论证能力

在推理论证能力方面，花都区小学生三年间进步显著，其中 A 级水平学生占比由原来的 14.38% 上升到 41.37%，D 级水平学生占比则由

61.64%下降到29.76%。从2021年起花都区小学生推理论证能力A级、B级水平占比均高于市均值，但与其他能力一样，存在两极分化的现象（见图7）。

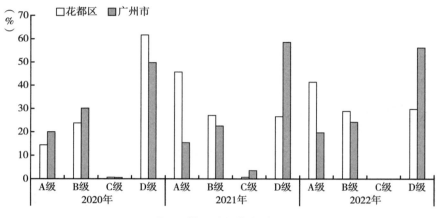

图7　推理论证能力对比

（四）小学生数学学习态度追踪分析

本研究将对比分析花都区小学生的数学学习信心、数学学习兴趣与学生数学学业成绩的关系，以及花都区小学生在数学学习兴趣、数学学习信心上的表现，以全面追踪了解花都区小学生数学学习态度状况。

1. 数学学习信心

调查结果显示（见图8），花都区小学生在2021年、2022年数学学习信心A级水平学生均比2020年高，且均高于市均占比。2020年A级水平学生占比只有36.28%，但是2021年A级水平占比为79.05%，2022年A级水平占比为69.35%。结合图2可以看出，花都区小学生数学信心在增强，而且信心越强学科表现越好，这表明学习信心与数学素养成绩表现正向关联，与广州市表现一致。

2. 数学学习兴趣

从图9可以看到，2020年、2022年花都区数学学习兴趣A级水平学生

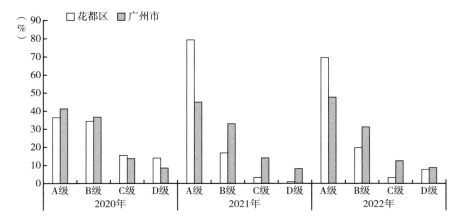

图8　数学学习信心对比

明显高于市均占比。2020年花都区A级水平学生占比为77.24%，2021年A级水平学生占比为41.43%，结合图2可以看出，这两年小学生数学学习兴趣与数学学业成绩的切合度不高。2022年A级水平学生占比为71.13%，说明学生数学情感态度与学业表现存在正向关联，与广州市一致，即学生数学兴趣越高，学科表现越优秀。

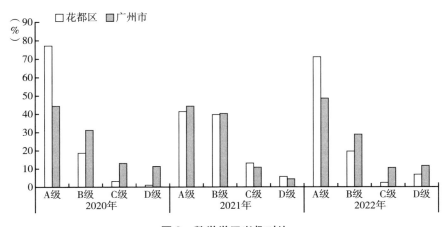

图9　数学学习兴趣对比

四　研究结论与讨论

（一）小学生数学素养水平得到显著提升

本研究发现，花都区小学生的数学素养进步显著。从表4、图2和图3可以看出，2020年小学生数学素养成绩还是略低于市均值，但2021年、2022年花都区小学生的数学素养总成绩与各项学科能力得分率均远高于全市，分析可能有以下几方面的原因。

1. 调整参测学校，提升抽样的科学性

2020年花都区参测的小学64.7%都在乡村，城镇小学占比偏少，只占35.3%，其中还有两所教学质量较薄弱的民办学校，花都区考虑到抽样小学的城乡比例不够合理，不符合本区的实际情况。因此，为了提升抽样的科学性，花都区2021年调整了5所参测小学，增加城镇小学的比例，考虑到民办学校不太重视阳光测评工作，调整为参测的小学都是公办学校。由于调整的原因，2021年花都区参测的城镇小学占56.25%，2022年更是因为新冠疫情突然停学，很多学校还没有完成测评，以致城镇小学占比上升到75.00%。城镇学校的办学条件、师资水平、教学管理、家校合作、资源配备等各方面比乡村学校有更多的优势，因此，小学生的数学素养水平也相对高些。

2. 加强报告解读，开展教学改进研究

2020年广州数学素养测评报告出来后，花都区组织各职能部门共同研究分析报告，认真梳理数据背后的问题，选取最重要的问题进行研究，并深入学校、教师、学生和家长进行再调研，将各方面情况找准、摸清、吃透，查找问题的原因，并完成学科的二次解读报告，科学制定整改措施，列出任务清单。花都区通过系统研究，查找区域教育的优势和亮点，发现弱势和不足；通过差异研究，让不同的学校在互相学习中得到提升；通过数据研究，发现学生成绩背后的问题，优化课程顶层设计和教学方式，提升学生学习质量，开展基于测评数据的教学改进，使教师学会利用评价数据反馈并改进教

学，力求实现"以评促教"和"以评促学"，聚焦学生数学核心素养的培养。

3. 重视测评督导，构建协同推进机制

2020 年的测评发现，由于区域没有提前规划、督导学校提前做好测评前期的相关工作，以致 2020 年测评成绩偏低，没有体现出本区的真实水平。因为 2020 年测评的对象是三年级学生，他们还没有开始上信息技术课，刚好那一年花都区大部分测评学校都是乡村小学，学生普遍没有怎么使用过电脑，学校又没有提前训练学生使用电脑，以致许多学生进入电脑室后觉得新奇、好玩，根本无心思考，而且大部分学生没有带纸笔，测评态度随意，思想上根本不重视。

花都区吸取以上教训，在 2021 年测评前就结合实际工作进行统筹设计、精准施策，着力整合资源，构建测评指引、督导跟踪的协同推进机制，形成改进提升的联动工作机制。例如表 5 中的学校 5 是连续两年参加测评的，2020 年数学素养成绩只有 58.46 分，学校着重分析结果，了解原因，加强制度建设、队伍建设，并组建测评领导小组和实验教师小组，做好测评前准备工作，确保测评有序进行，因此，到 2021 年该校的数学素养成绩提升到80.6 分，进步显著。

4. 建立教研共同体，促进校际互助交流

通过教研共同体建设，营造区域教研氛围，优化区、镇、校三级教研网络，加强校际学生学情、课堂教学、质量监测、教学评价、教研培训等研究，探索建立同层次学校教研共同体，促进学校间的相互学习、交流与资源共享，推动集体备课和集体研究工作的优化和发展。同时，教研共同体通过研究优秀课例，开展课堂教学示范、教学理念引领和教学主张分享等不同层次、不同辐射范围的活动，让教师更直接地体验、感悟、总结课堂教学质量提升的路径、方法与策略，推动区域小学数学教育高质量发展。可见，教研共同体的建设，既促进教学深度研讨，又促进校际教师互助交流与教师共同成长。

（二）小学生数学素养水平存在的问题与挑战

1. 待提高的学生占比较大，两极分化比较严重

本研究通过追踪花都区小学生三年的广州数学素养测评数据，无论是从图 2 花都区数学成绩各等级分布占比，还是从图 4 至图 7 学生的运算求解能力、数据处理能力、空间想象能力、推理论证能力等级水平对比，都可以看出 A 级水平和 D 级水平的学生占比都比较高，说明花都区小学生两极分化的情况比较严重。学生的学习水平、学习方式、思维能力确实存在差异，这种差异主要体现在学校与学校、班与班、生与生之间。当然，从 2021 年数据可以看出，通过区教研院、教育指导中心、学校和教师多方的努力，A 级水平学生的比例增加，D 级水平的学生在减少，说明两极分化逐步减弱。但是，2022 年 D 级水平的学生占比又达到 34.24%，这说明许多学生在知识结构、思维水平、能力素养等方面还存在缺失，小学生两极分化的情况仍然比较严重。

2. 校际差异依然较大，均衡水平有待提高

据研究结果可知，花都区小学生数学学业总体表现校际差异依然较大，教育发展不够均衡。从表 4 花都区各小学数学素养测评成绩对比可以看出，在三年的追踪测评中，每一年平均分的最高分与最低分之间相差 30 分左右。2020 年花都区数学平均分低于市均值，标准差略低于市均值；2021 年花都区数学平均分高于市均值，标准差略低于市均值；2022 年花都区数学平均分高于市均值，但标准差比市均值高了 63.40%。可见，花都区小学生数学素养整体水平虽然提升了，但均衡情况并没有得到改善。

目前，花都区义务教育学校发展极不均衡，城乡之间、公办与民办之间的发展差距依然较大，城区学校、优质民办学校的优势教育资源集中度依然明显高于乡村学校和普通民办学校。因此，提升学校间数学教育教学质量的均衡水平、追赶先进地区的任务依然任重道远，推进义务教育优质均衡发展将成为花都区教育的重要内容。当然，要想达到义务教育阶段的优质均衡，它将是一个持续的过程。

3. 小学生问题解决能力偏弱，亟须重视

2022 年的广州数学素养测评增加了"问题解决能力"的指标内容，结

果花都区在这一指标上的得分率只有 0.36，但是运算求解能力、空间想象能力、数据处理能力、推理论证能力四大能力的得分率均在 0.64 以上，说明本区小学生知识能力发展并不均衡，且差异较大，学生解决问题的能力还非常薄弱，即学生独立思考、综合运用数学知识解决实际问题的能力不足，需要教师去培养。问题解决能力是 2022 年广州数学素养测试的一个重点，测试指向于解决问题的必备能力，即信息获取与梳理、数量关系分析与表征、解题策略与创新、过程与方法的反思评价等。

问题解决能力是学生数学素养高低的重要指标。当前花都区小学生问题解决能力堪忧的主要原因有两个：一是教师方面的问题：过分强调情境而忽略数学本身的特质；机械式训练而忽略解题方法的指导；灌输式讲授而忽略数量关系的形成过程。二是学生方面的问题：学生在数学信息的理解与选择上能力缺陷明显；学生画图表征数量关系的能力较弱；学生思维的持续性、稳定性和严谨性不够；解题思路不清的情况比较普遍。因此，教师要深入分析学生问题解决能力弱化的成因，找准克服学生问题解决能力弱化的对策，从而提升学生的问题解决能力，提高学生的数学素养。

五　反思与建议

（一）深化课堂教学改革，提升数学教学的能效

1. 教学方式变革行动

2019 年，教育部发布《关于加强和改进新时代基础教育教研工作的意见》，明确指出"深化教育教学改革，全面提高基础教育质量"的要求，其主要任务是：指导教师改进教学方式，提高教书育人能力[①]。2023 年 5 月，教育部办公厅印发《基础教育课程教学改革深化行动方案》，方案中提出第

---

① 《教育部关于加强和改进新时代基础教育教研工作的意见》（教基〔2019〕14 号），中华人民共和国教育部网站，2019 年 11 月 25 日，http：//www.moe.gov.cn/srcsite/A06/s3321/201911/t20191128_ 409950.html，最后检索时间：2023 年 10 月 16 日。

二个重点任务就是：教学方式变革行动①。因此，教师课前要指导学生做好预习，课上要讲清重点难点、知识体系，引导学生主动思考、积极提问、自主探究②。同时，要开展研究型、项目化、合作式学习，丰富和优化教学方式，采用启发式、互动式、探究式的教学，充分发挥学生的主体地位，激发学生的数学学习兴趣，促使学生养成良好的数学学习习惯，形成高阶的数学学习能力，增强数学学习信心，培养学生必备品格和关键能力。

2. 重视单元整体教学设计

《义务教育数学课程标准（2022年版）》提出其中一个教学建议：要改变过于重视以课时为单元的教学设计，推进单元整体教学设计，体现数学知识之间的内在关系以及教学内容与核心素养表现的关联③。深度学习着重于学生思维能力的培养，不仅要求学生具有掌握学科知识的能力与批判性的思维能力，而且注重学生知识迁移能力的提升，同时使学生能够在真实情境中解决问题。单元整体教学设计是撬动深度学习课堂转型的杠杆，教师要基于大观念的视角进行单元整体教学设计，帮助学生理解知识之间的基本关联和结构，促使学生自主构建知识体系，用所学知识解决问题，实现知识的迁移运用，落实数学核心素养。

3. 开展"教学评一致性"研究

《义务教育课程方案（2022年版）》进一步要求：促进"教—学—评"有机衔接④。因此，基于核心素养的"教—学—评"一致性已经成为基础教

---

① 《教育部办公厅关于印发〈基础教育课程教学改革深化行动方案〉的通知》（教材厅函〔2023〕3号），中华人民共和国教育部网站，2023年5月26日，http：//www.moe.gov.cn/srcsite/A26/jcj_ kcjcgh/202306/t20230601_ 1062380.html，最后检索时间：2023年10月16日。

② 《中共中央 国务院关于深化教育教学改革全面提高义务教育质量的意见》，中华人民共和国中央人民政府网站，2019年7月8日，https：//www.gov.cn/zhengce/2019-07/08/content_ 5407361.htm，最后检索时间：2023年10月16日。

③ 中华人民共和国教育部：《义务教育数学课程标准（2022年版）》，北京师范大学出版社，2022，第86页。

④ 中华人民共和国教育部制定《义务教育课程方案（2022年版）》，北京师范大学出版社，2022，第15页。

育课程改革的重要话题。"教学评一致性"就是在课堂上同步推进教学、学习与评价活动，且三者的目标是一致的，将有效评价渗透到教学与学习的各个环节中，更好地指导学生探究、运用所学知识。因此，教师以核心素养为导向，综合分析课程、教材、学生等要素，确定合理清晰的学习目标；以学习目标为归宿，设计与目标相匹配的评价；将目标转变为合理的、与学生学习经验相对接的学习活动，为学生提供序列化的学习体验，从而实现教学评的一致。此外，坚持以数学素养为导向，积极研究探索与核心素养立意相匹配的试题设计，有效指导教师日常教学和学生的学习。

4. 重视差异化教学和个别化指导

差异化教学是指在面向全体学生的基础上，充分发挥每位学生的优势与潜能，使他们在原有起点上得到不同程度的发展。因此，教师精准分析学情，深入研究每一位学生的智能、认知特点、学习基础和个性特点等，有差异地设计教学目标和选择教学方法，既要培优，也要扶困，最终让所有学生都能不断进步。此外，教师还要对学困生进行个别化指导，学困生的记忆、理解、思维、表达等能力一般都比较差，教师在教学中一定要关注、关心和指导他们，给时间、空间和机会去锻炼，激发其学习兴趣，帮助他们树立学习的自信心，发展思维，提高数学能力。

（二）实施提质帮扶行动，全面保障优质均衡发展

1. 指导合理使用优质教学资源

主要做好以下两个方面的工作：一是建设与优化适合本区域使用的学科教学资源，并做好使用培训工作，争取服务与辐射全体老师。二是指导老师们充分发挥线上现有的优质教学资源的作用，开展"双师教学"研究，弥补线下教学中的不足，借助广州共享课堂、国家中小学智慧教育平台等优秀的线上教学资源，突破教学中的重难点，解放教师教的时间，使他们可以更多地关注和指导学生的学习，从而更好地提高课堂教学质量。

2. 组建帮扶式教研交流平台

由办学水平相对较高的核心校与办学水平待提升的学校开展协作对口帮

扶，进一步拓展跨片区的双向交流，促进区域教育的全面融通、共同发展，加快办好一批条件较优、质量较高、群众满意的"家门口"新优质学校。"帮扶式共同体"由集团核心校选派帮扶团队向集团成员校实施管理输入、示范引领和培训指导，进行组团式帮扶，实现学校管理、教学科研、师资培训、教育教学资源等方面的指导帮扶，畅通优质资源输送乡村学校的渠道。同时广泛开展集团内部教学竞赛、优课展示、教研联盟活动，不断丰富优秀教研成果，以集团内部高质量的智力帮扶带动活动，从根本上提高薄弱学校数学学科教育教学质量。布局城区核心校（含民办）重点支援 1~2 所乡村学校，开展合作帮扶，实现优质教育资源共享，把核心校建设成为当地的种子学校、中心学校、示范学校。

3. 诊断把脉与精准帮扶

（1）加大对薄弱学校深度调研的力度。通过听常态课、检查教案作业、评课交流、座谈反馈等方式，为相对薄弱学校的发展提供及时的指导和帮助，摸清薄弱学校问题短板，提出有针对性、可操作的意见与建议，积极助力薄弱学校办学质量提升，缩小校际差距，助推区域义务教育的优质均衡发展。

（2）开展名师送教到薄弱学校的活动。组织区内小学数学名师和骨干教师送教到薄弱学校，并开展跟进式帮扶活动，为教师搭建一个互帮互助、交流学习的平台，对教学中的疑惑进行探讨交流，有效解决课堂教学中存在的问题，带动薄弱学校教师的专业发展。

（三）加强教师队伍建设，促进教师专业素养的提升

2019 年，《中共中央　国务院发布关于深化教育教学改革全面提高义务教育质量的意见》，明确指出：要建设高素质专业化教师队伍，大力提高教师的教育教学能力，优化教师资源配置，全面提高义务教育质量[①]。

---

① 《中共中央　国务院关于深化教育教学改革全面提高义务教育质量的意见》，中华人民共和国中央人民政府网站，2019 年 7 月 8 日，https：//www.gov.cn/zhengce/2019-07/08/content_5407361.htm，最后检索时间：2023 年 10 月 16 日。

1. 优化教师资源配置，完善"区管校聘"管理机制

现在花都区城乡教师资源配置差距依然较大，乡村学校急需区内的名师或教研骨干去指导校本教研活动的开展，提高乡村学校校本研修的实效性。因此要立足学区内、集团内和城乡间，实施骨干教师交流轮岗计划，加快实现区域内师资均衡配置；支持开展团队式交流，加快提升薄弱学校、乡村学校办学水平，以此推动教师专业素养的整体提升。

2. 加强教师专业培训，提升教师教学能力

定期开展师资培训、主题教研活动等，围绕新课标理念下的学科素养对全区教师进行指导，以"区域联动、层级互动、内力驱动、辐射带动"齐力并举，促进教师的专业成长。通过教学论坛、沙龙等形式，在教学新思想、新方法、新经验上深入进行卓有成效的探索，并通过骨干教师的课堂展示、青年教师的教学比武等形式提升教学力，加速教师的专业成长。积极开展新课标背景下教师教学设计大赛和优质课比赛，促进教师的专业成长；每学年至少进行 1 次教师说课、讲题、教学能力等比赛，切实提高教师的教学研究能力。

（四）探索有效策略，培养学生问题解决能力

小学生数学问题解决能力是一项综合性的数学能力，一直是教学的重点。它包括发现问题能力、提出问题能力、分析问题能力、解决问题能力。因此，问题解决要经历"阅读与理解""分析与解答""回顾与反思"三个步骤，教师想有效培养学生问题解决能力要做好以下三点。

1. 明要求，培养学生信息加工和梳理能力

问题解决的题目通常信息量比较大，学生理解起来有一定的难度。所以教师在教学"阅读与理解"环节时，要引导学生认真审题，弄清题目中的已知条件和问题是什么，真正理解题意，这样才能提取有效的数学信息，并深入分析问题解决的结构。在整个教学过程中，学生的信息解读、信息整合、信息联想等能力都得到提升和发展。

2. 授方法，学会分析数量关系和画图表征

"分析与解答"是问题解决的关键环节。在平时的教学中，教师一定要重视分析题目中的数量关系。特别是遇到一些较为复杂的题目时，可以用画示意图、直观图、线段图等方式对题目进行表征，更加直观地表示出已知条件与问题之间的关系，便于自己分析问题，同时丰富学生的画图经验，积累一定的解题策略和方法。

3. 重回顾，培养学生反思与评价能力

反思评价本质上是学生的一种元认知能力，它体现的是对自我思维的一种监控和调整，在培养学生数学问题解决能力中尤为重要。因此，教师要特别重视让学生在深度反思中发展解决问题的能力，引导学生对近一段时期内的问题解决进行回顾反思，对问题解决进行分类整理，体会方法之间的内在联系，形成一定的问题解决策略；也可以沟通对比相同类型的问题，提炼共同的数学模型等，引导学生举一反三，提高解题能力。

综上所述，花都区借助广州数学素养测评，充分利用大数据科学诊断分析，为教育质量提升把脉献策，实现评价转型，从单一的学科业评价走向基于学生全面发展的综合评价，为促进区域教育质量优质均衡发展指明方向，使教育教学工作更加有的放矢，为改进提升教育质量提供科学的依据。

参考文献

朱立明：《基于深化课程改革的数学核心素养体系构建》，《中国教育学刊》2016 年第 5 期。

王磊：《学科能力构成及其表现研究——基于学习理解、应用实践与迁移创新导向的多维整合模型》，《教育研究》2016 年第 9 期。

马静雯、崔建民：《提高小学生数学问题解决能力的几种有效教学策略》，《小学数学教师》2021 年第 6 期。

范志云：《小学生数学问题解决能力的现状调查及培养策略研究——以 N 市 J 小学

为例》，宁波大学硕士学位论文，2020。

邢淑文：《深度学习下小学数学单元整体教学的实践研究》，《小学数学教育》2021年第 5 期。

吴晶：《小学数学"教、学、评一体化"的思考与实践》，《江苏教育》2022 年第 9 期。

广州市增城区九年级学生
数学素养发展报告

张河源　辛文梁*

摘　要： 本文基于 2022 年广州市智慧阳光评价项目增城区九年级 1705 名学生和 55 名数学教师的测试数据，通过对学生的数学素养表现水平进行描述性统计并对数学素养总分与数学能力进行关联性分析，发现九年级学生在数学素养水平等级以及与数学素养呈现强相关的问题解决能力、推理论证能力、空间想象能力等指标上的得分率均不理想，反映出增城区九年级学生数学素养水平比较低。主要影响因素为学生的学习动机、学习能力和教师的教学能力。基于此，提出提升学生数学素养的四条改进策略，即促进教师专业成长、优化课堂教学模式、开展专题研讨、加强学习方式研究，以促进区域内数学教学质量和学生数学素养的提升。

关键词： 数学素养　数学能力　广州市增城区

一　问题提出

2023 年 2 月 21 日，习近平总书记在主持中共中央政治局第三次集体学习时提出，要在教育"双减"中做教育加法，激发青少年好奇心、想象力、

---

* 张河源，广州市增城区教师发展中心数学教研员，正高级教师，主要研究方向为教育管理、教育评价、中学数学教育；辛文梁，广州市香江中学一级教师，主要研究方向为中学数学教育。

探求欲，培育具备科学家潜质、愿意献身科学研究事业的青少年群体①。落实到数学学科教学，关键在于提升学生的数学素养。数学素养是现代社会每一个公民应当具备的基本素养②。关于学生的数学素养，学者们展开了深入研究，认为学生数学素养提升的路径有数学活动的设计与实施、课堂教学模式的创新、数学素养影响因素的优化和数学素养的测评等③。无疑，以上观点都从侧面揭示了数学素养的培养策略，具有一定的客观性和合理性，但仍存在对数学素养评价结果的应用研究明显不足的客观事实，分析尚不够全面。2020 年，中共中央、国务院印发《深化新时代教育评价改革总体方案》，方案明确要求加强监测结果运用④。基于此，本文试图基于 2022 年广州智慧阳光评价·数学素养测评（简称"广州数学素养测评"）数据，通过对学生的数学素养表现水平和学生数学素养总分与数学能力的关联性分析，探讨增城区九年级学生的数学素养表现及影响因素，提出相应的改进对策，为促进区域内数学教学质量和学生数学素养的提升提供参考建议。

二 研究方法

（一）研究对象与抽样情况

本报告研究对象为增城区 16 所初中学校的 1705 名九年级学生和 55 名数学教师，数据来自 2023 年公布的《2022 年广州市智慧阳光评价项目中小学教育质量综合评价增城区教师报告和学生报告》测评数据。

---

① 《在教育"双减"中做好科学教育加法（师说）》，人民网，2023 年 4 月 9 日，http：//edu. people. cn/n1/2023/0409/c1006-32659969. html，最后检索时间：2023 年 10 月 22 日。
② 中华人民共和国教育部制定《义务教育数学课程标准（2022 年版）》，北京师范大学出版社，2022，第 1 页。
③ 刘轶：《在中学数学教学中如何培养学生的核心素养》，辽宁师范大学硕士学位论文，2018，第 12~55 页。
④ 《深化新时代教育评价改革总体方案》（中发〔2020〕19 号），中华人民共和国中央人民政府网站（2020 年 10 月 13 日），https：//www. gov. cn/zhengce/2020－10/13/content_5551032. htm，最后检索时间：2023 年 10 月 19 日。

（二）研究工具

本次学生数学素养测评主要依据广州中小学综合素质评价体系，主要使用的评价指标包括数学素养等级水平、数学能力等。其中数学素养等级水平划分标准为 A 级（86~100 分，优秀）；B 级（71~85 分，良好）；C 级（60~70 分，中等）；D 级（60 分以下，待提高）。数学能力评价指标分为空间想象能力、数据处理能力、推理论证能力、运算求解能力和问题解决能力。

本次教师测评选取直接影响教师专业成长的关键因素，涉及教师自身的教学能力、职业压力、工作动力三大方面。其中，教学能力指教师为了顺利地进行教育活动所具备的能力，包括教学设计、教学实施、教学管理、教学评估以及教学研究等方面。职业压力指教师感受到的来自教师岗位相关的压力，包括自我发展需要、工作负荷、家庭人际、考试压力、学生因素和职业期望等方面。工作动力指教师对工作和自身成长的态度和看法，包括教育热情和自我成长。

（三）分析方法

2022 年广州智慧阳光评价·数学素养测评遵循国际公认的 PISA 研究中使用的评估框架，采用常模参照评价和标准参照评价两种方式。本报告中的数学素养分析是对 2022 年广州智慧阳光评价·数学素养测评增城区测评结果进行数据提取、数据分析和数据应用。本报告使用 SPSS 23.0 对数据进行初步的整理，对变量进行描述性统计分析、方差分析与相关分析，以了解增城区九年级学生数学素养表现水平。

三 研究结果与分析

（一）学生数学素养的表现

1.学生数学素养等级水平

增城区九年级有效参测学生 1705 人，数学素养 A 级水平学生占

0.11%，低于全市平均占比；B 级水平学生占 1.36%，低于全市平均占比；C 级水平学生占 4.07%，高于全市平均占比；D 级水平学生占 94.47%，高于全市平均占比。

2. 学生数学能力的表现

增城区九年级学生数学能力指标与市平均得分率相比，运算求解能力得分率高于市均得分率，空间想象、数据处理、推理论证、问题解决能力得分率低于市均得分率，需进一步关注。从得分率数值看，运算求解能力得分率最低，仅 27.44%，其次依次是推理论证（35.65%）和空间想象（36.69%）。

3. 学生数学素养总分与数学能力的关联分析

对九年级学生数学素养总分与五项数学能力进行相关分析，结果表明，数学素养总分与五项数学能力均有着中等以上程度的正相关（r = 0.480 ~ 0.855），并且均呈现 0.01 水平的显著性。其中，问题解决能力、推理论证能力、空间想象能力这三种能力与数学素养相关性较强（r = 0.642 ~ 0.855），空间想象能力与数学素养的相关程度最高（r = 0.855）。而五项数学能力之间均有着显著的弱相关（r = 0.149 ~ 0.419），其中空间想象能力与推理论证能力之间（r = 0.419）、空间想象能力与问题解决能力之间（r = 0.413）相关系数相对较大（见表 1）。

表 1　增城区九年级学生数学素养与数学能力相关分析

项目	M	SD	1	2	3	4	5	6
数学素养总分	35.524	13.4919						
1. 问题解决	5.803	3.3759	1					
2. 运算求解	5.895	3.7184	0.149**	1				
3. 推理论证	6.060	3.2583	0.336**	0.175**	1			
4. 数据处理	2.911	2.0537	0.303**	0.166**	0.348**	1		
5. 空间想象	14.855	7.3073	0.413**	0.184**	0.419**	0.384**	1	
6. 数学素养总分	35.524	13.4919	0.642**	0.480**	0.654**	0.565**	0.855**	1

注：** 在 0.01 级别（双尾），相关性显著。

4. 研究结论

通过分析研究发现，增城区九年级绝大部分学生数学素养处于 D 级水平，而 A、B 等级学生占比均低于全市均值，反映出优秀学生人数较少，学生数学素养整体水平较弱，与数学素养强相关的空间想象能力、推理论证能力和问题解决能力等数学关键能力欠缺，需要引起足够的重视和关注。

（二）学生数学素养表现影响因素分析

1. 学生数学素养总分的归因分析

通过对学生数学素养总分的回归分析发现，学生的学习动机（$\beta = 0.255$，$p = 0.000$）、学习能力（$\beta = 0.266$，$p = 0.000$）可以直接预测学生的数学成绩，而学生的学习策略（$\beta = -0.008$，$p = 0.875$）、学业负担（$\beta = -0.038$，$p = 0.734$）、学校认同（$\beta = 0.122$，$p = 0.152$）和心理健康（$\beta = 0.099$，$p = 0.049$）则对数学素养总分的影响并不显著（见表 2）。

表 2　增城区九年级学生数学素养表现影响因素回归分析

模型	未标准化系数		标准化系数	t	p
	β	标准误差			
（常量）	-1.275	6.060		-0.210	0.833
学习动机	0.255	0.065	0.180	3.948	0.000
学习策略	-0.008	0.051	-0.006	-0.158	0.875
学习能力	0.266	0.038	0.201	7.002	0.000
学业负担	-0.038	0.112	-0.029	-0.340	0.734
学校认同	0.122	0.085	0.099	1.434	0.152
心理健康	0.099	0.050	0.072	1.969	0.049

2. 学生学习能力和学习动机的表现分析

（1）学习能力整体处于中等水平

学习能力指标主要包含注意力、工作记忆、视觉空间能力、言语理解和推理能力五个维度，增城区学生注意力为自身优势能力，工作记忆为自身相对弱势能力。其中注意力、视觉空间能力指标高于市均值，工作记忆、言语理解、推理能力指标低于市均值，需重点关注。得分在62.6分以上高水平和49.1分以下待提高水平的人数均为0，学生集中在中等水平（见图1）。

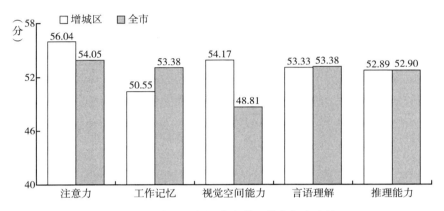

图1 增城区九年级学生学习能力与市比较

注：学习能力采用常模参照测验，着重分析增城区学生在全市中的相对位置。得分在62.6分以上为高水平，49.1~62.6分为中等水平，49.1分以下为待提高水平。

（2）学习动机整体处于中等水平

学习动机指标主要包含求知进取、自我效能、害怕失败和丧失学习动机四个维度，丧失学习动机为增城区学生自身相对优势，高出市均值，而求知进取、自我效能和害怕失败均低于市均值，为自身相对弱势，需重点关注。得分在54.7分以上的高水平等级和41.5分以下的待提高等级人数均为0，学生得分集中在中等水平（见图2）。

3. 教师教学能力发展指标分析

增城区有效参测教师345人，涉及语文、数学、英语等16个学科。其中数学教师55人，占15.94%。增城区数学教师工作动力超区、市均值各2分，教学能力低于区、市均值各1分，而职业压力低于区均值5分，低于市均值6分（见表3）。

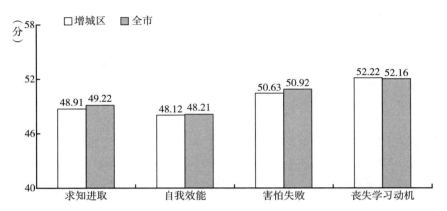

图2 增城区九年级学习动机

注：学习动机采用常模参照测验，着重分析增城区学生在全市中的相对位置。得分在54.7分以上为高水平，41.5～54.7分为中等水平，41.5分以下为待提高水平。

表3 增城区初中数学教师整体情况

指标	得分			增城区水平	全市发展位序
	广州市初中教师均值（分）	增城区初中教师均值（分）	增城区初中数学教师均值（分）		
教学能力	86	86	85	潜在优势	6/11
职业压力	37	36	31	有一定的改善空间	8/11
工作动力	75	75	77	潜在优势	6/11

（1）教学能力处于中下水平

增城区初中数学教师教学能力在教学实施能力、教学管理能力、教学评估能力和教学研究能力得分均低于区、市均值，表现出一定的薄弱性，存在较大的发展空间，亟待提升。从教龄层面分析，全区11～30年教龄教师的教学能力发展优于其他教龄教师，需关注10年以下教龄教师，尤其是5年及以下教龄教师的教学能力发展（见表4、图3）。

表4 增城区初中数学教师教学能力状态

单位：分

项目	教学能力总分	教学设计能力	教学实施能力	教学管理能力	教学评估能力	教学研究能力
全市	86	87	87	86	87	85
全区初中	86	86	87	86	87	85
全区初中数学教师	85	86	86	85	85	84

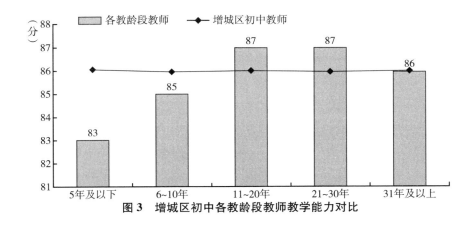

图3 增城区初中各教龄段教师教学能力对比

（2）职业压力处于中上水平

增城区初中数学教师职业压力总分低于区均值5分，低于市均值6分。工作负荷和考试压力为自身的主要压力源，需进一步关注。从教龄层面分析，31年及以上教龄教师的职业压力高于其他教龄教师，需着重关注，特别是在工作负荷方面（见表5、图4）。

表5 增城区初中数学教师职业压力状态

单位：分

项目	职业压力总分	自我发展需要	工作负荷	家庭人际	考试压力	学生因素	职业期望
全市	37	34	49	26	44	30	41
全区初中	36	32	48	25	44	29	39
全区初中数学教师	31	28	38	24	37	26	32

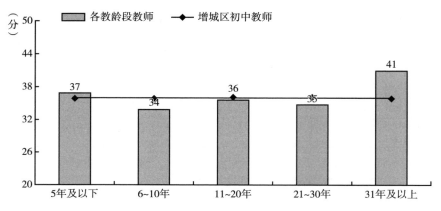

图 4　增城区初中各教龄段教师职业压力对比

（3）工作动力处于中上水平

增城区初中数学教师工作动力超区、市均值各 2 分。工作动力主要来自教育热情、自我成长两个方面，数学教师在这两个方面均超区、市均值，具有一定的优势。从教龄层面分析，21 年及以上教龄教师的工作动力高于其他教龄教师，需关注 10 年及以下教龄教师的工作动力状态，特别是自我成长方面（见表 6、图 5）。

表 6　增城区初中数学教师工作动力状态

单位：分

项目	工作动力总分	教育热情	自我成长
全市	75	81	70
全区初中教师	75	81	69
全区初中数学教师	77	83	71

众所周知，数学教师的教学能力是提升学生数学素养的关键。然而，数据结果表明，数学教师的教学能力却表现出一定的薄弱性，亟待提升。可喜的是，数学教师在工作动力和职业压力方面相比区、市均值都有着一定的优势，数学教师的教育热情高，自我成长愿望强烈，这为深入进行课堂教学改革、提升学生数学素养水平和增城区数学教学质量注入了强劲的动力。

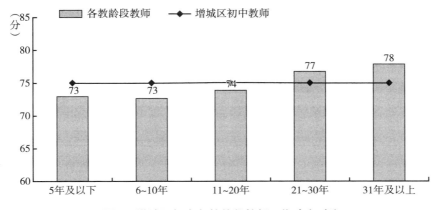

图5 增城区初中各教龄段教师工作动力对比

四 改进策略

（一）加强教师队伍建设，促进教师专业成长

1.着力加强组织领导，强化学科建设

配齐配足配强配优中小学数学专任教师，积极引进骨干教师、名师等高素质人才。指导各学校全面贯彻落实中小学各学段数学教学要求，开齐开足数学课时，保障学科训练测试时间。解决学科教育实施过程中遇到的问题，联合高校或者研究机构组织数学教师参加研修学习，提升数学教师素养，鼓励开展学科研究，同等条件下区级数学课题优先立项。

2.组织数学专业活动，落实以赛促教

积极组织开展数学教师专业比赛，为教师搭建互相学习、互相交流、取长补短、共同进步的平台，落实以赛促教、以评促优，促进教师专业能力提升；积极举办各种学生类评比活动，拓展学生知识视野，发展学生核心素养。

参照市级、区级师生的数学学科比赛，每学期组织1次或2次教师学科教学能力比赛，做好遴选区级、市级参赛选手工作，提升学科教师的专业素养；每学年组织1次或2次学生学科竞赛等活动，激发全体学生的数学学习

兴趣，增强数学学习的自信心。

3. 抓好教师培训学习，提升理论素养

重点开展基于学生核心素养发展的专题理论学习，转变教育理念，重视学生数学素养的培养。通过学习，帮助老师正确认识数学学科素养需要在数学教学活动中培养、建立，加强对于如何将学生核心素养的目标落实于课程与教学的思考。深化教育实践，着重从课堂教学行为、现代教育资源的运用、教与学的方式研究三大方面提高教师专业能力，努力在提高教育质量上下大功夫。发挥学科骨干教师、区域中心组示范、引领作用，助推课堂教学高质量发展。

4. 重视单元整体教学，夯实实践能力

数学教师要应用理论指导实践，不断总结与反思教学实践，不断提高教学实践能力，改变过于注重以课时为单位的教学设计，重点提升"大单元"的教学设计和实施能力，体现数学知识之间的内在逻辑关系，以及学习内容与核心素养表现的关联。每学期上交 1 份素养导向的大单元数学教学设计，每学年开设 1 节科组及以上的公开课。

（二）强化教研专业引领，推进教研方式创新

1. 加大学科培训指导

在新一轮课改背景下，紧跟"省、市、区"教研机构开展的各类"新课标、新教材的解读、实施和评价"学科培训活动，担负起组织、协调和落实工作，切实提高教师对新课程的整体认识，加深对新课程的整体理解。

按照"引导—培育—提升—示范—推广"的基本路径，整理、优化本区的教学经验，提炼成果，通过学科科研指导，加强成果的应用。围绕新一轮课改的需要，重点推动基于素养导向的数学教育课题研究。

依托数学课程标准所开发的各种教学素材，以及数学课程可利用的各种教学资源、工具和场所。统筹学科资源建设，组织各年级老师挖掘数学教材资源点、毕业班考试真题和优质模拟题，建立数学试题资源库，服务教师教学需求。

2. 优化教研方式内容

优化教研方式。倡导参与式、体验式、研究式教研方式，利用信息技术提升教师参与的效果，探索信息技术下的教研方式改革，注重开展智慧教研和跨区教研，促进教研资源和教研智慧的分享、协同建构与优化。强化基于教学现场、走进真实课堂、解决教学实际问题的教学研究，利用行动研究和反思实践提升教学能力。

优化教研内容。通过专题教学调研、专题研究、典型剖析、分类取样等方式，有计划地组织专题教研活动，狠抓课堂教学，研究教学和管理的热点、难点和对策，实施"有效教学"，促进义务教育内涵发展。专题教研的重点包括关注课堂教学是否有效，关注小学与初中的教学衔接，关注学生差异化发展，中小学生学业分化成因及教学应对策略。通过优质教学资源的共享，有效地促进中小学教学质量的提高和城乡教学的均衡发展。

3. 提升常规调研效度

到校开展常规教学调研时，要围绕学科教育存在的突出问题，增强教学指导的针对性，通过观课议课、教学反馈、师生座谈等多种方式，与学校学科教研组、学科备课组一起，分析原因，寻找对策，解决问题，推动落实各学段《广州市新课程新教材实施数学学科教学指导意见》。

4. 注重统测引导教学

区级统测是教学评价的重要方式，起到引导教学的作用。借助统测试题的考查内容，引导教师重视课标、教材的研读，注重能力素养的培养；借助统测结果的数据，诊断教学问题，提出教学建议，完善教学过程，提高教学效率；借助统测试题的编排，引导教师加强试题研究，重视命题技能，提高日常校级试题的质量，从评价角度加深对教学内容的理解。

（三）开展课堂教学改革，优化课堂教学模式

1. 基于课程标准开展常规教学

严格执行国家课程计划，开足开齐开好课程。严格按照课程标准组织教

学，加强年级、学段间衔接。依据《义务教育数学课程标准（2022 年版）》，扎实开展课堂教学研究，构建高效课堂模式。课程标准是指导、规范教学行为的基本根据，是明确课程定位、确定教学目标、规范教学进度、开展教学评价的首要标准。要基于课程标准开展教学，强调学业基础、扩大知识面，不得赶进度、增难度。狠抓备课、上课、作业、辅导、考试等课堂教学基本环节，依靠教学各基本环节的高效、有序，实现课堂教学的高效。

2. 选择能引发学生思考的教学方式

2023 年，教育部办公厅印发《基础教育课程教学改革深化行动方案》①，明确要求"落实课程方案和课程标准，全面推进教学方式变革"。《义务教育数学课程标准（2022 年版）》强调：学生的学习应是一个主动的过程，认真听讲、独立思考、动手实践、自主探索、合作交流等是学习数学的重要方式。教学活动应注重启发式，激发学生学习兴趣，引发学生积极思考，鼓励学生质疑问难，引导学生在真实情境中发现问题和提出问题，利用观察、猜测、实验、计算、推理、验证、数据分析、直观想象等方法分析问题和解决问题②。因此，在数学课堂教学中要改变单一讲授式教学方式，采用启发式、探究式、参与式、互动式等多种教学方式。重视单元整体教学设计，探索大单元教学，积极开展跨学科的主题式学习和项目式学习等综合性教学活动。注重发挥情境设计与问题提出，注重创设真实情境，重视设计合理问题，促进学生主动参与教学活动，发展学生数学素养。

3. 注重信息技术与数学教学的融合

继续开展信息技术与数学教学的深度融合，加大基于数学核心素养的课堂教学的研究。开展中学数学教师全员培训，对教师进行分层培训，中心组骨干带领新骨干，促进教师终身学习和专业发展，转变培训方式，以研促

---

① 《教育部办公厅关于印发〈基础教育课程教学改革深化行动方案〉的通知》（教材厅函〔2023〕3 号），中华人民共和国教育部网站，2023 年 5 月 26 日，http：//www.moe.gov.cn/srcsite/A26/jcj_ kcjcgh/202306/t20230601_ 1062380.html，最后检索时间：2023 年10 月 21 日。

② 中华人民共和国教育部制定《义务教育数学课程标准（2022 年版）》，北京师范大学出版社，2022，第 3 页。

学，推动信息技术与教师培训的有机融合，加大引进其他区教师与增城区教师进行同课异构的观摩，实行线上线下相结合的混合式研修。改进培训内容，紧密结合教育教学一线实际，组织高质量培训，使教师静心钻研教学，切实提升教学水平。

（四）加强学习方式研究，提高学生学习效率

倡导科学的学习方式，以学定教，激发课堂教学的生命活力。着眼于学生的终身发展，倡导"自主、合作、探究的学习方式"，以学定教，围绕学生的学来确定教学内容，选择教学方法，让学生真正成为学习的主体。要关注学生的学习过程和情感体验，关注学生的个性与人格，关注学生不同的学习需求，使课堂教学成为师生一起经历的生命过程，从而激发课堂教学的生命活力，提高学生的学习素养。

1. 严格作业管理，注重发展素养

在实践中探索建立对作业来源、设计、布置、批改、分析、反馈、辅导等全过程管理的机制与方法，提高日常作业和各类训练题的质量，积极落实"双减"政策，提质增效。

在作业题目的设计上要关注数学的本质，关注通性通法。设计丰富多样的题型，满足巩固、复习、应用、拓展的学习需要；满足不同学生的学习需要；满足不同学习阶段的学习需要；满足不同的完成作业方式的需要。结合各校、各班学生实际，实行分层作业布置，全批全改，及时反馈，确保作业成为课堂教学的有效延伸。

2. 实施教学活动，强化数学能力

《义务教育数学课程标准（2022 年版）》明确了核心素养导向的教学活动设计与实施的基本要求。通过活动创新学习方式，强化做中学、用中学、创中学，激发青少年好奇心、想象力、探求欲，经历发现问题、解决问题、建构知识、运用知识的过程，体会数学思想方法，加强知识学习与学生经验、现实生活、社会实践之间的联系，提升学生解决实际问题的能力，培养学生会用数学的眼光观察现实世界，会用数学的思维思考现实世界，会用

数学的语言表达现实世界的素养。

通过实施数学活动，改变将数学课等同于解题课，重解题技巧、套模型、搞题海战术的传统教学模式，改变以往纸上谈兵、机械套用、思路僵化的数学学习方式，让学生在做中学，积累基本的数学活动经验，积累研究问题的基本方法、经验和策略，在生活中发现数学和应用数学，让更多的学生尤其是中下水平的学生爱上数学，树立学好数学的信心。

3. 倡导探究学习，提升学习效率

倡导探究学习，是激发学生学习热情、提升学习效率的关键。探究学习不仅能让学生主动探索知识，更能培养他们的创新思维和实践能力。教学中要打破传统教学模式的束缚，为学生提供更加广阔的探究空间，引导学生自主探究问题，帮助学生建立独立思考的能力，培养他们主动获取知识和解决问题的能力。激发学生的创造力，培养他们的创新意识和创新能力。

路漫漫其修远兮，提升全区学生的数学素养是一项长期、艰巨的任务，需要全体师生共同努力，只有通过注重基础知识掌握、培养数学思维、注重数学应用能力培养、自主学习和合作学习能力的培养，才能够真正提高学生的数学素养。在今后的数学教学中，区全体数学教师将继续努力探索和实践这些方法，为学生提供更好的数学教学服务。

参考文献

张河源：《初中数学分享教学》，吉林文史出版社，2022。

李刚、褚宏启：《转变教学方式：基于"国际学生评估项目 2018"的思考》，《教育研究》2019 年第 12 期。

张侨平：《西方国家数学教育中的数学素养：比较与展望》，《全球教育展望》2017 年第 3 期。

学校测评篇

School Assessment Section

荔湾区蒋光鼐纪念小学学生数学素养发展研究报告

谢敏冬*

摘　要： 为了解学生数学素养状况及其影响因素，落实以评促教、以评促学，广州市荔湾区蒋光鼐纪念小学 128 名学生于 2021 学年和 2022 学年参加了广州数学素养测评。基于测评的相关数据，与市、区、校进行横向比较，以及不同学年测评情况的纵向比较，并运用多元回归分析探讨影响因素。研究结果表明，2022 学年本校五年级各班级数学素养总体高于市、区平均水平。对影响因素的回归分析显示：情绪智力对 4 个因变量有影响，注意力对 3 个因变量有影响，数学兴趣和推理能力对 2 个自变量产生影响。为此，建议教师要关注学生情绪智力的发展，激发学生学习兴趣，提高学生学习注意力，减轻学业负担，提高学生学习能力，从而全面提升学生的数学素养。

关键词： 智慧阳光评价　数学素养　广州市荔湾区

---

* 谢敏冬，广州市荔湾区蒋光鼐纪念小学教导主任，一级教师，主要研究方向为数学教育。

在全面推进素质教育，实现深化教育改革目标的时代背景下，学生评价改革成为重要抓手①，自 2014 年开始，广州市作为教育部的改革实验区，启动义务教育学生综合素质评价改革（即"广州阳光评价"）。2019 年"广州阳光评价"创新升级为"广州智慧阳光评价"，其中，数学素养测评部分升级为"广州智慧阳光评价·数学素养测评"（以下简称广州数学素养测评）。② 对全市中小学学生综合素质进行系统评价，随着《义务教育数学课程标准（2022 年版）》实施，探索建立一个科学评价体系，已成为有效提高小学课堂教学质量的重要手段③，本研究利用广州数学素养测评相关数据，分析小学的数学教育状况及其影响因素，探索健全综合素质评价模式，使小学数学教学质量得到有效提升④。

一　研究设计

（一）研究对象

为了能更好地分析研究学生数学素质长期变化趋势，选取 2021 学年蒋光鼐纪念小学四年级 3 个班级学生作为研究对象，采用广州数学素养测评的相关数据，分析比较这三个班级（2021 学年为四年级，2022 学年为五年级）两个学年相关指标的变化情况。

（二）测评工具

从广州数学素养测评数据中导出本校 2022 学年五年级的"数学素

---

① 邢利红：《中小学生综合素质评价的策略》，《教育理论与实践》2011 年第 26 期，第 38 页。

② 方晓波主编《广州学生科学素养发展报告（2023）》，社会科学文献出版社，2023，第 1 页。

③ 吴钢：《中小学课堂教学评价的实践与反思》，《现代中小学教育》2010 年第 4 期，第 69 页。

④ 张瑞峰：《新课改下小学数学高效课堂教学中对学生多元化评价的研究》，《电脑迷》（教师研修）2022 年第 11 期，第 40 页。

养"相关指标结果，数学素养包括 5 项指标（运算求解能力、数据处理能力、空间想象能力、推理论证能力、问题解决能力），将相关数据与全市、本区、本校平均水平进行分析比较，不同班级进行两两比较。2022 学年五年级 3 个班级与测评对象上一学年（2021 学年四年级）数学素养不同级别占比情况进行分析，从广州数学素养测评数据中导出与数学素养可能相关的学习能力、学习动机、学习策略、身心健康、学校认同等 28 个因素相关数据，使用逐步多元回归方法逐一分析，寻找与之相关的因素。

（三）数据处理

将相关数据导入 Excel 表格，使用统计软件 SPSS 17.0 进行分析，计量资料采用均数±标准差（M±SD）表示，采用 t 检验、方差分析、线性回归分析等统计方法，以 $p < 0.05$ 为差异有统计学意义。

二 测评结果与分析

（一）2022学年测评学生数学素养的总体情况

2022 学年本校参加广州数学素养测评的实际学生人数为 128 人。本校五年级学生的运算求解能力、数据处理能力、空间想象能力、推理论证能力、问题解决能力等五项指标得分与市、区平均水平进行比较，结果显示，2022 学年本校五年级 1 班的运算求解能力、空间想象能力、问题解决能力得分显著高于本市和本区水平（$p < 0.01$）；五年级 2 班数据处理能力得分明显低于本市、本区、本校的得分（$p < 0.01$），问题解决能力得分显著低于本校五年级平均水平（$p < 0.01$）；五年级 3 班运算求解能力得分高于本市五年级平均水平，空间想象能力、推理论证能力得分显著高于本市、本区平均水平（$p < 0.01$），问题解决能力得分高于本市五年级平均水平。

（二）2022学年测评学生数学素养等级分布及跟踪分析

2022学年，广州数学素养测评数据结果中本校学生数学素养等级情况如下：A级学生人数占比为12.20%，B级学生人数占比为12.20%，C级学生人数占比为13.82%，D级学生人数占比为61.79%。其中，五年3班数学素养平均分最高，五年级2班数学素养平均分较低；五年级2班离散系数最高，班级分化程度最高，五年级3班离散系数最低，班级均衡程度较高；五年级1班数学素养A级学生占比最高，五年级2班数学素养D级学生占比最高。

2021学年四年级学生即2022学年五年级学生，将2022学年数学能力测试结果与2021学年进行比较，离散系数增加，各等级占比更为分散。由于2021学年与2022学年本市本区数学能力得分四个等级占比发生变化，为具备可比性，使用不同等级的占比除以该学年的本市或本区同一等级占比，大于1表示高于本市或本区水平、等于1表示持平、小于1表示低于本市或本区水平，将三个班两学年在各等级比重分别与同期全市和全区进行比较，结果显示2021学年1班和2班A、B、C等级占比都高于全市和全区水平，3班B、C等级占比高于全市、全区，说明三个班的数学能力方面，尖子生（A等级）和优等生（B、C等级）占比均高于同期全市和全区水平，2022学年1班尖子生（A等级）占比继续增加，优等生（B、C等级）占比略有下降，2班尖子生（A等级）占比明显减少，优等生（B、C等级）占比与市区水平相当，D等级生占比略高于市区平均水平，3班尖子生（A等级）和优等生（B、C等级）占比都增加；将三个班2021学年和2022学年自身比较，发现3班进步最明显（尖子生和优等生比例都增加），1班情况比较可喜，尖子生更为突出，但两极分化有进一步扩大趋势，尖子生占比增加但优等生占比略有下降，2班情况需要关注，尖子生和优等生较全区全市的占比减少，而后进生比例增加。

（三）2022学年不同班级测评学生数学素养差异分析

五年级各班数学素养中的数据处理能力和问题解决能力差异存在统计学

意义（p<0.05），五项指标进行两两比较：1 班与 3 班的数据处理能力、问题解决能力高于 2 班（p<0.05），1 班的推理论证能力高于 3 班，2 班的运算求解能力和问题解决能力低于 1 班（p<0.05）（见表 1）。

三 数学素养影响因素分析

将与数学素养五个指标可能相关的 28 个因素（自变量）得分采用逐步方式进行多元回归分析，五个指标的 Durbin-Watson 值均为 0~4，证明数据符合独立性；残差 f 检验方差齐性（p<0.01），说明至少有一个自变量解释了一部分因变量的变异，从而使得回归变异变大，残差变异减少，模型成功建立。其中运算求解能力、数据处理能力、问题解决能力 3 个自变量入选，空间想象能力 4 个自变量入选，推理论证能力 2 个自变量入选，问题解决能力有 3 个自变量入选，情绪智力对 4 个因变量有影响，注意力对 3 个因变量有影响，数学兴趣和推理能力对 2 个因变量产生影响，入选自变量均对因变量产生正向预测作用（见表 2）。

四 结论与建议

（一）结论与讨论

（1）五年级 1 班、五年级 3 级班数学素养综合水平高于五年级 2 班，五年级 1 班、五年级 3 班五项指标显著高于市、区平均水平。究其原因，可能与任教教师的教学能力、教学方式有关。五年级 1 班和五年级 3 班是同一名数学教师任教，教师教学基本功比较扎实，比较重视学生数学素养的培养，在教学中注意培养学生学习数学的兴趣，关注学生的学习常规，经常结合生活实例让学生深刻感受数学来源于生活、用于生活的思想，善于调动学生的学习积极性。

表1 五年级各班数学素养不同维度得分统计

群体		运算求解能力			数据处理能力*			空间想象能力		
		M±SD	f	p	M±SD	f	p	M±SD	f	p
组间	五年级各班	56.20±24.66	2.613	0.078	56.93±26.79	6.459	0.001	54.87±24.73	0.756	0.472
两两比较	1班与2班			0.042			0.015			0.224
	1班与3班			0.889			0.971			0.631
	2班与3班			0.055			0.001			0.447
95%置信空间		51.76~60.64			51.13~60.73			50.44~59.31		

群体		推理论证能力			问题解决能力		
		M±SD	f	p	M±SD	f	p
组间	五年级各班	62.43±33.09	2.819	0.064	54.11±36.09	4.71	0.011
两两比较	1班与2班			0.909			0.006
	1班与3班			0.036			0.753
	2班与3班			0.054			0.013
95%置信空间		56.47~68.39			47.61~60.60		

注：因方差不齐，采用 Welch 方差分析方法，两两比较采用 Tamhane 方法。

表2 数学素养各项指标相关因素回归分析

因变量	入选自变量	R方	调整R方	Durbin-Watson	残差f检验p值	非标准化系数 B	标准误差	标准系数 试用版	t	Sig.
运算求解能力	（常量）	0.396	0.38	2.024	0.000	-95.885	18.292		-5.242	0
	注意力					0.743	0.161	0.347	4.613	0
	情绪智力					1.246	0.252	0.367	4.946	0
	数学兴趣					0.413	0.133	0.233	3.111	0.002
数据处理能力	（常量）	0.327	0.309	1.801	0.000	-85.338	20.364		-4.191	0
	注意力					0.862	0.182	0.373	4.74	0
	情绪智力					1.087	0.29	0.297	3.748	0
	数学信心					0.324	0.152	0.169	2.132	0.035
空间想象能力	（常量）	0.287	0.262	2.101	0.000	-118.876	27.098		-4.387	0
	推理能力					0.734	0.214	0.282	3.429	0.001
	言语理解					1.162	0.349	0.269	3.331	0.001
	安全意识与行为					0.496	0.177	0.223	2.807	0.006
	努力管理					0.447	0.223	0.166	2.001	0.048
推理论证能力	（常量）	0.139	0.124	1.914	0.000	-55.421	27.681		-2.002	0.048
	情绪智力					1.306	0.4	0.286	3.265	0.001
	数学兴趣					0.498	0.209	0.209	2.388	0.019
问题解决能力	（常量）	0.240	0.220	2.032	0.000	-106.087	27.633		-3.839	0
	注意力					0.81	0.278	0.256	2.917	0.004
	情绪智力					1.325	0.424	0.264	3.123	0.002
	推理能力					0.68	0.342	0.178	1.989	0.049

（2）五年级 3 班学生数学素养水平较 2021 学年有了很大进步，尖子生更拔尖，后进生减少。五年级 1 班呈现两极分化现象，五年级 2 班则呈现退步趋势。五年级 3 班学生在数学学习上更有兴趣和信心，在实践类、阅读类作业中表现得更为积极主动，完成的拓展性作业质量也比较高，因此尖子生更拔尖。五年级 1 班尖子生（A 等级）和后进生（D 等级）人数相当，因为五年级的数学知识有一定难度，尖子生有不畏困难、攻克难关的决心，而后进生（D 等级）则无法在学习中获得成功的体验，逐步失去学习的信心，造成两极分化的现象。五年级 2 班则在新学年时更换了数学教师，需要一些时间相互适应，而五年级 2 班的后进生（D 等级）人数比较多，导致在数学素养测试中呈退步的状态，应及时缩短适应期，尽快调整教学方式方法，提高五年级 2 班学生的数学素养。

（3）情绪智力、注意力、数学兴趣、推理能力、学业负担与本校学生学业表现之间关系密切，对数学素养指标有影响。通过个别访谈和座谈会了解到学生在课堂学习中比较喜欢采用小组学习、角色转变等方式进行自主学习。学生也更喜欢形式多样的学习方式，如数学游戏、数学比赛、数学漫画、数学手抄报等，也乐于参加跨学科的学习。为此，教师应着眼于"双减"，关注学生的注意力，激发学生学习数学的兴趣，调动学生学习的积极性，培养学生的情绪智力和推理能力。

（二）对策与建议

1. 健全阳光评价系统，科学有效地指导教学工作

广州市智慧阳光评价从 2014 年启用并逐步在全市各区铺开[1]，形成一套包含学业和非学业等指标的综合评价系统，摆脱了由于各区各校采用不同考核方式造成无法科学评价教学质量的困境。广州数学素养测评采用多维度综合分析研究非学业指标与学生数学素养之间的相互关系，既能掌握本校各班各项指标情况，又能与本市本区的对应指标进行分析比较，发现教学短板

---

[1] 胡志桥、朱华伟、杨健辉、李莉芸：《推进区域中小学教育质量综合评价改革的实践与思考——以广州市首次阳光评价测试为例》，《现代教育论丛》2016 年第 3 期，第 14 页。

与差距，开展学科教学研究，持续改进教学手段和方法，有效提升教学质量。通过分析广州数学素养测评相关数据，提出两点改进建议，一是保持相关核心指标相对稳定。2022学年评价报告与2021学年相比，指标有所增加，影响了学生各项素质纵向比较，为使不同年份测评结果更具可比性，便于跟踪比较和科学评价，建议广州数学素养测评的评价指标保持相对稳定。二是加强数据填报审核，确保数据完整准确。从学生报告中发现个别学生的部分指标空白或缺失，难以获得全面客观的信息，影响了广州数学素养测评结果的准确性，建议在系统增加填报信息不全或有逻辑错误的弹框提示模块，实行分级审核，最大限度地避免相关信息漏报错报，使广州数学素养测评更具权威性和科学性，更好地指导教学工作。同时也希望能建立完善的测评结果与教学改进的机制，发挥好广州数学素养测评的积极作用，提高学生的数学素养。

2. 鼓励深度参与和思考，发展学生的情绪智力

对影响数学素养的因素进行分析，发现情绪智力与本校学生学业表现之间关系密切。情绪智力是指个体监控自己及他人的情绪和情感，并识别、利用这些信息指导自己的思想和行为的能力。情绪智力又称情感智力、情感智慧或情绪智能。美国耶鲁大学的萨洛维和新罕布什尔大学的玛依尔提出了情绪智力的概念，萨洛维和玛依尔的情绪智力模型包括情绪的自我监控、情绪的自我认知、情绪的自我激励、对他人情绪的识别以及人际关系管理五个维度。良好的情绪智力可以促进学生的全面发展，可以帮助学生形成良好的情感和道德品质，能增强学生的社会适应能力，可以帮助学生有效地表达自己的想法，及时缓解压力，从而保持心理健康。因此，需要积极发展学生的情绪智力，提升学生数学素养水平。

（1）关注情绪识别，培养情绪调节能力。鼓励学生表达情绪，了解不同情绪的表现方式，并教导学生如何分辨和理解自己及他人的情绪。引导学生使用积极的情绪调节策略，帮助学生应对挫折、压力和情绪波动。在教学中塑造积极的情绪氛围，提供情绪表达的环境，注重积极的情绪沟通和表达，帮助学生培养积极乐观的情绪态度。

（2）开展变式训练，重视思维能力的培养。引领学生参与多层次变式

训练，让学生在数学学习中更深入、更灵活地进行思考，培养学生分析问题、寻找解决方案和推理的能力，有助于提高学生的自知力、自控力，进而提高数学素质。

（3）体验角色扮演，体验教与学的结果。角色扮演是培养学生移情力的有效途径。通过游戏、实践活动等方式提高数学学习的趣味性，将数学知识与生活实际联系起来，并给学生提供具体情境及角色，让学生参与角色扮演，把传统教学中教师执行的职能逐渐转交给学生，让学生轮流扮演某一职能的角色，加强学生的数学学习投入，最大限度地调动学生的学习积极性，让学生"设身处地（即移情）"地体验教与学的结果①。

（4）加强生生互动，促进小组合作交流。鼓励学生参与合作性游戏和小组活动，帮助他们学会合作、交流、倾听和尊重他人的情感和观点，采取合作学习策略让学生结成水平各异的学习小组，共同承担提问、回答问题的任务。除此之外，同级学生最能激发学生"去自我中心"，同时有助于学生在丰富的交往、积极的互动中实现知识的转移和智慧的增长，进而使学生能够更有条理、更熟练的沟通和交流。长此以往，学生驾驭力的增强，必将有利于促进学生间的自主合作和数学交流。

3. 激发数学学习兴趣，持续培养学生学习注意力

学生的学习兴趣与学习注意力有着密不可分的关系，对于课堂教学有效落地起到重要的支撑作用。数学是小学阶段锻炼学生思维、发展综合能力的重要课程，为了让学生真正对数学产生兴趣并提高学习注意力及动力，教师要转变育人思想，深入学习"双减"政策内涵，以兴趣为前提，不断优化教学活动，把故事情境、数学游戏、数学阅读等元素融入数学课堂，注重数学课堂教学的延续与创新的融合，有效激发学生学习兴趣，让学生真正融入数学课堂。

（1）创设生动情境，激趣引发学习注意力。在小学阶段，部分学生受到思维能力的影响，在学习数学上会遇到不少挫折，甚至逐渐丧失对数学学

---

① 邓友祥：《情绪智力对初中生数学素质提高影响的调查》，《中学数学教学参考》2002 年第 Z1 期，第 37 页。

习的兴趣和信心。因此在"双减"背景下，要积极探索更加高效的教学方式。针对小学生的心理特点，将数学课堂上的知识点通过生动形象的方式展现给学生，主动创设生动的生活情境，让学生在感知的过程中加深对数学文化的了解、探索相关的数学规律，激发学生利用数学知识解决实际问题的动机和兴趣，以此吸引学生学习的注意力。

（2）设计数学游戏，增趣保持学习注意力。在"双减"背景下，教师需关注寓教于乐思想的贯彻，并在全面了解学生兴趣需求的前提下，设置更有趣的游戏活动，激发学生的积极心理，使其主动参与数学游戏探索活动①，并在游戏体验过程中领悟相关数学规律，让整个数学课堂更充满活力，在提高整体教学成效的同时让学生的学习注意力更持久、学习的兴趣更浓。

（3）开展数学阅读，延趣提高学习注意力。结合学校"大阅读"活动，学习、研究和探讨阅读与数学教学的有机融合，活用阅读，课堂教学中根据教学内容的需要融入相关的"微阅读"。课内开展"微阅读"，丰富学生的学习资源，增强学习的趣味性，提高学习的注意力和积极性。而课外以手抄报、数学日记、数学思维导图、数学漫画等形式，丰富和补充学生数学学习的内容。阅读不仅与数学课堂相关联，还是数学课堂教学的延续，开展数学阅读既激发了学生持久的探究欲望及学习兴趣，还提高了其学习注意力。

4. 切实落实"双减"政策，真正减轻学生学业负担

"双减"背景下，"减负"既是减轻学生生理表象的负担，也是舒缓学生心理层面的压力。如何真正落实"双减"，应从以下三个方面着手。

（1）关注核心素养，构建高效课堂。倡导学生以学习为中心，推进以学习方式变革为抓手的高效素养课堂的变革。加强数学学科素养课堂的研究和实践，改变课堂现有结构，改变教学方法、学习方式，帮助学生树立数学学习的自信心。以"4+X"素养课堂为抓手进行数学学科的课堂改革。强化基于数学素养目标的项目化学习设计，研究学习的各种方式，让课堂真正成

---

① 宋树真：《"双减"背景下小学数学教学效果提升策略》，《西部素质教育》2022 年第 20 期，第 194 页。

为学生学习的场所。在数学教学设计时，充分考虑小学生认知发展水平还处于相对感性的阶段，深入挖掘人文资源，渗透文化内涵，贴近生活实际，如引入传统历史故事或结合日常生活的衣食住行等，充分体现数学来源于生活、应用于生活，潜移默化地提升学生的数学素养。

（2）巧妙设计作业，减负提质增效。学生的知识基础、思维模式以及学习能力存在差异，数学教育的目标不是实现所有学生均衡、同步的发展，而是帮助不同的学生在不同的层次水平上获得适合的发展。数学作业不能只停留在掌握课内知识层面上，还要让学生体会数学的作用，可以结合数学教材中与生活密切相关的内容，让学生通过观察尝试提升社会参与意识，如认识毫米后提供关于降雨量的阅读材料，认识百分数后提供关于森林覆盖率的阅读材料并设计成调查探究的作业形式。学生经过调查研究、辨析比较，学会从数学的角度去观察分析现实社会，解决日常生活中的现象和问题，形成勇于探索、勇于创新的科学精神。因此，基于"双减"背景，设计作业要合理分层，讲究梯度，尊重差异，因材施教，改变以书面作业居多、形式比较单一的数学作业模式，切实减轻学生的学业负担，提升学生的数学素养。

（3）注重家校联动，合力同促"双减"。2021年10月23日，第十三届全国人民代表大会常务委员会第三十一次会议通过了《中华人民共和国家庭教育促进法》，2021年12月7日，教育部办公厅发布了《关于学习宣传贯彻〈中华人民共和国家庭教育促进法〉的通知》，《通知》中强调要加强家校沟通，向广大家长宣传"双减"等重大教育政策，引导家长理解和支持学校工作，更加关注孩子健康成长，利用周末和节假日开展亲子活动，使素质教育的根本理念、立德树人的根本任务在家庭得到落实。要积极引导家长配合学校落实好手机、网游、读物、体质、睡眠等方面管理要求，针对每个家庭情况，开展精准指导，提高家长亲子沟通和教育引导能力，着力解决孩子成长中的难点问题①。一方面，要向家长讲解五项管理的相关规定，学

---

① 《教育部办公厅关于学习宣传贯彻〈中华人民共和国家庭教育促进法〉的通知》（教基厅函〔2021〕46号），中华人民共和国教育部，2021年12月7日，http：//www.moe.gov.cn/srcsite/A06/s7053/202112/t20211214_ 587194.html，最后检索时间：2023年10月19日。

校与家庭共同做好学生的作业、睡眠、手机、读物、体质五项管理工作。另一方面，学校要向家长及时反馈学生在校表现，由班主任及科任教师，就"双减"政策、学生良好习惯养成、心理健康等方面内容，向家长分享与沟通。同时，借此机会了解家长的困难，为家长解疑排忧，呼吁家长用心陪伴孩子，关注学生的身心健康，倡导家长主动去了解孩子在校表现、思想动态，主动向学校报告孩子的性格、习惯和家庭教育的特点等，形成良好的家校联动，共同实现"双减"目标[1]。

5.关注"教—学—评"一致性，全面提高学生学习能力

对数学素养影响因素分析结果发现，学习能力与本校学生学业表现之间关系密切，因此，本校善用评价成果，积极在学校推动基于新课标的"教—学—评"一致性教学改革，提升学生数学素养[2]。在小学数学课堂教学中，"教—学—评"的一致性主要关注的是与教学各要素之间的合理符合度或一致性，要求在课堂教学各要素之间要保持统一性，即教师要具体实现教师的教、学生的学以及对教学评估目标的统一。新课标背景下"教—学—评"的一致性原则，在保证顺利完成教学各项任务、实现课堂教学目标、提升学生核心素养、推动教师专业化发展中起到关键性作用。如何在课堂中实现"教—学—评"一致性，提升学生核心素养值得研究[3]。

（1）细致分析课标，关注核心素养。《义务教育数学课程标准（2022年版）》中提到：课程标准要基于义务教育的培养目标，将党的教育方针具体化细化为本课程所重点培养的核心素养，以反映对正确价值观、必备品格和关键能力的培养需求。因此，要细致分析课程标准中各核心素养在各知识点中的体现。关注课程标准中针对"内容要求"提出的"学业要求""教学提示"，了解评价建议，以实现"教—学—评"的一致性。课标分析是整

---

① 王嵩涛：《家校联动——落实"双减"的根本举措》，《教育艺术》2023年第3期，第6页。

② 韦英哲、穗教研：《智慧阳光评价，破解"唯分数"顽疾——中小学教育质量综合评价改革的广州方案》，《广东教育》（综合版）2022年第1期，第10页。

③ 谢敏冬、戴穆兰：《新课标背景下基于教学评一致性的小学数学教学研究——以北师大版五年级下册〈分数除法（一）〉为例》，《新课程教学》2023年第2期，第145页。

个课堂活动实施的理论依据，给目标的制定作准确定位。

（2）钻研教材内容，了解知识框架。在教学中，教师要对教材进行专业的分析，了解教材是如何体现新课标要求的、是如何体现遵循和体现学生学习规律的。因此，要密切关注知识的内在联系，合理、有效地设计教学环节，还要沟通前后知识内容的纵向关联，并对不同版本的教科书编排内容进行横向对比，促进相互借鉴和整合。通过对教材内容的学习分析，更了解所教知识在本学段、本单元、本课时的框架结构及作用。专业的教材分析是连接学习目标与教学过程的桥梁，起到了承上启下的作用，同时也是达成小学数学课堂中"教—学—评"一致性的抓手。因此，要钻研教材，分析教材，体现课标要求，了解所教内容在各学段、本年级、本单元的地位与作用。

（3）精准了解学情，找准知识基点。根据皮亚杰的认知发展理论，五年级学生还没有完全脱离对具体形象事物的依赖，虽然积累了一些探究活动经验，但是根据学生的知识储备情况以及学生数学思维能力发展现状，学生还会存在学习障碍。因此根据维果茨基的最近发展区理论，应着眼于学生的最近发展区，为学生提供知识能力形成的攀爬阶梯，进而达到下一发展阶段的水平[1]。

（4）制定学习目标，导向可测可评。新课标明确提出，建立以核心素养为统领的课程体系，首先体现在通过核心素养的达成，落实立德树人的根本任务[2]。在课程目标、教学目标（学习目标）、学业质量的内涵上都需要保持一致，要全面反映核心素养及其表现的要求。研究核心素养目标在课程目标中的体现，要兼顾单元教学目标，在实现知识进阶的过程中体现核心素养的进阶，并且要把学习目标具体化，使学习目标可观可测可评。

---

① 谢敏冬、戴穆兰：《新课标背景下基于教学评一致性的小学数学教学研究——以北师大版五年级下册〈分数除法（一）〉为例》，《新课程教学》2023 年第 2 期，第 146 页。

② 中华人民共和国教育部：《义务教育数学课程标准（2022 年版）》，中华人民共和国教育部，2022 年 4 月 8 日，http://www.moe.gov.cn/srcsite/A26/s8001/202204/W020220510531636118932.pdf，最后检索时间：2023 年 10 月 19 日。

（5）巧设评估任务，以评促教促学。如何评定教师的教、学生的学是否一致，要设定与学习目标对应的评估任务，以便通过外显的表征检验"教—学—评"是否一致，因此要在设定好学习目标后马上设计评估任务。为了达成学习目标，通过一系列有效的教学活动，组织学生完成一个个评估任务，教学活动的实施过程就是评估任务的完成过程，也是学习目标的达成过程，学习目标与评估任务是一一对应的。

参考文献

牛献礼：《我在小学教数学：素养导向的数学教学艺术》，华东师范大学出版社，2019。

孙明珠：《小学数学教学中学习兴趣的培养》，《新课程教学》（电子版）2023 年第 7 期。

胡典顺、王慧鋆：《数学核心素养测评之小学数学核心素养分析》，《湖北教育》（教育教学）2023 年第 9 期。

胡怀智：《新课标导向下的小学数学主题式作业设计》，《辽宁教育》2023 年第 17 期。

荔湾区三元坊小学学生数学素养发展研究报告

梁智丹　谢淑雯*

摘　要： 广州市荔湾区三元坊小学 2022 年抽取 118 名五年级学生参加广州数学素养测评，结果发现五年级学生数学素养发展整体处于中等水平，学生的数学素养与学习能力、学习兴趣、教师教学行为呈正相关关系，与作业时间投入呈负相关关系。为此，本文对培养学生的数学素养提出相关建议：关注发展特点，促进素养发展；培养注意力，发展学习能力；贯彻"双减"政策，优化作业设置；增强情感体验，激发学习兴趣；增强教师效验，促进素养发展。为在教学实践中进一步培养和发展学生的数学素养提供参考，以期促进义务教育实现优质均衡发展。

关键词： 数学素养　数学素养测评　广州市荔湾区

一　问题提出

学生的数学素养是当前数学教育值得关注和探索的热点问题。对于数学素养，不同研究者有着不同的概念诠释，如张奠宙等将数学素养总结为知识观念、创造能力、思维品质和科学语言等 4 个层面，刘喆认为数学素养包括

---

* 梁智丹，广州市荔湾区三元坊小学数学教师，一级教师，主要研究方向为数学教育；谢淑雯，广州市荔湾区三元坊小学教导主任，一级教师，主要研究方向为教育教学管理、数学教育。

数学知识、数学能力和数学情感3个部分。英国学者科克罗夫特在1982年将数学素养的含义归纳为学生在生活中应用数学知识的技能、数学的沟通方式，即学生用数学眼光观察和分析各种生活问题的能力①。

数学素养的评价研究作为数学素养研究的重点之一，具有一定的意义和价值。目前涉及小学方面的评价研究，大多只围绕单一维度的数学素养展开，围绕数学素养各维度开展全面评价研究的少之又少。新课程标准实施后，鲜少有国内学者针对小学阶段五年级学生数学素养开展全面调查研究。

那么，在新课程背景下，小学五年级阶段的学生，数学素养发展的现状是怎么样的？学生的数学素养发展又与哪些因素相关？教师在培养学生数学素养时应重点关注哪些方面呢？

2022年，广州市对全市中小学生进行了广州智慧阳光评价·数学素养测评（以下简称广州数学素养测评）。本次测评结合PISA模式，在形式上丰富了数学素养维度，赋予数学素养可测评的内涵特质，有助于对学生的行为表现进行准确解读。广州市荔湾区三元坊小学118名五年级学生参与了本次测评，基于对评价结果的数据分析，本文探寻五年级学生的数学素养发展现状及影响因素。关注学生学科素养的培养与发展，对培养学生数学素养提出建议，致力于促进广州义务教育实现优质均衡发展。

二 研究设计

（一）研究对象

本研究对象定位于广州市荔湾区三元坊小学五年级三个班的学生及数学任教教师，共计118名学生、2名教师。学生中男生69人，占比58.5%，女生49人，占比41.5%，三个班为自然班。共计回收学生问卷118份，全部有效。

---

① 史加祥：《中英小学生数学素养测评比较》，《中国考试》2020年第7期，第58~59页。

（二）测评工具

广州数学素养测评将数学测评分为数学能力、学习情感态度和教师教学方式三方面，对五年级学生进行测评。

（三）数据处理

测评结束后，采用 SPSS 26.0 统计软件处理数据，对学生数学素养水平、学习能力、学习兴趣与学生自身、教师等因素进行描述性统计、皮尔逊相关性分析、独立样本 T 检验、单因素方差分析、LSD 事后多重比较分析等。

三　调查结果与分析

（一）学生的数学素养发展整体处于中等水平

1. 数学素养总体平均分处于区、市中等水平

从数学素养总体平均分看，校总体平均分为 49.41 分，略低于荔湾区均值，略高于广州市平均水平。1 班、2 班均值低于区、市平均水平，3 班高于区、市均值。说明该校学生的总体平均分处于区、市中等水平。在该学期期末的数学学业评价综合练习中，参与测评学生学业水平同样处于区的中等水平，说明学生数学素养能力的高低体现了学业质量水平的好坏。

从能力等级人数划分情况看，全校 A 级人数占 1.69%，B 级占 9.32%，C 级占 17.80%，D 级占 71.19%，A 级、B 级人数百分比均低于区、市平均水平，C 级、D 级人数百分比均高于区、市平均水平。在优良等级（A 级、B 级）占比方面，1 班、2 班低于区、市均值，3 班与区均值持平。说明该校学生处于 A、B 等级的人数少，处于 C、D 等级的人数较多。

从离散系数上看，本校最低分为 21.5 分，最高分为 92 分，均没有出现满分和零分的情况。三个班的离散系数均低于区、市均值（V1 = 0.34 < 0.4，

V2＝0.34＜0.4，V3＝0.28＜0.4），说明本校三个班学生在区、市的数学素养能力水平具有代表性。

2.学生的推理论证能力和数据处理能力较好

从表1中得到数学能力各个维度的得分平均值、标准差，分析发现学校学生推理论证能力最高（M_2＝55.41＞M_1），其余依次是数据处理能力、运算求解能力、问题解决能力和空间想象能力。空间想象能力均值最低（M_2＝40.08＜M_1）。由此得出，在数学能力的五个维度中，学生的推理论证能力和数据处理能力水平较高，运算求解能力处于中等水平，空间想象能力和问题解决能力则有待提高。

表1　数学能力发展描述性结果

单位：分

项目	运算求解能力	数据处理能力	空间想象能力	推理论证能力	问题解决能力
分值	100	100	100	100	100
区平均值（M_1）	51.28	54.98	43.88	55.84	49.67
校平均值（M_2）	51.57	55.41	40.08	57.77	47.91
校标准差（SD）	21.74	23.62	20.75	32.58	31.33

3.数学能力各维度之间存在相关性

（1）运算求解能力、数据处理能力和空间想象能力呈中等程度的正相关关系。

通过对数学能力各维度相关性分析发现（见表2），空间想象能力和数据处理能力相关系数最高（r＝0.0513，p＞0.05），运算求解能力与数据处理能力之间、空间想象能力与运算求解能力之间的相关系数为0.4~0.69。说明运算求解能力、数据处理能力、空间想象能力三者之间，呈中等程度的正相关关系。

（2）数学能力两个子维度与其余维度呈低等程度的正相关关系。

由表2可得，学生的推理论证能力、问题解决能力与其余子维度能力呈低等程度的正相关关系（0.192≤r≤0.271）。

表 2　数学能力各维度的相关系数

测试类别	运算求解能力	数据处理能力	空间想象能力	推理论证能力	问题解决能力
运算求解能力	1				
数据处理能力	0.497 **	1			
空间想象能力	0.422 *	0.513 **	1		
推理论证能力	0.259 **	0.201 *	0.192 *	1	
问题解决能力	0.271 **	0.252 **	0.217 *	0.191 *	1

注：** 表示在 0.01 级别（双尾），相关性显著；* 表示在 0.05 级别（双尾），相关性显著。

数学能力各维度之间存在相关性，这一观点在华南师范大学何小亚教授的《学生"数学素养"指标的理论分析》中亦有提到。他指出："正如算术中有数值计算，代数中有代数运算，而几何、统计与概率也离不开这两种运算。代数中需要数学推理，几何离不开数学推理，统计与概率需要数学推理，问题解决更需要数学推理。算术需要数的意识、代数需要符号意识、几何需要空间观念、统计与概率需要数据分析意识、问题解决中需要应用意识。"[①] 这说明学生数学能力各维度间是有一定关联的，在探讨学生的数学能力时，必须结合各个维度进行分析研究。

4. 班级间学生的数学能力发展水平差距明显

使用条形图将各班在数学能力各维度上的平均得分与区平均得分的差进行直观展示，如图 1 所示。3 班学生在数学能力五个维度上得分均高于区平均水平，其中有 4 个维度均高于区平均水平 5 分以上，运算求解能力平均分差值最大（MD = 13.83）。

1 班学生在推理论证能力得分全年级最高，高于区平均水平（MD = 9.62），而数据处理能力、空间想象能力、问题解决能力这三个维度略低于区平均水平（0<MD<5），运算求解能力得分最低（5<MD<10）。2 班学生则在所有五个维度得分都远低于区平均水平（MD>5），其中问题解决能力得分最低（MD = 10.35）。

---

① 何小亚：《学生"数学素养"指标的理论分析》，《数学教育学报》2015 年第 1 期，第 17~18 页。

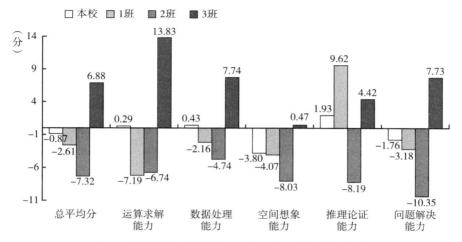

图1 各班学生在数学能力各维度上的得分与区比较

再进一步进行事后多重分析（见表3），1班与3班对比，运算求解能力存在显著差异（P＝<0.001），均值差为-22.05525；数据处理能力上存在弱显著差异（P＝<0.05），均值差为-10.63942。

同理，2班在运算求解能力、数据处理能力、问题解决能力三个子维度上也显著低于3班，（运算求解能力P<0.001，均值差为-15.28888；数据处理能力P<0.05，均值差为-12.04655；问题解决能力P<0.05，均值差为-18.08286）。

1班与2班对比，只有推理论证能力存在弱显著差异（P<0.05），其余各子维度不存在显著差异。

由此得出结论：三个班的数学能力发展水平存在显著差距，3班数学能力发展水平最高，2班数学能力发展水平最低，1班居中。

表3 LSD 事后多重比较

因变量	（I）班别	（J）班别	平均值差值（I-J）	标准错误	显著性
运算求解能力	1	2	-6.77	4.75	0.16
		3	-22.05525*	4.69	<0.001
	2	3	-15.28888*	4.66	<0.001

因变量	（I）班别	（J）班别	平均值差值(I-J)	标准错误	显著性
数据处理能力	1	2	1.41	5.23	0.79
		3	−10.63942*	5.17	<0.05
	2	3	−12.04655*	5.13	<0.05
空间想象能力	1	2	4.05	4.72	0.39
		3	−4.45	4.67	0.34
	2	3	−8.50	4.63	0.07
推理论证能力	1	2	17.44922*	7.32	<0.05
		3	4.83	7.23	0.51
	2	3	−12.61	7.18	0.08
问题解决能力	1	2	7.35	7.02	0.30
		3	−10.74	6.94	0.12
	2	3	−18.08286*	6.89	<0.05

注：＊平均值差值的显著性水平为0.05。

（二）多种因素与学生的数学素养相关

1. 在非学科发展指标中，学习能力与学生的数学素养相关性最高

关于非学科发展指标与学生数学素养之间相关关系的研究描述，如图2所示。正向影响数学素养发展的非学科发展指标依次为学习能力（$r=0.58$）、学习策略（$r=0.31$）、健康生活方式（$r=0.30$）、情绪智力（$r=0.27$）、学习动机（$r=0.26$），学业负担与数学素养发展间存在负相关（$r=-0.20$）。

由此可以推测，五年级阶段，与学习动机、情绪智力等因素相比，学生学习能力对数学素养的发展相关性更显著。学生的学习能力越好，数学素养发展水平越高。因此教师在课堂教学中，除了关注学科目标的实施外，还应关注对学生学习能力的培养，进而促进数学素养的发展，从而达到促进学生数学学科学业水平发展的目的。

2. 注意力维度与学生数学素养发展呈正相关关系

进一步对学生的数学素养与各项学习能力进行了相关性分析。在各项学

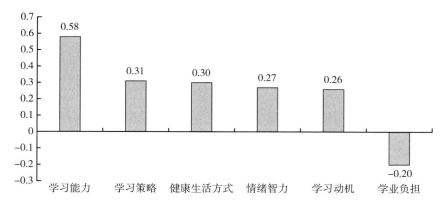

图 2　非学科发展指标与学生数学素养相关性分析

注：指标相关系数为正值，代表呈正相关关系，提高指标水平，有助于提升学阅读养水平；指标相关系数为负值，代表呈负相关关系，降低指标水平有助于提升学科素养水平。

习能力中，注意力与数学素养呈正相关关系，相关系数最高（$r = 0.598$）。运算求解能力与注意力高度相关（$r = 0.875 > 0.8$），数据处理能力与注意力为中等程度的正相关关系（$0.4 < r < 0.69$）（见表 4）。

由此可以推测学生注意力越集中，数学素养的发展越好。而且注意力与运算求解能力和数据处理能力相关性尤为明显。由此可知，教师有侧重地培养学生的专注力，对提高学生的数学素养，特别是对提高学生运算求解能力，有很大的帮助。

表 4　数学素养与学习能力各维度的相关系数

指标	运算求解能力	数据处理能力	空间想象能力	推理论证能力	问题解决能力	数学素养
注意力	0.875 **	0.410 **	0.335 **	0.266 **	0.187 *	0.598 **
工作记忆	0.350 **	0.225 *	0.072	0.195 *	0.112	0.288 **
视觉空间	0.284 **	0.218 *	0.098	0.177	0.060	0.249 **
言语理解	0.340 **	0.208 *	0.202 *	0.169	-0.001	0.261 **
推理能力	0.355 **	0.267 **	0.192 *	0.039	0.194 *	0.300 **

注：** 在 0.01 级别（双尾），相关性显著；* 在 0.05 级别（双尾），相关性显著。

3. 作业完成时间在30分钟内的学生数学素养表现最优

作业时间投入与数学素养发展呈负相关关系，即数学素养成绩越好，作业投入时间越少。完成数学作业花费时间在 30 分钟以内的学生数学素养成绩表现最优（见图 3）。

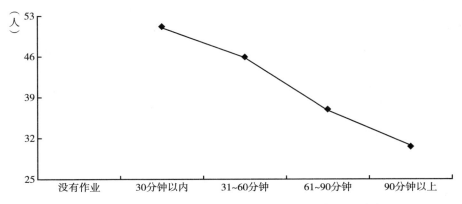

图 3　学校完成数学作业花费时间与数学成绩表现关联性

中共中央办公厅、国务院办公厅印发的《关于进一步减轻义务教育阶段学生作业负担和校外培训负担的意见》中规定："全面压减作业总量和时长，减轻学生过重作业负担……学校要确保小学一、二年级不布置家庭书面作业，可在校内适当安排巩固练习，小学三至六年级书面作业平均完成时间不超过 60 分钟。"① 因此，教师应在课后布置适量的课后作业，以达到帮助学生巩固知识、发展学生数学素养的目的。学生数学作业完成时间不宜过长，以 30 分钟以内为佳。

4. 数学学习兴趣与数学素养呈中等程度的正相关关系

对数学学习兴趣与数学素养进行相关性分析，两者呈中等程度的正相关关系（见表5）。

① 《中共中央办公厅　国务院办公厅印发〈关于进一步减轻义务教育阶段学生作业负担和校外培训负担的意见〉》，2021 年 7 月 24 日，http：//www.moe.gov.cn/jyb_xxgk/moe_1777/moe_1778/202107/t20210724_546576.html，最后检索时间：2023 年 10 月 21 日。

表 5　数学学习兴趣与数学素养的相关系数

项目	指标	数学素养	数学兴趣
数学素养	皮尔逊相关性	1	0.618*
—	Sig.（双尾）	—	0

注：** 在 0.01 级别（双尾），相关性显著。

赫尔巴特在他的教育思想中就将兴趣作为一个重要的教学目标，并指出"教育是兴趣的自觉引导"[1]，这足以看出兴趣在教学中的重要地位。柳萌学等在《小学生数学学习兴趣对数学学业成就的影响：数学学习拖延的中介作用》中展开的相关研究表明，"学习兴趣与数学学业成就之间呈显著正相关，即数学学习兴趣越高，数学学业成就也就越高"[2]。

因此，与中、低年级相比，五年级学生的自我意识比较强烈，是否对数学感兴趣将会影响学生在数学素养方面的发展。

5. 不同性别的学生数学能力不存在显著差异

对学生在数学能力各维度上的性别差异进行分析。在数据处理能力、空间想象能力上，女生平均得分略高于男生，在运算求解能力、推理论证能力、问题解决能力上，男生平均得分略高于女生。进一步分析发现，男女生在数学能力各维度上的显著性水平均大于 0.05，说明男女生在数学能力各维度上不存在显著差异（见表 6）。

表 6　（独立样本 T 检验）数学能力各维度的性别差异

单位：人，分

指标	性别	人数（N）	平均值（M）	标准差（SD）	标准误差平均值	T	显著性
运算求解能力	男	69	53.33	22.25	2.67802	0.023	0.525
	女	49	53.23	23.84	3.4055		

---

[1]　〔德〕赫尔巴特：《教育学讲授纲要》，载赵荣昌、张济正主编《外国教育论著选》，江苏教育出版社，1990，第 8 页。

[2]　柳萌学、邱妮、周思维、徐媛苹、张璇：《小学生数学学习兴趣对数学学业成就的影响：数学学习拖延的中介作用》，《教育导刊》2021 年第 6 期，第 44 页。

指标	性别	人数（N）	平均值（M）	标准差（SD）	标准误差平均值	T	显著性
数据处理能力	男	69	55.00	23.98	2.88693	−0.298	0.739
	女	49	56.32	23.04	3.29154		
空间想象能力	男	69	39.18	22.02	2.65135	−0.551	0.408
	女	49	41.34	19.21	2.74378		
推理论证能力	男	69	58.82	32.03	3.85625	0.411	0.606
	女	49	56.29	33.95	4.84957		
问题解决能力	男	69	49.66	31.92	3.84293	0.716	0.666
	女	49	45.44	30.96	4.42314		

（三）教师教学行为与学生数学素养发展相关

1. 班级间学生的学习能力基本一致

三个班的学生只有在言语理解层面存在显著差异（P<0.01），而其余子维度能力不存在显著差异，因此三个班的学习能力基本是一致的（见表7）。

表7　学习能力单因素 ANOVA 检验

指标	范围	平方和	自由度	均方	F	显著性
学习能力	组间	213.448	2	106.724	0.850	0.43
	组内	14191.919	113	125.592		
注意力	组间	193.542	2	96.771	0.713	0.492
	组内	15333.265	113	135.693		
工作记忆	组间	70.595	2	35.297	0.995	0.373
	组内	4008.007	113	35.469		
视觉空间	组间	184.602	2	92.301	0.852	0.429
	组内	12236.636	113	108.289		
言语理解	组间	748.998	2	374.499	5.287	0.006
	组内	8004.618	113	70.837		
推理能力	组间	387.672	2	193.836	2.626	0.077
	组内	8339.812	113	73.804		

结合对上面图 1 各班学生在数学能力各维度上的得分与区得分比较，及表 3 LSD 事后多重比较的分析，可以得出各班的数学素养发展水平存在显著差异，3 班的数学素养发展显著高于 1 班、2 班。在实际教学中，教师 A 执教 1 班、2 班，教师 B 执教 3 班。推测差异显著的原因可能与教师有关。

2. 教师能酌情调整教学方式

比较各班数学任教老师的情况，三个班的学生都认为教师在课堂上适应性教学频率较低。1 班学生认为教师 A 主导式教学频率较高，同样是教师 A 任教，2 班则认为教师 A 课堂师生双向反馈式教学频率较高。而 3 班学生认为教师 B 在课堂上认知激活频率较高。结合分析，可以发现教师 A、教师 B 均能结合班情、学情进行教学调整。教师 A 和教师 B 在课堂教学方式上，有一定相差，但差值不大，并不是造成 2 班与 3 班差距明显的主要影响因素（见表 8）。

表 8　各班课堂教学方式比较描述性结果

单位：年，分

群体	任课教师	任教教师教龄	教师主导式教学频率	师生双向反馈式教学频率	适应性教学频率	认知激活频率
1 班	教师 A	22	79.61	74.67	66.45	76.32
2 班	教师 A	22	85.68	86.06	82.69	81.87
3 班	教师 B	25	78.66	80.79	72.36	83.90

3. 教师教学行为表现存在显著差异

进一步分析教师的教学行为表现，教师 A 的职业压力高于区平均值（41 分>34 分），工作动力略高于区平均值（81 分>79 分）；教师 B 的职业压力低于区平均值（20 分<34 分），工作动力远高于区平均值（94 分>79 分）（见表 9）。因此，推测班级间学生数学素养发展的差异，与教师的职业压力及工作动力有关。教师 A 自我感觉职业压力负担比较重，不能很好地专注于发展学生的数学素养。教师 B 自我感觉职业压力负担相对较轻，面向的只是五年级一个班，能更好地进行班级的管理，从而更有效地提高学生的数学素养。

表9　教师测评指标描述性结果

单位：分

任课教师	教学能力	职业压力	工作动力
教师 A	100	41	81
教师 B	89	20	94
区平均值	89	34	79

结合三个班的实际情况以及任课教师的反馈，发现 3 班的任课教师 B 的工作积极性较高。在日常教学中，教师 B 坚持面向全体，为学生搭建桥梁，沟通新旧知识，夯实基础知识。在学生的学习计划中，教师 B 融入了很多思维拓展方面的学习任务与课程内容。例如，在学习完某个专题后，除了布置关于数学学科知识的作业外，还充分利用数学实践，布置灵活的综合类数学作业，培养学生的观察能力、思维能力、逻辑分析能力和动手能力，使学生得到很好的发展。

研究表明，我国中小学教师工作时间长且工作构成与分配不合理，工作任务重且非教育教学工作过多，其工作量处于超负荷的状态[1]。在"双减"政策推进过程中衍生出了部分问题，如"课后服务"延长了教师工作时间、"双减"实施后备课压力增加、应对新冠疫情检查填写大量数据报表等，在一定程度上增加了教师工作量，造成新旧负担累积叠加，挤占教师的教学工作时间。

"教师处于教育系统的最底端，是教育政策的最终执行者，教师质量水平的高低直接关系教育成果，教师负担过重会导致其没有过多的时间和精力关注自身专业发展，反之，教师负担过重的因素之一可能是由于教师自身专业水平不高，无法更好地应对不断变化的教学活动。"[2] 因此切实减轻教师的工作负担、增强教师工作动力非常必要。

---

① 李新翠：《中小学教师工作量的超负荷与有效调适》，《中国教育学刊》2016 年第 2 期，第 56~60 页。

② 孙梦君：《中小学教师负担的研究综述》，《教育观察》2022 年第 35 期，第 41 页。

四　结论与讨论

（一）学生数学素养整体处于中等水平

五年级学生的数学素养发展整体处于中等水平，并具有关联性和阶段性的特点。

1. 学生的数学素养各维度之间具有关联性

调查发现，数学素养五个维度之间并非完全独立，它们之间存在一定关联和相互支撑的关系。其中运算求解能力、数据处理能力、空间想象能力三者之间，两两存在中度相关。推理论证能力、问题解决能力与其余子维度能力存在低度相关。

2. 数学素养各维度之间的发展具有阶段性

五年级阶段，学生的数学素养发展特点表现为：推理论证能力和数据处理能力水平发展较好，运算求解能力次之，空间想象能力和问题解决能力则有待提高。同一年级学习能力相近的班级，班级间学生的数学能力发展水平差距明显。因此在探讨学生的数学素养时，必须从各个维度入手分析研究。

（二）多种因素与学生数学素养发展相关

1. 学习能力与数学素养发展显著相关

在影响数学素养的相关因素中，学习能力与数学素养的发展相关性更显著。因此教师在课堂教学中，除了关注学科目标的实施外，还应关注对学生学习能力的培养，进而促进学生数学素养的发展，从而达到提高学生数学学科学业水平发展的目的。

2. 注意力水平与数学素养发展显著相关

进一步分析发现，在各项学习能力中，注意力与数学素养间的相关系数最大。因此，教师日常要重视学生注意力的培养。在课堂教学中，要优化课堂教学环境和方法，实施相应的教学策略，增强教学效果，有效吸引学生参与到数学学习中来。

3. 作业完成时间在30分钟内的学生表现最优

调查显示，数学素养水平越好，作业投入时间越少。完成数学作业花费时间在 30 分钟以内的学生，数学素养成绩表现最优，完成数学作业的时间超出一定范围后与数学素养成绩关联不大。

4. 性别与学生数学素养发展无明显相关

虽然在均分上男女生略有差别，但比较性别与数学素养总体情况及数学素养各维度的相关性，均显示五年级学生的性别与数学素养并无显著相关。

5. 数学学习兴趣与数学素养发展呈显著相关

调查发现，数学学习兴趣与数学素养发展显著相关。与中、低年级相比，五年级学生的自我意识比较强烈，是否对数学感兴趣可能会影响学生在数学素养方面的发展。

6. 教师的教学行为与数学素养发展相关

调查发现，学习能力无显著差异的不同班级，由于任教老师不同，可能会导致学生的数学素养能力发展差异明显。进一步分析教师的教学行为，发现职业压力较轻、工作动力较足的教师，更有利于学生数学素养的发展。

五　启示及建议

基于广州数学素养测评的监测结果，关注学生的数学素养发展现状，针对学生存在的问题进行综合分析，提出以下相关建议，以期提高学生数学素养。

（一）关注发展特点，促进素养发展

相关教育部门应重视数学素养评价维度的多元化，合理利用评价结果并加以研究，分析学生在不同阶段的表现特点和发展变化，以评价促进发展，

为后续的教学提供参考。

1.加强学测研究，精准定位发展现状

广州数学素养测评借助大数据优势，有效整合、分析数据，形成高效的教学效能分析，达到精准定位的效果。随着课程改革的深入和对数学素养研究的推进，上级部门应继续建立和完善基于学科素养的测评框架，采用科学的测评方法获得数据。对数学教学进行指导，并对学生的数学学习展开跟踪研究。各级学校和教师也应充分利用评价结果进行科学分析，从结果中了解学生的数学素养发展现状，分析原因、诊断问题，改进教师的"教"与学生的"学"，实现学测的导向功能，持续有效地培养学生的数学素养。

2.把握课程内容，融通数学能力互联

《义务教育数学课程标准（2022 年版）》在"课程内容"部分，除了描述"内容要求"外，还给出了"学业要求"和"教学提示"，进一步明确了"教什么"和"怎么教"[①]。对数学课程内容的准确把握，是在教学实践中实现课程育人、促进发展的重要基础。五年级学生正处于形象思维向抽象思维过渡的阶段，教师在进行课程设计时，应融通关联学科的逻辑和学生的认知特点，准确把握数学课程内容整体结构。推进单元整体教学设计，体现数学知识之间的内在逻辑关系，以及学习内容与数学素养表现的关联。为数学素养的发展构建一个循序渐进与连续一致协同发展的框架，发挥数学素养各维度间的互联作用，促进学生数学素养的发展。

（二）培养注意力，发展学习能力

在课堂教学中，教师的任务不单纯是教授数学知识，更重要的是引导学生去学数学，掌握学习数学的过程与方法，培养学习能力。教师要通过教学活动的实施推动，教给学生学习的方法，提高学生的学习能力，才能从根本上促进学生的整体发展。

[①] 中华人民共和国教育部：《义务教育数学课程标准（2022 年版）》，北京师范大学出版社，2022，第 16~79 页。

1. 创设情境，吸引学生的主动注意

在课堂教学中，教师要设法创设生动有趣的数学情境，引导学生充分融入情境中主动学习和探索。教师还应尽量为学生创造运用知识进行实践操作的机会，把数学特有的严谨、抽象、简洁、概括等属性以巧妙的形式展现在学生面前，引发学生的求知欲望，有效地吸引学生的主动注意力。

2. 小组合作，调动学生的主观能动性

在教学设置中，适当的分组合作学习，通过小组成员间互动和帮助，可实现每个学生都得到发展的目标。在小组合作学习中，通过对具体问题的探究，学生能体会解决问题的策略，并能在解决过程中丰富自己的经验，提高自己的能力。通过参与群体学习活动，注意力薄弱的学生受到了"群众"的激励和督促，能充分发挥学生的主观能动性，同时促进全体学生的个性发展。

3. 优化教学，保持学生的持久注意力

学生的注意力是否持久，关键是看教师的教学设计是否科学。因此教师要认真钻研教材，深入挖掘知识的内在规律和相互联系，设计适合学生发展的教学方案，合理优化教学，保持学生的持久注意力。"例如，新知识的学习，展现'知识背景—知识形成—揭示联系'的过程；运用数学知识解决问题，适当体现'问题情境—建立模型—求解验证'的过程，以利于教师在教学过程中帮助学生有效地理解知识与方法、积累活动经验、提高'四能'，开展素养导向的教学。"①

4. 评价激励，增强学习数学的自信心

在数学学习的过程中，教师应不断给学生创设成功的机会，并给以正向评价，让每个学生不断得到成功的体验，增强学生集中注意力的信心。例如，根据小学生好胜心强的年龄特点，在班级内设立"问题之星""智慧之星"等荣誉称号，对喜欢提问题的学生进行奖励。在完成章节内容时，让学生比一比谁的"小星星"比较多，并给出恰当的评价，以此来激励学生

---

① 中华人民共和国教育部：《义务教育数学课程标准（2022年版）》，北京师范大学出版社，2022，第94页。

积极提问。让学生通过激励式的评价看到自己的进步，能增强其学习数学的自信心。

（三）贯彻"双减"政策，优化作业设计

"双减"背景下，优质高效的数学作业，能充分调动学生作业的积极性，同时促进数学素养的提升。

1.控制时长，落实"双减"

教师在布置作业前，可模拟中等生水平预做数学作业，一方面可较为精准地把控时长和总量，另一方面也促进教师合理地做好作业的规划和题目的筛选。对于个别用时过长的学生，可争取家长的支持和协同，有针对性地量身定制作业，适当降低要求，确保托底训练，真正实现人人得到适合的数学发展。

2.准确定位，体现"增效"

教师在设计作业时，要用优化的作业设计代替过量重复的作业。可根据学生的特点和学习任务，围绕教学目标和重难点，考查学生对关键知识、方法的理解与掌握情况，设计形式多样且针对不同数学素养发展的作业。通过与各种训练方式的有机结合，调动学生多感官参与，提高学生独立思考、动手实践的能力，促进学生持续和全面发展。

3.综合作业，实现"融合"

教师可采用以真实问题为载体，融合数学学科中的多个主题、跨学科的不同知识，结合适当的主题活动或项目学习的方式，进行作业设计。学生综合运用数学和其他学科的知识与方法解决真实问题，在融会贯通中发展思维，培养创新意识、实践能力、社会担当等品质。

（四）增强情感体验，激发学习兴趣

从学生的心理需求出发，倡导积极的情感体验，可增强学生的学习效能感。

1. 师生关系和谐，创设良好氛围

教学活动是师生双向的互动，它不仅是一个信息输出输入的认识过程，而且是一个交流思想感情、建立师生融洽的人际关系的过程。在教育教学过程中，教师应主动、真诚、平等地对待每一个学生，营造良好的课堂氛围，让学生感觉到安全、轻松、愉悦，从而更好地开展学习与探究，提高其学习效益。

2. 联系生活实际，发现数学价值

数学来源于生活。引导学生发现数学在生活中的重要性，是培养学生数学学习兴趣的关键。教师可以密切联系学生的现实生活，运用学生关注和感兴趣的实例作为学习的背景，以真实问题为载体，引导学生发现日常生活中的数学价值，充分调动学生参与数学活动的积极性，激发学生的学习兴趣。

（五）增强教师效验，激发工作动力

教师作为课堂教学的主导，对学生数学素养的发展影响至关重要，学校应采取有效的行政措施，保证教师有效开展教学，促进教师的专业化成长。

1. 减轻教师负担，有效消除职业倦怠

教师减负是一项系统性工程，需要各级教育、行政部门的协同联动，及时了解教师负担状况，一致推进教师减负。各级部门应为教师营造宽松、积极的工作氛围，减轻教师非教育教学类负担，让教师能够把主要精力集中在教育教学上，不断提升其自身的专业能力，从而促进学生的素养发展。

教师自身方面，也要学会调整心态，保持轻松愉快的工作情绪。教师要在工作中找寻乐趣，追求自身成长，开阔视野，不断学习新知识、新思想，这样才能克服各种困难，有效消除职业倦怠，增强每天工作的成就感。

2. 立足校本教研，促进教师专业成长

（1）创设专业学习时间

学校在教师培养方面，要采取适当的手段，激发教师发展的内驱力，为教师提供合理的专业学习时间，创设学习机会，保证教师有充足的时间开展教育教学活动，以促进教师的专业成长和发展。

（2）加强年部集体备课

为了减少因教师不同，带来班级间差距的影响，各级学校应依托校本教研，加强集体备课，促进教师理解与领会新课标精神，实现班级间学生数学素养的均衡发展。同年部教师在集体备课过程中，基于主题、单元整体设计教学目标，围绕单元目标细化具体课时的教学目标，在大单元视角下整体把握教学目标、组织教学内容、研发实施策略、设计学习方案、形成教学评价。在发展学生数学素养能力的同时，也促进了教师的专业成长发展。

参考文献

薛琼：《小学五年级数学高阶思维能力调查报告》，《上海教育科研》2022 年第 7 期。

吕世虎、吴振英：《数学核心素养的内涵及其体系构建》，《课程・教材・教法》2017 年第 9 期。

史宁中：《〈义务教育数学课程标准（2022 年版）〉的修订与核心素养》，《教师教育学报》2022 年第 3 期。

邱军：《小学数学课要重视学生学习能力的培养》，《小学教学参考》2008 年第 36 期。

学习能力对广州市初中生
数学素养影响调查报告

——以广州市 Z 区 L 中学为例

陈 童*

摘 要： 基于广州数学素养测评的数据，追踪对比 2020 年和 2021 年广州市 Z 区 L 中学同一批学籍号学生的测评数据。聚类分析结果显示，L 中学聚类为 3 个组别，2020 年各组别学生的数学素养水平有待提高，2021 年各组别"良好"水平学生人数占比提升，说明部分学生数学学科能力提高。方差分析显示，各组别在数学素养成绩、学科能力、学习能力上均存在显著差异。学生学习能力与学生的数学素养成绩、数学学科能力间存在相关关系。本文建议 L 中学教师把握学科知识关联，优化课程设计和全面改进教学策略，促进学生数学素养的发展。

关键词： 数学素养测评 学习能力 教学策略 广州

一 问题的提出

科学技术是一个国家综合国力的重要体现，也是各国综合国力竞争的核心。教育部义务教育数学课标研制组组长史宁中明确了数学在形成人的理性思维、科学精神和促进个人智力发展中具有不可替代的作用，明晰数学素养

---

* 陈童，广州市增城区香江中学数学教师，中小学二级教师，主要研究方向为数学教育。

是现代社会每位公民必备的基本素养，数学教育承载着落实立德树人根本任务、实施素质教育的功能①。

广州智慧阳光评价·数学素养测评（以下简称广州数学素养测评）在测评形式上结合国际 PISA（国际学生评估项目）评价模式，全面了解学生数学素养的情况。广州市 Z 区 L 中学（以下简称"L 中学"）教育质量一直在区内名列前茅，但仍需要找到在综合评价体系下隐藏的数学教育的不足，践行教学评一致性，促进数学教育高质量发展。为此，本文将采用 2020 年和 2021 年获取的 L 中学同一批学籍号学生参与广州数学素养测评的数据，着重解决研究 3 个问题：L 中学在 2020 年和 2021 年的广州数学素养测评中表现如何？学生这两年的学习能力指标得分有什么变化？学生学习能力指标与学生数学素养表现关系如何？

二　研究方法

（一）资料来源

受新冠疫情影响，L 中学在 2022 年未参与广州数学素养测评。本研究的调查数据来自 2020 年和 2021 年公布的广州数学素养测评中 L 中学同一批学籍号学生的测评数据。作为智慧阳光评价项目组确定的区实验校，L 中学抽取 117 名学生参与广州数学素养测评，完整地参与广州数学素养测评所有指标评价任务的同一批学籍号学生有 82 人，调查人数的有效率是 70.09%。本研究选择有效完成广州数学素养测评的学生作为分析对象（见表 1）。

---

① 孔凡哲、史宁中、赵欣怡：《〈义务教育数学课程标准（2022 年版）〉的主要变化特色分析》，《课程·教材·教法》2022 年第 10 期，第 43 页。

表1　L中学学生广州数学素养参测情况

单位：人

分析对象	男生	女生	总人数
2020年-校七年级	47	35	82
2021年-校八年级	47	35	82

学校七年级A级（优秀）学生占比低于区占比3.53个百分点，八年级A级学生占比高于区占比11.81个百分点。学校七年级、八年级B级和C级学生占比均高于区占比，D级学生占比也都低于区占比（见表2）。

表2　2020~2021年学校学生广州数学素养测评等级与Z区对比分析

单位：%，个百分点

测评对象	A级	B级	C级	D级
2020年-区七年级	5.88	20.12	15.40	58.60
2020年-校七年级	2.35	37.12	24.91	35.62
与区比较	-3.53	+17.00	+9.51	-22.98
2021年-区八年级	10.88	22.12	14.40	52.60
2021年-校八年级	22.69	31.09	18.49	27.73
与区比较	+11.81	+8.97	+4.09	-24.87

相对于七年级，学校八年级A级学生占比大幅度增加，而其他等级学生占比则有所减少（见图1）。

（二）研究工具

广州数学素养测评以《义务教育数学课程标准（2022年版）》（以下简称新课标）为依据，突出能力导向，重点测查学生的运算求解能力、空间想象能力、数据处理能力、推理论证能力和问题解决能力，以及学生数学学习态度和习惯等，目的是帮助学生逐步形成数学核心素养。本研究使用到的研究方法为等级分析。

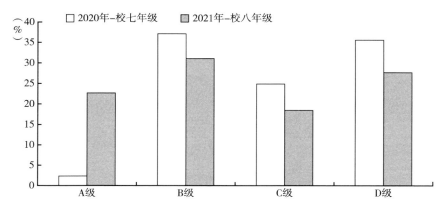

图1 2020年和2021年数学等级学生占比情况

1. 等级分析

结合国家义务教育质量监测标准将学生数学素养水平划分为四个水平段：A级（86~100分，优秀）、B级（71~85分，良好）、C级（60~70分，中等）、D级（60分以下，待提高）。本研究应用的是根据学生的作答结果进行了转换计算的水平分。

2. 数学学科能力

数学学科能力主要测查学生运用数学知识进行推理、解决生活中实际问题时的认知能力和思维过程，包含图2中提及的五项能力：运算求解能力、数据处理能力、空间想象能力、推理论证能力和问题解决能力。其中，问题解决能力是2022年新增的一个指标。主要通过得分率来反映评价指标的具体情况。

3. 学习能力

学习能力是指个体获得知识、发现问题和解决问题的能力，这些是与智力息息相关的能力，主要包含表3的关键性指标。

学习能力主要通过分值来反映评价指标的具体情况，得分在64.3分以上的为高水平，得分在53.1~64.3分的为中等水平，得分在53.1分以下的为待提高水平。另外，记忆力含听觉工作记忆和视觉工作记

图 2　数学学科能力指标

忆；推理能力含图形推理能力；数学推理能力。本研究在最开始时将
2020 年数学素养成绩与学习能力所有指标做了相关性检验，发现学习能
力指标中的注意力、视觉工作记忆、推理能力和数字推理能力与学生数
学素养成绩的相关性显著。因此，本研究着重研究以上 4 个指标对数学
素养的影响，言语理解能力与学生数学素养成绩的相关性不显著，在本
文中不做研究。

表 3　学习能力关键性指标解释

关键性指标	解释
记忆力	学生在短时间内保持和使用信息的能力
推理能力	学生分析整合信息、总结归纳、灵活运用规律以及解决问题的能力
注意力	学生对目标信息集中关注和排除干扰的能力
视觉空间能力	学生对平面、立体图形的分析辨别、整合运用的能力
言语理解能力	学生对语言的理解和应用的能力

（三）数据统计

本研究使用 SPSS 23.0 处理数据，数据统计过程分三个阶段。

第一，考虑到数学素养成绩和数学学科能力的表现反映了学生重要的学习结果，因而计算单位数学素养成绩的平均分，以及运算求解能力、数据分析能力、空间想象能力、推理论证能力的平均得分率。同时本文将着重研究注意力、视觉工作记忆、推理能力、数字推理能力 4 个指标对 2020 年和 2021 年数学素养成绩的影响。若把 L 中学有效调查的学生作基本分类，针对评价指标与数学成绩的相关性，应用层次聚类分析，将有效调查学生分为若干组别。对各评价指标数据作标准化处理，并且使用常用组间平均距离连接法分别计算各组别间的差距。

第二，为比较 L 中学学生在数学学习情况方面的差异性，分别对各组各评价指标的数值作方差分析，使用 Scheffe 法作事后多重比较。

第三，为了解学生学习能力与学生数学素养表现的关系，分别将各组别数学素养表现评价指标的转换分或得分率，与学生的学习能力评价指标作皮尔逊积差相关分析。

这三个步骤都重复用在 2020 年和 2021 年测评数据上，每个步骤做完后进行两年情况的对比，研究数学成绩和学习能力及数学能力的关系。

三　结果与分析

（一）学校的聚类情况

根据 2020 年的聚类分析结果，以 15 个单位距离作为分界线，L 中学 82 名学生可以聚类为 3 个组别（见图 3）。同样的方法，2021 年 L 中学 82 名学生也可以聚类为 3 个组别（见图 4）。这两年分组的具体情况见表 4，其中 2021 年第 1 组只有 2 人，男生、女生各 1 人。

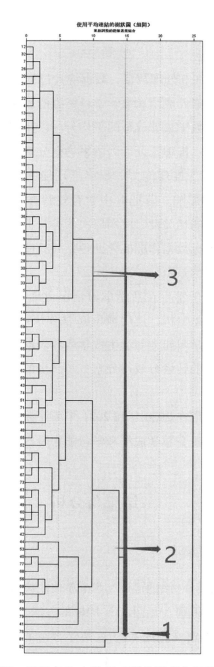

图 3　2020 年 L 中学 82 名学生聚类分组情况

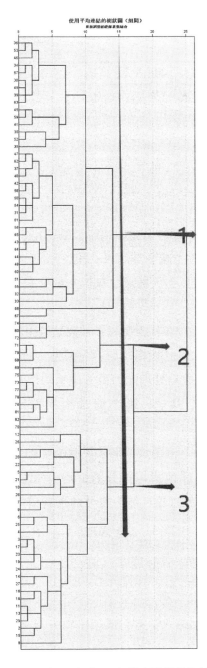

图 4　2021 年 L 中学 82 名学生聚类分组情况

表4 2020年、2021年L中学各组别的具体情况

单位：人

组别	男生	女生	总计
2020年-第1组	15	14	29
2021年-第1组	1	1	2
2020年-第2组	20	18	38
2021年-第2组	23	20	43
2020年-第3组	12	3	15
2021年-第3组	23	14	37

由表4可知，2020~2021年，L中学的第一组（数学素养水平较低）的人数大幅度减少，从29人减少至2人；第二组和第三组人数在增加，第三组（数学素养水平较高）的人数增加到原来的2倍多，说明2021年部分学生数学素养水平提升了。

2020年各组别在数学素养成绩和4种数学能力的表现见表5。除了数据处理能力这项指标外，其他指标得分的平均值从低到高的排序均为：第1组、第2组、第3组。数据处理能力得分的平均值从低到高的排序为：第1组、第3组、第2组。其中，第2组学生数据处理能力得分的平均值为100%。

2021年各组别在数学素养成绩和4种数学能力的表现见表5，除了推理论证能力这项指标外，其他指标得分的平均值从低到高的排序均是：第1组、第2组、第3组。推理论证能力得分的平均值从低到高的排序是：第2组、第1组、第3组。

（二）学生的数学素养表现

1. 数学素养成绩情况

比较2020年各组别的数学素养成绩平均分与项目组划定的数学素养各水平最低分数，第1组处于D级（60分以下），说明学生基本可以解决简单的数学问题，能够回答完全清晰的数学问题，学生的数学学科能力有待提高。

表5 2020年、2021年 L 中学各组组别数学素养表现情况

单位：分

评价指标		2020年-第1组		2021年-第1组		2020年-第2组		2021年-第2组		2020年-第3组		2021年-第3组	
		平均值	标准差	平均值	标准差	平均值	标准差	平均值	标准差	平均值	标准差	平均值	标准差
数学素养成绩		42.84	8.420	20.00	22.630	64.49	10.490	56.87	18.200	68.67	7.800	85.59	7.210
数学学科能力	运算求解能力	51.53	16.170	40.56	13.360	69.30	20.000	62.07	22.120	79.26	16.600	80.60	15.650
	空间想象能力	37.93	14.290	14.00	19.800	53.46	16.270	72.92	20.360	60.62	11.890	94.63	8.120
	数据处理能力	31.53	22.060	39.57	6.890	100.00	0.000	67.63	15.180	38.10	20.680	79.98	12.870
	推理论证能力	44.00	15.340	32.26	45.620	63.71	15.220	19.13	16.150	73.68	11.760	79.86	14.490

第 2 组和第 3 组处于 C 级（60~70 分），说明学生数学素养水平良好，能够解决常规性问题，但是缺乏解决复杂问题的能力。

方差分析进一步显示（见表 6），2020 年各组别的数学素养成绩平均分存在显著差异，其中数据处理能力的 F 值为 181.032。事后多重比较发现，各组别的平均分存在显著差异。

比较 2021 年各组别的数学素养成绩平均分与项目组划定的数学素养各水平最低分数，第 1 组处于 D 级（60 分以下）、第 2 组处于 C 级（60~70 分）、第 3 组处于 B 级（71~85 分）。方差分析进一步显示 2021 年各组别的数学素养成绩平均分存在显著差异。其中推理论证能力的 F 值为 141.486。事后多重比较发现，各组别的平均分存在显著差异。

表 6 2020 年、2021 年 L 中学各组别方差分析和事后多重比较

维度	评价指标	2020 年 F	2020 年 LSD	2021 年 F	2021 年 LSD
总体状况	数学素养成绩	56.894	3>2,1;2>1	51.660	3>2,1;2>1
数学学科能力	运算求解能力	13.699	3>2,1;2>1	11.496	3>2,1;2>1
	空间想象能力	14.288	3>2,1;2>1	36.528	3>2,1;2>1
	数据处理能力	181.032	2>3,1;3>1	13.232	3>2,1;2>1
	推理论证能力	24.445	3>2,1;2>1	141.486	3>1,2;1>2
学习能力	注意力	0.841	2>3,1;3>1	1.863	3>1,2;1>2
	视觉工作记忆	2.171	3>2,1;2>1	4.935	1>3,2;3>2
	推理能力	2.345	3>2,1;2>1	1.685	3>2,1;2>1
	数字推理能力	6.618	3>2,1;2>1	4.802	3>2,1;2>1

注：1 代表第 1 组，2 代表第 2 组，3 代表第 3 组。

2. 数学学科能力的表现

培养人的理性思维和科学精神是数学教育的核心，数学能力的形成和发展是数学教育的根本任务。但是，对比 2020 年各组别的数学能力，2021 年各组别的部分能力是有所退步的。

第一，对比 2020 年，第 1 组数学素养成绩在大幅度退步。数据处理能

力在进步，推理论证能力、空间想象能力和运算求解能力在退步。其中，空间想象能力退步幅度最大（见图5）。这说明第1组学生对客观事物的空间形式进行观察、分析和抽象思维的能力有待提高。

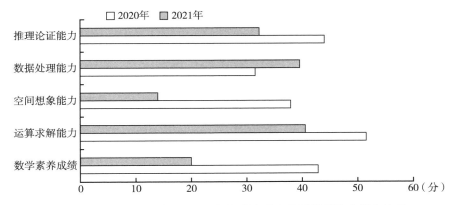

图5　第1组在2020年和2021年数学素养和数学学科能力得分情况

第二，对比2020年，第2组的数学素养成绩在退步。空间想象能力在进步，推理论证能力、数据处理能力和运算求解能力在退步。其中，推理论证能力退步幅度最大（见图6）。这说明学生在八年级时，并没有形成相对稳定的数据观念，应帮助学生形成处理数据的思维方式。

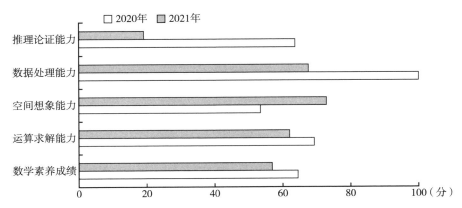

图6　第2组在2020年和2021年数学素养和数学学科能力得分情况

第三，对比2020年，第3组的数学素养成绩有显著进步。数据处理能力、推理论证能力、空间想象能力和运算求解能力在都进步。其中，空间想象能力进步幅度最大（见图7）。这说明学生在八年级系统学习了几何知识后，学生的空间观念得到了进一步的发展。

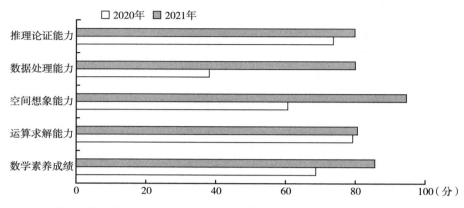

图7　第3组在2020年和2021年数学素养和数学学科能力得分情况

方差分析显示，2020年各组别在4种数学学科能力的平均得分率均存在显著差异。如表6所示，数据处理能力存在中等强度效应（$F = 181.032$，$P < 0.001$），运算求解能力（$F = 13.699$，$P < 0.001$；）、空间想象能力（$F = 14.288$，$P < 0.001$）和推理论证能力（$F = 24.445$，$P < 0.001$）均存在弱效应。事后多重比较发现，各组别4种能力的平均得分率差异显著（$P < 0.001$），在数据处理能力上有最显著的差异性。

方差分析显示，2021年各组别在4种数学学科能力上的平均得分率存在显著差异。如表6所示，推理论证能力存在中等强度效应（$F = 141.486$，$P < 0.001$），运算求解能力（$F = 11.496$，$P < 0.001$）、空间想象能力（$F = 36.528$，$P < 0.001$）和数据处理能力（$F = 13.232$，$P < 0.001$）均存在弱效应。事后多重比较发现，各组别4种能力的平均得分率均差异显著（$P < 0.001$），在推理论证能力上有最显著的差异性。

上述情况表明各组别在数学学科能力不同方面的表现均不理想，而且不同的数学学科能力有不同程度的显著差异，直观地反映出 L 中学数学教育质量发展不均衡的现状。系统解决该问题是 L 中学未来数学学科教学工作的努力方向。尤其是学校要做好学生在八年级两极分化的应对策略，采取有力的数学教学和管理措施，教师要引导学生找到学习方法并改善学习方式，达到提高学生数学学科能力的目的，促进学生数学素养的发展。

3. 学习能力的表现

表 7 中 L 中学 2020 年各组别的学习能力得分的平均值从高到低的排序为：第 2 组、第 3 组、第 1 组。2021 年各组别的学习能力得分的平均值从高到低排序为：第 2 组、第 1 组、第 3 组。其中，第 2 组的学生具有较好的学习能力。各组别在这两年的平均值差距并不大。

对比 2020 年的数据，2021 年第 1 组学生注意力的得分基本和 2020 年持平，视觉工作记忆、推理能力和数字推理能力的得分都有所提高（见图 8）。

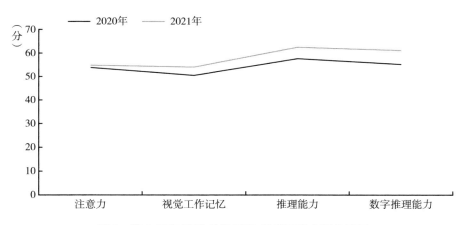

图 8　第 1 组在 2020 年和 2021 年学习能力得分情况

对比 2020 年的数据，2021 年第 2 组学生注意力和视觉工作记忆的得分基本和 2020 年持平，数字推理能力的得分下降幅度较大（见图 9）。

对比 2020 年的数据，2021 年第 3 组学生注意力的得分基本和 2020 年

表7 各组别学习能力及其相关指标情况

单位：分

评价指标	2020年-第1组		2021年-第1组		2020年-第2组		2021年-第2组		2020年-第3组		2021年-第3组	
	平均值	标准差	平均值	标准差	平均值	标准差	平均值	标准差	平均值	标准差	平均值	标准差
学习能力	54.29	4.577	55.78	3.477	56.46	7.093	56.87	18.20	55.78	3.477	54.29	4.577
注意力	53.81	4.532	54.85	3.062	55.67	7.248	55.36	8.328	54.85	3.062	53.81	4.532
视觉工作记忆	50.53	8.204	54.08	7.092	53.89	6.155	53.61	11.393	54.08	7.092	50.53	8.204
推理能力	57.66	7.033	62.50	5.737	58.55	7.811	57.63	7.387	62.50	5.737	57.66	7.033
数字推理能力	55.31	5.443	61.23	4.844	59.45	6.276	56.10	6.558	61.23	4.844	55.31	5.443

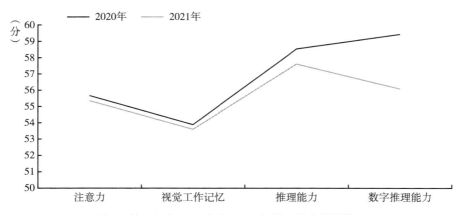

图 9　第 2 组在 2020 年和 2021 年学习能力得分情况

持平，数字推理能力、推理能力和视觉工作记忆的得分有所下降，但降幅不是很大（见图 10）。

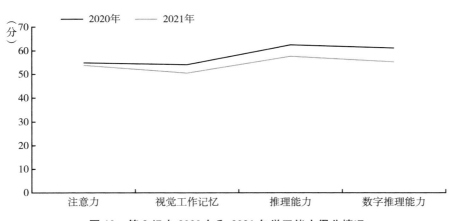

图 10　第 3 组在 2020 年和 2021 年学习能力得分情况

（三）学生数学素养表现与学生学习能力的关系

表 8 仅列出学生数学素养表现与学生学习能力之间显著的皮尔逊积差相关系数。统计结果显示了两方面内容。

表 8　2020 年、2021 年各组别数学素养表现与学生学习能力相关性分析

组别	学习能力	数学素养成绩	数学学科能力			
			运算求解	空间想象	数据处理	推理论证
1组	2020 年-推理能力					
	2021 年-推理能力					
	2020 年-注意力		0.457 *			
	2021 年-注意力					
	2020 年-视觉工作记忆					
	2021 年-视觉工作记忆					
	2020 年-数字推理能力					
	2021 年-数字推理能力					
2组	2020 年-推理能力	0.485 **				0.422 **
	2021 年-推理能力					
	2020 年-注意力	0.365 *				0.511 **
	2021 年-注意力	0.397 **				
	2020 年-视觉工作记忆					
	2021 年-视觉工作记忆					
	2020 年-数字推理能力	0.442 **	0.361 *			0.352 *
	2021 年-数字推理能力	0.326 *				
3组	2020 年-推理能力	0.778 **			0.515 *	0.637 *
	2021 年-推理能力	0.345 *				0.420 **
	2020 年-注意力	0.560 *				
	2021 年-注意力					
	2020 年-视觉工作记忆		0.532 *			
	2021 年-视觉工作记忆					
	2020 年-数字推理能力					0.524 *
	2021 年-数字推理能力					

注：* 代表 p 值小于 0.05；** 代表 p 值小于 0.01；*** 代表 p 值小于 0.001。

　　2020 年，第 1 组注意力与运算求解能力呈低度相关；第 2 组推理能力与数学素养成绩、推理论证能力都呈低度相关；第 2 组注意力与数学素养成绩呈低度相关，与推理论证能力呈中度相关；第 2 组数字推理能力与数学素养成绩、运算求解能力和推理论证能力都呈低度相关；第 3 组的推理能力与数学素养成绩、数据处理能力和推理论证能力都呈中度相关，这说明 L 中

学要按照课标要求，在初中阶段着力发展学生推理论证能力，应落实"从一些事实和命题出发，依据规则推出其他命题或结论的能力"[1]；第 3 组的注意力与数学素养成绩呈中度相关。

2021 年，第 2 组注意力与数学素养成绩呈低度相关；第 2 组数字推理能力与数学素养成绩呈低度相关；第 3 组的推理能力与数学素养成绩呈中度相关，与推理论证能力呈低度相关。因此，要培养学生初步形成逻辑表达与交流的习惯。

四　结论与讨论

本研究以广州市 L 中学 82 名学生为分析对象，重点探讨了 L 中学同一批学籍号学生的数学素养表现、学生学习能力及两者间的关系，研究结论如下。

（一）八年级学生数学素养良好水平占比高于七年级

L 中学聚类为 3 个组别，七年级学生的数学素养水平处于 C 级和 D 级，具有偏低水平的数学能力；八年级学生的数学素养水平处于 B 级、C 级和 D 级，具有中等水平的数学能力的学生人数占比增加。研究者使用问卷调查法，通过描述性统计、相关分析、回归分析等方法进行分析，得出结论初中生学习适应性的发展水平与学习成绩存在显著的正相关性[2]。对比 L 学校这两年学生数学素养水平的变化，说明初中阶段是学生学习知识、自我意识感加强的重要时期，也是学生小初衔接导致学业转换，身心发展不平衡、不稳定的时期。对比小学，七年级学习内容加深、科目增多、学习时间增长、学习环境改变，这些因素导致了 L 中学七年级学生数学素养水平不理想，有待提高；但是到了八年级，学生基本适应了初中生活，在学习强度增高的同时，自身的综合能力也相应提高，学习方法也有了改变。因此也就解释了 L

---

[1] 中华人民共和国教育部制定《义务教育数学课程标准（2022 年版）》，北京师范大学出版社，2022，第 9 页。

[2] 卢辉：《初中生学习适应性与学习成绩的相关研究》，华东师范大学硕士学位论文，2015，第 1 页。

中学八年级学生的 C 级和 D 级学生人数占比降低，B 级水平学生人数占比增加的现状。

（二）七年级和八年级学生数学学科能力表现显著

七年级学生和八年级学生不同组别的学科能力均存在显著差异。七年级学生数学素养成绩的 F 值为 56.894，其数据处理能力 F 值为 181.032；八年级学生数学素养成绩的 F 值为 51.660，其推理论证能力 F 值为 141.486。七年级学生开始接触"数与代数"，教师应注重培养学生的数感、量感和符号感，学生在七年级下册已经学了"几何图形初步"，在八年级开始学习"图形的性质"和"图形的变化"，学生要从演绎证明、运动变化和量化分析三个方面研究这些图形的基本性质和相互关系。教师在八年级要注重培养学生的几何直观和空间观念、模型和推理观念。这也说明了七年级学生数据处理能力和八年级学生推理论证能力的 F 值较大的原因。因此，教师要在七年级和八年级分别提高学生的数据处理能力和推理论证能力，从而帮助学生做到"会用数学的眼光观察现实世界，会用数学的思维思考现实世界，会用数学的语言表达现实世界"[①]。

（三）七年级和八年级学生学习能力表现显著

七年级学生和八年级学生不同组别的学习能力均差异显著。对比其他学习能力指标，七年级学生的数字推理能力 F 值较大；八年级学生的数字推理能力 F 值减小，视觉工作记忆 F 值增大。这个结果与前面第二个结论分析相呼应。七年级接触"数与代数"，八年级进一步学习"图形与几何"，对七年级学生数字推理能力和对八年级学生视觉工作记忆力要求较高。学生在"数与代数"领域的学习过程中，教师要帮助学生形成抽象能力、推理能力和模型观念，达到发展学生几何直观和运算能力的目的；学生在学习"图形与几何"时，教师要帮助学生在空间观念上进一步建立几何直观，提

---

① 中华人民共和国教育部制定《义务教育数学课程标准（2022 年版）》，北京师范大学出版社，2022，第 5~6 页。

升学生的抽象能力和推理能力。基于测评结果，L 中学教师要注重培养学生学习能力的数字推理能力和视觉工作记忆力，从而提升学生数学素养水平。

五　反思与建议

从上述研究结论可知，学习能力能够正向影响学生数学素养水平，即学生的注意力越集中、视觉工作记忆力越强、推理能力越强，特别是数字推理能力越强，学生的数学素养表现越理想。学习能力往往是在教学活动和课堂学习中潜移默化地提升的。因此，为有效提高学生学习能力，提升学生数学素养水平，本文提出以下建议。

（一）把握数学关联知识，整合教学内容

史宁中教授说，主题整合是单元教学、大概念教学的基础。尽管义务教育阶段数学课程所设计的知识包括数与代数、图形与几何、统计与概率，但它们的关联性非常强，数学本质也是一致的。主要是因为这些都来源于实际生活，是现实世界的抽象。教师将这样看似毫无关系的教学内容重新整合，可以帮助学生进行知识梳理，提升学生分析整合信息、总结归纳、灵活运用规律以及解决问题的能力，提升了学生的推理能力和问题解决能力。不同领域内容反映的是同一对象所具有的相同数学规律，区别只在于表现形式不同或者侧重面不同。例如，单元整体建构，能够将零散的知识串联起来，帮助学生掌握知识点之间的关联性，达到举一反三的效果，学生解决问题的能力也就得到了提升。例如，《义务教育数学课程标准（2022 年版）解读》提到，以"匀速直线运动"现象为代表的线性关系模型，既可以表示物体以相同速度运动的过程，又可以表示工作者以同样效率工作的情况，还可以表示购买相同价格物品的总价，等等[1]。这个线性关系模型的研究，既有助于

---

[1]　史宁中、曹一鸣主编《义务教育数学课程标准（2022 年版）解读》，北京师范大学出版社，2022，第 310 页。

学生几何直观的发展，也有助于学生抽象能力、运算能力、推理能力等能力的发展。因此，备课组教师甚至是学校数学科组教师可以一起备课、一起研讨教材，围绕整合教学内容，将存在关联的数学知识进行教学设计。这样做可以提高数学教师的工作效率，同时，也可以更科学、更合理地从整体的角度熟悉数学教材，更准确地把握数学知识结构，从而明确知识在年级、学段中的地位和作用①。

（二）立足学生现实生活，优化课堂教学活动

课标提到的"三会"都强调了"现实生活"这个词。近代数学发展已经表明，除了从现实世界中抽象出来的结果和关系以外，数学还研究自身结构系统的同一性，还有虚构产生的可能的结构和关系。例如，虚数、复数、四元数等，甚至负数也是直到19世纪才被数学家接受的。因此，在数学课堂导入环节，教师的设计应当尽可能地立足于学生的现实生活，并将生活中的一些常识或者基本现象清晰地呈现在学生眼前。教师可以引领学生用数学的眼光对其进行分析，将生活中的问题转化为数学问题。这样的情境导入，可以提高学生对数学的兴趣，提高学生排除干扰的能力，从而提高学生对本节课的注意力。同时，这样的情境导入，也充分展现了教师的主导作用，能够帮助学生内化数学知识，带给学生有效的思想引导，从而促进学生数学素养水平的提高。特别是面对基础薄弱的学生，将现实生活导入课堂，以兴趣为突破口，以观念转变为前提，以教学方法改革为抓手，能够提高基础薄弱学生的数学素养②。另外，学校可以加强学习能力的数据统计，更科学地针对不同学习能力的学生进行差异化教学，调整教学模式。

（三）注重数学思维炼制，关注知识的生成

在传统教学中，教师大部分采取师本课堂，这很可能会忽略学生形成知

---

① 洪燕君：《基于义务教育数学课程标准的核心素养的理解与实施——访谈史宁中教授》，《数学教育学报》2023年第3期，第66页。

② 张凤花：《基础薄弱学生自主学习能力提升策略研究》，《教育实践与研究（B）》2023年第9期，第16页。

识的过程，不利于提高学生的数学思维，导致学生的数学素养水平低下。为此，教师需要关注学生学习的过程，将思维的培养当作学生综合能力提升的一个重要组成内容，让学生能够享受学习的过程。因此，教师在设计教学活动时，要尽可能做到以生为本，重点培养学生的自主学习能力，并让学生意识到其自身具备的学习能力，避免学生失去学习数学的信心[①]。在课外，教师可以帮助学生组建数学学习小组，平时将有意思的题目分享到小组中，利用课余时间进行探讨；在课堂，教师可以让小组进行交流，上台分享。不管在课外还是课内，教师都要鼓励并引导学生以正确的情感态度对待数学学习，做到不骄傲、不气馁，敢于发言，向教师询问自己不理解的知识点，或勇于质疑，提出独特、新颖的观点。"研究在课外，提升在课堂"这种学习方式可以让学生在学习活动中摸索适合自己的有效的学习程序、规则、方法、技巧及调控方式，即找到属于自己的学习策略，从而提高自己的学习能力，培养数学思维，促进数学素养水平的提高。

参考文献

史宁中：《〈义务教育数学课程标准（2022年版）〉的修订与核心素养》，《教师教育学报》2022年第3期。

曹广福：《中学数学课堂中数学素养与思维能力的培养》，《中学数学杂志》2023年第6期。

马云鹏：《关于数学核心素养的几个问题》，《课程·教材·教法》2015年第9期。

郭思乐：《知识过程的生长本质：小立课程的关键》，《课程·教材·教法》2004年第1期。

---

① 侯华香：《基于数学核心素养的"二次函数"教学研究》，《考试周刊》2023年第37期，第57~62页。

花都区棠澍小学学生数学素养测评分析报告

任俏婷*

摘　要： 本文基于广州市花都区棠澍小学四年级 120 名学生参加广州数学素养测评的数据研究发现，学生数学整体水平较好，学生的运算求解能力、数据处理能力、空间想象能力超出本区的平均水平。但仍存在个别学生数学学习兴趣不高、学习信心不足、完成数学作业的时间较长，部分教师的教学能力有待提高等问题。为解决以上问题，本文提出应改变科组教研方式，探索课堂新模式，提升教师的学科教学能力，实施多元性评价的策略。

关键词： 数学素养测评　教学能力　广州市花都区

　　1944 年，美国数学教师协会（NCTM）就明确提出了数学素养的概念，1982 年出版的英国 Cockcroft 报告把培养学生的数学素养作为数学教育的目标，1989 年《美国数学教育的原则和标准》给出五条拥有数学素养的标志。进入 21 世纪后，各国的中小学数学课程标准都在数学素养的内涵与成分、培养与测评方面提出了各种具体的要求①。数学素养是数学教育的重要目标，数学素养内涵及成分的构建是培养与测评的基础。广州智慧阳光评价·数学素养测评（以下简称广州数学素养测评）的内容包括：空间想象能力、

---

　　* 任俏婷，广州市花都区棠澍小学数学教师，小学数学高级教师，主要研究方向为数学教育。
　　① 史宁中、曹一鸣主编《义务教育数学课程标准（2022 年版）解读》，北京师范大学出版社，2022，第 44 页。

数据处理能力、推理论证能力、运算求解能力。为了快速了解学生整体发展情况，广州数学素养测评采用了发展指数进行统计分析。本文基于 2021 年广州市花都区棠澍小学四年级 120 名学生和 20 位教师参加测评的数据，通过对数据的分析，发现优点，查找问题，进一步探索更有效的学习与教学方法。

一 数据分析

（一）学生的测评结果分析

1. 数学等级水平分析

数学等级测评以考察数学学科知识为主，其等级划分标准为 A 级（86~100 分，优秀）、B 级（71~85 分，良好）、C 级（60~70 分，中等）、D 级（60 分以下，待提高）。学生数学等级水平测评具体情况如表 1 所示。

广州市花都区棠澍小学四年级学生中，A 级学生人数占比为 85.83%，B 级学生人数占比 11.67%，C 级学生人数占比 2.50%，D 级学生人数占比为 0。3 班数学等级水平平均分最高，2 班数学等级水平平均分最低；其中 2 班离散系数最高，班级分化程度最严重，3 班和 1 班离散系数较低，班级均衡程度较高。本校学生数学等级的平均分比区平均分高出 12.31 分（见表 1）。

表 1　数学素养测评学生数学等级水平测评情况

学校	分数概况（分）				等级占比（%）			
	平均分	最低分	最高分	离散系数	A 级	B 级	C 级	D 级
本校四年级	92.69	62.5	100.0	0.08	85.83	11.67	2.50	0
1 班	93.36	74.5	100.0	0.06	91.89	8.11	0.00	0
2 班	90.35	62.5	100.0	0.11	75.00	17.50	7.50	0
3 班	94.28	75.0	100.0	0.06	90.70	9.30	0	0

2. 数学能力分析

数学学科能力主要测查学生运用数学知识进行推理，解决实际问题时表现出来的认知能力和思维过程，包含运算求解、数据处理、空间想象、推理论证四项能力。①运算求解能力：通过使用公式、定义等进行数学计算，进而解决简单的数学问题的能力。②数据处理能力：通过选择适当的数学知识和数学技能进行问题表征和建模，进而解决常规性问题的能力。③空间想象能力：对客观事物的空间形式（空间几何形体）进行观察、分析、认知的抽象思维能力。④推理论证能力：通过数学知识和规律提出假设并进行比较、论证、分析，进而解决复杂问题的能力。

本校四年级学生空间想象能力、数据处理能力、推理论证能力、运算求解能力平均得分均高于区均值。运算求解能力上，3班得分最高，1班得分最低；数据处理能力上，3班得分最高，2班得分最低；空间想象能力上，1班得分最高，2班得分最低；推理论证能力上，3班得分最高，2班得分最低（见表2）。

表2　数学素养测评学生数学态度测评情况

单位：分

群体	运算求解能力	数据处理能力	空间想象能力	推理论证能力
本校四年级	97.38	95.34	92.42	84.33
1班	93.51	96.24	95.82	85.43
2班	98.62	93.01	88.95	80.00
3班	99.53	96.73	92.73	87.41

3. 数学态度分析

学生的主观态度在一定程度上会影响学生数学素养的发展水平，本测评将学生的数学态度分为数学学习兴趣、数学学习信心（自我效能感）。

本校四年级数学兴趣得分低于区均值，数学信心得分高于区均值。数学兴趣上，2班得分最高，3班得分最低；数学信心上，1班得分最高，3班得分最低。教师要重视培养学生的数学兴趣和数学信心（见表3）。

表3　数学素养测评学生数学态度测评情况

单位：分

分类	数学兴趣	数学信心
本市四年级	80.44	81.49
本区四年级	91.58	91.94
本校四年级	90.72	93.28
1班	91.22	94.23
2班	92.15	93.61
3班	88.95	92.14

（二）教师发展的测评结果分析

本次教师发展测评框架内容如图1所示。

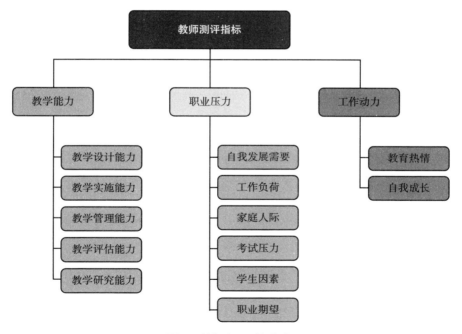

图1　教师发展测评框架

1. 教师整体评估结果

在教师评测中，各指标分数范围为 0~100 分，不同分数区间的含义具体如下：得分大于或等于 70 分为"潜在优势"，即教师的潜在优点，该指标为教师的潜在优势。得分大于或等于 30 分且小于 70 分为"有一定发展空间"，即教师在该指标发展中处于中等水平，说明教师有一定的发展和改善空间。得分小于 30 分为"较大发展空间"，即教师相对薄弱点，说明教师在该指标上有较大的发展和提升空间。

学校教师的教学能力和工作动力都在 70 分以上，处于"潜在优势"的发展水平，但都低于区教师发展水平的平均分。学校教师职业压力的得分为 32 分，比区平均水平高出 5 分，说明学校教师的职业压力较大（见表 4）。

表 4　教师发展测评整体情况

单位：分

☐学校发展水平高于区均值　　　　　■发展水平低于区均值

指标	得分		学校水平
	学校	本区	
教学能力	90	92	潜在优势
职业压力	32	27	有一定发展空间
工作动力	79	83	潜在优势

2. 教师测评具体分析

（1）教学能力分析

学校教师教学能力的各项能力测评都处于"潜在优势"，其中教学设计能力、教学实施能力、教学管理能力、教学评估能力都在 90 分及以上，教学研究能力为 83 分，相对区来说，学校教师的教学教研能力较弱（见表 5）。

表5 教师教学能力具体分析

单位：分

教学能力	得分		本校水平	具体表现
	本校	本区		
教学设计能力	92	92	潜在优势	教师根据学科特点、学生特点和实际教学情境，制定切实可行的目标，选择科学有效的教学策略，优化组合多种教学策略，有效预测课堂的可能变化，在实施中灵活设计修订
教学实施能力	90	92	潜在优势	在课堂教学中，教师恰当地运用教学媒体，有效地运用言语、肢体动作、板书设计等方式授课，并积极与学生交流互动；该能力可促进教学目标顺利完成，促进形成良好的师生关系
教学管理能力	95	93	潜在优势	教师学习并灵活运用多种促进学习的教学方法，积极有效地把控课堂节奏，有效指导学生学会学习，激发学生更多积极行为
教学评估能力	91	92	潜在优势	教师采用多种方法观察、了解和督促学生学习，经常交流、审视和定期总结自己的教学经验，同时借鉴利用他人教学经验
教学研究能力	83	90	潜在优势	教师具有敏锐的问题意识，恰当处理教学问题，完善教学研究方案，将研究成果科学地应用到实践中，同时根据不同结果，及时总结和反思

学校45%的教师在教学实施能力、教学研究能力上的水平低于区均值。因此，学校需要重视培养教师的教学实施能力、教学研究能力（见图2）。

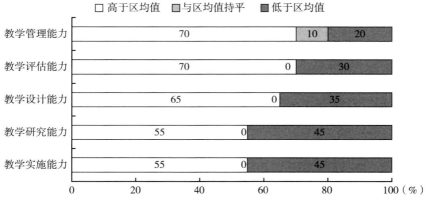

图2 教师教学能力与区均值对比分布

（2）职业压力分析

学校教师职业压力处于"有一定发展空间"水平，尤其是在家庭人际、自我发展需要、学生因素上的压力显著高于区的平均分（见表6）。因此，学校需要重视减轻教师在家庭人际、自我发展需要、学生因素上感受到的压力。

表6　教师职业压力具体分析

单位：分

职业压力	得分		本校水平	具体表现
	本校	本区		
自我发展需要	30	24	有一定发展空间	教师认为从工作中获得了一些发展的机会、支持及资源等，但这些仍不足够支持个人发展，有一定的压力感
工作负荷	38	37	有一定发展空间	教师感觉面对教学、教研工作、评比检查、外界期望时，有一定的压力
家庭人际	28	20	较大发展空间	教师在工作中能得到家人、同事及领导理解和支持，来自人际的压力感较小
考试压力	36	31	有一定发展空间	教师感到有时学生成绩不能达到自己的要求，有一定压力
学生因素	27	21	较大发展空间	教师感到学生的德育、家庭等问题并没有让自己产生很大的压力，有足够的精力投入教学
职业期望	32	30	有一定发展空间	教师认为工作薪酬或职业地位等现实情况与自我期望存在一定差距，有一定的压力

注：职业压力的分数越高，对教师的不良影响越严重。

（3）工作动力分析

学校教师工作动力处于"潜在优势"水平，学校教师的教育热情和自我成长得分都低于区的平均分（见表7）。

表7 教师工作动力具体分析

单位：分

工作动力	得分		本校水平	具体表现
	本校	本区		
教育热情	86	89	潜在优势	教师的工作积极性较高； 教师热爱教学工作，全身心地投入工作之中； 教师爱学生，全心全意为学生成长着想
自我成长	73	77	潜在优势	教师追求自身成长，愿意不断学习新知识、新思想； 教师积极关注教育相关发展趋势； 教师不断学习、专研教育相关问题

60%的教师在自我成长上的得分低于区均值。因此，学校需要更重视激发教师的自我成长（见图3）。

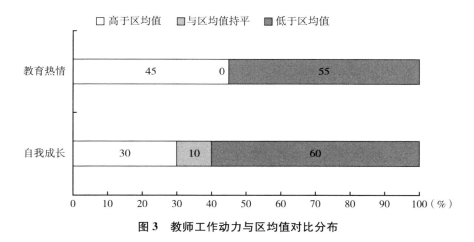

图3 教师工作动力与区均值对比分布

二 结论与分析

数学素养测评采用了发展指数进行统计分析，能帮助教师快速了解学生整体发展情况、教师队伍发展状况，促进教师成长。综合分析2021年义务教育阶段学生数学素养测评的校级报告数据，发现学生数学整体水平较好，数学等级的平均分比区平均分高出十多分。学生的运算求解能力、数据处理能力、空间想象能力都超出了区平均水平。

（一）成因分析

1. 精心设计计算练习，提高学生的运算能力

运算是数学学习所需掌握的基本能力，也是数学的一种基本思维形式。课标明确提出：数学运算是指在明晰运算对象的基础上，依据运算法则解决数学问题的素养。主要包括：理解运算对象、掌握运算法则、探究运算思路、选择运算方法、设计运算程序、求得运算结果等。提高运算能力，可以促进学生数学思维发展，使学生形成规范化思考问题的品质，养成一丝不苟、严谨求实的科学精神[1]。从表2的学生数学能力测评情况了解到，本校四年级学生的运算求解能力得分高达97.38分，可以看出学生的运算能力非常强。学生的运算能力强弱直接关系其他数学能力的提升，学校教师并不支持过量的训练，但对运算能力的培养来说，适量的训练是必不可少的。因此，教师会投入时间和精力去设计有趣的计算练习，让练习的方式更加多样，寓学于乐。设计有趣多样的练习吸引学生去主动参与，实现由过去的"被迫训练"向现在的"愿意训练"的转变；将训练变为技能的挖掘，变成一种游戏。为实现此目标，科组的教师会根据每个年段运算能力要求达到的目标去设计具体内容。例如：低年级会设计摘苹果、小马过河等游戏训练口算；中年级会设计方框填数、啄木鸟等练习训练笔算；高年级会设计你听我算、计算能手等活动来训练学生的简便计算能力。以学生的现实生活和心理需求为出发点，精心设计有趣有效的训练题，使课堂训练真正具备层次感和趣味性，增强了训练的实效性。科组还统一设定了课前3分钟的训练，学期中科组还安排学生进行各种运算能力的测评，有口算、笔算、简便计算等。

---

[1] 史宁中、曹一鸣主编《义务教育数学课程标准（2022年版）解读》，北京师范大学出版社，2022，第57页。

由每节课的课前听算到有趣的计算练习，通过严谨的训练，依据科学的方法提升学生的计算技能。

2. 结合生活实际经验，培养学生的数据处理能力

数据是统计学的基本语言，数据意识是统计思维的基础。数据是统计分析的对象，对数据的感悟是形成数据意识的基础。从表2的学生数学能力测评情况了解到，本校四年级学生的数据处理能力得分高达95.34分，可以看出学生的数据处理能力也是非常强的。在小学阶段的统计教学中，教师应结合学生生活实际经验，培养学生的数据解读和处理能力。

统计数据解读能力，是指识别、理解、揭示统计数据内涵并进行统计分析、判断和选择路径的能力，或者说是针对统计数据，回答"是什么"、"为什么"和"怎么办"的能力。统计数据解读能力是新时代公民需要具备的一种重要素养，这种素养应该从小就有意识地进行培养。小学数学教学是一个重要的渠道，教材例题和习题所选择的情景和设计的问题，都是为培养学生统计数据解读能力服务的。在平时教学中，教师会提出一些具有启发性的问题，例如"你对学校体育设施配置有哪些建议？""你有什么发现？"等。引导学生在独立思考、观察的基础上进行讨论，让学生读出数据背后的"信息"，基于数据却又跳出数据，引发学生对统计的兴趣，提升他们的数据解读能力。

教师可以结合生活实际经验，让学生了解数据收集的基本途径。例如，要获得所在班级学生的身高数据，至少有三种途径：①现场调查，让每位学生自报一个身高数值，获得调查数据；②利用统计资料，从学生的档案中获得身高的数据；③测量，对每位学生实际测量，得到身高的数据。数据收集后怎样运用和处理数据是关键，可以让学生比较不同来源的数据的优缺点，并根据所考察的统计问题选择合适的途径。虽然判断数据的好坏主要看是否符合研究问题的需求，没有统一的标准，但必须保证数据的真实性。

3. 借助多媒体教学，促进学生空间观念形成

空间观念是人脑基于几何知识和逻辑推理对现实世界中的物体与图形的一种反映，目的是表示、解释、分析、探究物体与图形的形状、大小和关

系，解决问题。空间观念的形成与发展，离不开合适的几何活动①。

教师可利用多媒体绘图工具画出相应的平面图形，让学生更容易理解所学的几何知识。例如，想要画出平行四边形或三角形的高，教师可借助多媒体教学，动态演示画高的过程。利用多媒体演示猜想或结论使得对原始物体或图形作出的判断或解释更具直观性。例如，在探索长方体的体积公式时，大部分学生猜想长方体的体积会与它的长、宽、高有关，教师利用多媒体课件直观演示在一个长是 4 分米、宽是 2 分米、高是 3 分米的长方体里面放一些 1 立方分米的正方体，学生很容易发现长方体的体积它的长、宽、高的关系，充分解释了学生的原始猜想。教师利用多媒体绘制简单的几何图形，演示几何图形的变化过程，帮助学生将抽象的数学知识直观化，促进学生理解数学概念、建构数学知识、发展空间观念。

（二）问题诊断

通过测评报告，看到了学生数学素养的水平，也看出了一些存在的问题：学校学生的学习动机和学习策略均低于区发展水平；个别学生完成数学作业用时较长；学校教师在教学能力中的教学实施能力和教学研究能力低于区发展水平；部分教师的职业压力有一定的发展空间，存在工作动力不足等问题。根本原因有以下几点。

1. 科组缺乏高效教研活动，教研内容缺少针对性

对比学校过去的教研活动，现在的科组没有追求更有深度的教研，其内容有时候会缺少针对性和实效性。如今的教研活动鲜少进行面向教育改革或解决教育实践问题的研究课题；教研活动呈现流于形式和低效重复的状态，教师们缺少可以进行深入研究的教研环境。

2. 部分教师教学能力不强，缺乏工作动力

从图 2 和图 3 的数据了解到，学校有 45% 的教师在教学实施能力、教学

① 史宁中、曹一鸣主编《义务教育数学课程标准（2022 年版）解读》，北京师范大学出版社，2022，第 74 页。

研究能力上的得分低于区均值，有 60% 的教师在自我成长上的得分低于区均值。说明部分教师在课堂教学中，有时候不能熟练地运用教学媒体，做到积极与学生交流互动；课堂上没有形成良好师生关系。在教学研究能力方面，个别教师不能恰当地处理教学问题，更没有将研究成果科学地应用到实践中。部分教师不想追求自身成长，不主动学习新知识、新思想，缺乏工作动力。学校不仅需要重视培养教师的教学实施能力、教学研究能力，更需要重视激发教师的自我成长。

3. 部分学生对数学学习兴趣不高，学习信心不足

从表 3 数学素养测评学生数学态度测评的数据可得，本校四年级学生的数学兴趣得分低于区均值，说明学生的自我效能感较低。学生对数学是否有兴趣直接影响学生的学习效果和学习信心。

4. 个别学生数学作业投入的时间较长

花费 31~60 分钟完成数学作业的学生数学素养成绩表现最优，花费 90 分钟以上的学生数学素养成绩表现最弱（见图 4）。本校 30 分钟以内完成数学作业的学生占 91.67%，31~60 分钟完成数学作业的学生占 6.67%，61~90 分钟完成数学作业的学生占 0.83%，90 分钟以上完成数学作业的学生占 0.83%。虽然学校四年级学生完成数学作业花费时间在 31~60 分钟的学生数学素养成绩表现最优，但这个时长超出了"双减"政策中的作业管理要求。

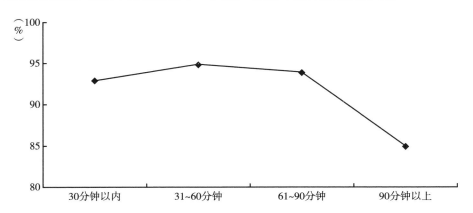

图 4　学校完成数学作业花费时间与数学素养成绩表现关联

三　策略与建议

（一）研读新课标，开展高效的教研活动

在 2022 学年，数学科组提出新的思路并开展新的研究，改变教研的方式，把教研活动变成教师学习的阵地。在教研活动之前，以年级备课组为单位，把每个备课组组建成一个学习型队伍。

1. 组织筛选主题

科组长会根据教师们在教学时遇到的困惑，选好具有实效性和针对性的教研主题，并在每周一发到数学群里。例如，如何提高学生的运算能力，怎样培养学生的数感，小学阶段的空间观念主要表现在哪些方面，等等。此外，科组长还会根据教研主题选出相对应的案例发给每个学习组进行研究。

2. 个人学习与小组学习双结合

个人学习与小组学习双结合要求教师们先进行个人学习再在级组内互相交流。个人学习是教师基于自身和同行的教学实践，把自我对教学过程的理解与思考即时梳理并作记录。科组教师学习的核心内容是围绕主题深入研读《义务教育数学课程标准（2022 年版）》、《教师教学用书》和教材，并从中找到与教研主题有关的内容，查找相关资料和文献，分析和研究案例。

3. 头脑风暴研究性学习

每周三下午的教研活动，科组教师都要进行一次头脑风暴的案例研究，即对案例研究过程性材料进行梳理。科组长带领教师从理论研习到实践应用，在对实践的持续反思中获得日益精练的教学技术，实现教师个体的专业发展。科组构建了各种挖掘和展现潜力、才华的平台，同时也提供了用于展示学习和讨论交流的机会。在交流学习的过程中，教师们获得了自我教学能力和专业素质的提升。

学校开展的全方位教研活动，旨在促进教学研之间的良性互动。一方面，科组不断进行和优化传统的年段（或学段）数学教研组活动，保证教

研的有效性；另一方面，科组特别强调教研活动的定期性，定期开展新教师见面课、年级磨课、优秀教师示范课等公开课活动。活动时，教师围绕"自我反思、团队协作、专业引领"三个环节进行听课评课，实现教学研一体化。只有让科组的教师尽全力提升个人的学习与思考能力，才能进一步推动小学数学教师的专业化发展。

（二）探索课堂新模式，激发学生学习动力

以数学素养为导向，数学科组不断优化"以学为本"的课堂教学模式，把"以学为本"的新思想、新理念落实到课堂中去，大力推进任务式和合作式的学习方式的转变，改变传统教学中碎片化、浅表化的现象。"以学为本"的课堂充分发挥学生在学习中的主体地位，体现了学生生动活泼、主动和富有个性的学习过程。

1. 任务驱动式学习

在新课学习前教师会根据新课的学习内容提前设计好学习任务，学生则根据学习任务进行预习，学生通过自学独立完成学习任务，把传统师问生答的讲授课堂变为任务驱动式的学习课堂。例如，在六年级上册"倒数的认识"这一课中，教师会设计两个学习任务。任务一：你是怎样理解倒数的意义，请你举例说一说。任务二：你会求一个数的倒数吗？请写一写你的思考过程。任务驱动式学习大大提高了学生学习的效率和兴趣，培养了学生独立探索、勇于开拓进取的自学能力。一个"任务"完成了，学生就会获得满足感、成就感，从而激发了他们的求知欲望，逐步形成一个感知心智活动的良性循环。

2. 问题探究式学习

在数学教学中，问题是教学的出发点，也是驱动学生积极思考、推动课堂教学顺利进行的有效工具。新课标在教学建议中指出，教师在教学中要"重视设计合理问题""在真实情景中提出能引发学生思考的数学问题，也可以引导学生提出合理问题"。因此，教学中要注意在真实情景中设计具有开放性、探究性、挑战性的问题，围绕教学目标在学生的认知起点和最近发

展区设计有思维含量、有层次、有梯度的问题链，促进学生的思维从无序状态向有序状态提升、从点状水平向结构化水平提升，促进学生的深度思考和深度学习①。例如，在学习"三角形的面积"时，教师拿出一面红领巾，以实际问题"怎样计算红领巾的面积"为引导，通过小组合作的形式促进学生的探究交流。

3. 小组合作学习

合作学习是指学生为了完成共同的任务，有明确的责任分工的互助性学习。合作学习强调学生之间合作性的人际互动，学生在教学过程中通过相互之间的合作来达到学习目标，完成学习任务。小组合作式学习是"以学为本"课堂教学的主要环节，无论是任务驱动式学习还是问题探究式学习，最终都是在小组合作学习中呈现出来的。小组合作学习分为以下五个步骤：明确任务、小组交流、小组展讲、提出问题、评价结果。小组学习是培养学生合作意识的基本途径，是分享交流学习成果的有效方式，让学生拥有了更多自由组合、分工协作的机会，也拥有了评价他人和评价自己的机会。

（三）加强教师专业合作，促进教师自我提升

只有熟练掌握专业知识，才能在教学中有宽广的视角来处理教学问题，灵活地实施教学手段，有效地对学生的学习进程进行准确评估并做出恰当的调整。只有加强教师专业合作，才能更好地促进教师自我提升。

1. 师徒结对促提升

为了推进"青蓝工程"并培养出一支专业扎实、热爱职业并愿意奉献的教师团队，学校还组织了师徒结对的活动。活动有以下三点要求。第一，徒弟每个星期邀请师傅来听一节课。在课程结束后，主动与师傅进行交流，并请求师傅指出在教学中存在的短板，及时写下反思并梳理，优化自己的教学理念及技巧，尽快在后续教学过程中做出改进。第二，每周徒弟去观摩师

---

① 史宁中、曹一鸣主编《义务教育数学课程标准（2022年版）解读》，北京师范大学出版社，2022，第284页。

傅的一堂课。在课前，徒弟先独立思考该如何安排课程内容，然后带着谦逊的学习态度，倾听师傅的讲解。课后，徒弟把自己的想法与师傅分享，提出疑问，以此得到更大的提升。第三，徒弟请教师傅如何备课，并在每学期里展示一节全校公开课。师徒结对的过程其实是一个师徒之间相互合作、相互学习、共同提升的过程。

2. 跨学科团队合作

《义务教育数学课程标准（2022 年版）》提出要促进信息技术与数学课程的融合[①]。信息技术的迅猛发展、大数据的广泛应用，为教育提供了有力的技术支持，同时也对教师提出了新的挑战。要使信息技术与数学学科更好地融合，发挥信息技术对数学课程教学质量的提升作用，就需要数学教师与信息技术教师做到跨学科合作学习。数学教师和信息教师共同合作，开展有关信息技术与数学课程教学融合的课题。

3. 教师的自我提升

教师通过自身持续的学习和积累，全面提升自己，熟练运用教学策略，激发学生对学习的兴趣，从而实现教学目标。学校部分教师的教学能力和教学热情低于区平均水平。面对问题，学校的数学科组实施了一系列的应对策略，如强化教师对《义务教育数学课程标准（2022 年版）》、教学用书的理解和对数学教材的分析等。对于教材的研读不能只局限于自己所任教的年级，而是要进行小学数学全部教材的大阅读，让教师们详细又系统地理解小学数学的知识结构。做到有的放矢，引导教师自我提升，自我增值。

（四）优化作业设计，实施多元性评价

1. 落实分层作业布置

为进一步贯彻落实"双减"政策，针对个别学生完成数学作业用时较长的问题，学校数学科组提出优化作业设计，实施分层布置作业和多

---

① 史宁中、曹一鸣主编《义务教育数学课程标准（2022 年版）》，北京师范大学出版社，2022，第 4 页。

元性评价学生。教师们按照基础题—发展题—探究题这三个层次，设计了一到六年级上下两册的单元分层作业，考虑到学生的学习能力和知识水平存在差异，还根据学生实际情况分为 A 组、B 组、C 组。A 组学生必须完成发展题和探究题，选做基础题；B 组学生必须完成基础题和发展题，选做探究题；C 组学生必须完成基础题，选做发展题。这样有层次地布置作业，能让不同水平的学生获得与他们能力相匹配的学习体验和学习成效，增强学生的学习积极性和自信，避免一部分学生过于轻松而学得不够，另一部分学生负担过重而难以完成。分层作业通过内容分层、数量分层让每一位学生都感到"我能做，我会做，我想做"，从而体验成功的喜悦，既调动了学生的积极性，又能激发学生的竞争意识，关注每位学生的成长和进步。

2. 实施多元性评价方式

评价是为了获得学生学习过程中存在的困难与优势的反馈，进而调整学生的学习行为及教师的教学行为。因此，为了全面了解学生的特征，教师应当采用多元性的评价方式。学生的核心素养表现有多种形式，需要用多种方式才能准确评价学生核心素养的发展情况。新课标强调"评价方式应包括书面测试、口头测验、活动报告、课堂观察、课后访谈、课内外作业、成长记录等，可以采用线上线下相结合的方式"。不同的评价方式具有不同的特点，在教学中，教师应当根据实际情况，结合教学内容与学生学习的特点，选择恰当的评价方式[①]。学校实施多元性评价，既重视过程性评价也重视结果性评价，评价主体多元化和评价方式多样化共举。在评价学生作业时，教师应以学生为评价核心，防止仅仅看重作业的成果而忽视了学习过程的价值，还须对不同层次的学生有不同的评价依据。教师应根据学生的实际情况，给每个同学设定不同的目标。对于一般的学生，应适度降低标准，让学生从中获得成功的体验，增强其学习的信心。对于学有困难的学生，课堂上

---

① 史宁中、曹一鸣主编《义务教育数学课程标准（2022 年版）解读》，北京师范大学出版社，2022，第 290 页。

教师更应关注培养他们的学习信心，确保他们不会因成绩欠佳而丧失学习的积极性。在评价课外作业时，教师应根据学生层次的不同做出适当的赞赏和赏识评价。优秀学生应该接受更多的鼓励，以激发他们的学习潜力；对待普通学生则应在鼓励和严格之间做好平衡，以促使他们努力；对待学习有困难的学生，要以鼓励为主，激发他们学习的兴趣。当不同学生作业中出现不同问题时，应有针对性地进行评价。对于低年级的学生，教师可以采用口头测验、游园闯关、课后访谈等评价方式。口头测验和游园闯关都是以师生面对面问答的形式，检查学生对知识的掌握情况、思维过程及语言表达能力。老师不仅能通过这种评价方式了解学生对基础知识和基本技能的掌握情况，也可以全面了解学生的思维过程，发现学生思维过程中的问题。

四　结语

广州数学素养测评充分发挥了评价的导向、诊断、反馈作用，实现以评促教、以评促学。广州数学素养测评的评价体系，打破了过去单纯依赖学生考试成绩和升学率评定学校及地域教育品质的模式，是对学生、质量和评价的新理解。广州数学素养测评以数学素养为导向，融合了非学业评价，从数学等级水平、数学能力、数学态度等多方面评价学生。学校借助广州数学素养测评的报告，可以系统地对数据进行分析和诊断，提供提升教育质量的建议；推动评价方式的转变，由过去仅关注学科成绩转向重视学生数学素养，从单一的学科学业评价走向基于学生全面发展的综合评价，为促进区域教育质量优质均衡发展指明方向。

参考文献

韦英哲、穗教研：《智慧阳光评价，破解"唯分数"顽疾——中小学教育质量综合评价改革的广州方案》，《广东教育》（综合版）2022年第1期。

崔志翔、杨作东：《义务教育阶段一个数学核心素养的评价框架》，《数学教育学报》2021 年第 5 期。

朱晨菲、鲍建生：《十国现行课程标准中数学核心素养构成要素的比较与启示》，《课程·教材·教法》2020 年第 11 期。

彭娟：《小学数学"养学课堂"的探索与实践》，《小学数学教师》2023 年第 Z1 期。

应用实践篇

Application and Practice Section

基于广州数学素养测评结果优化区域学科教研工作

郭施敏[*]

摘　要： 本研究基于 2022 年广州数学素养测评数据，分析番禺区初中学生数学素养现状。研究发现：①全区数学素养总分较市均水平高，但数学成绩 A 等级水平的学生占比较低；②区内各校之间数学成绩等级水平和数学能力均差异显著；③初中学生学业负担与数学素养水平呈负相关。为了提升番禺区初中学生数学素养水平，在优化区域教研工作方面提出建议：①推进课程改革，全面实施融·乐课堂；②促进教师发展，创新教研工作方式；③指导教学实践，助力校本教研；④服务教育决策，优化教育评价。

关键词： 初中学生　数学素养　教研工作　广州番禺区

---

[*] 郭施敏，广州市番禺区教师发展中心教研员，主要研究方向为中学数学教育。

一　问题提出

《义务教育数学课程标准（2022 年版）》明确地指出：数学素养是现代社会每个公民应该具备的基本素养①。义务教育数学课程理念是以习近平新时代中国特色社会主义思想为指导，落实立德树人根本任务，致力于实现义务教育阶段的培养目标，使人人都能获得良好的数学教育，不同的人在数学上得到不同的发展，逐步形成适应终身发展需要的核心素养②。因此促进学生数学素养的发展是义务教育数学课程的最终目标。

教育评价改革是新时代中国教育治理能力与体系现代化的核心要素。2021 年 3 月，教育部等六部门印发《义务教育质量评价指南》明确义务教育质量评价包括县域、学校、学生三个层面，要求在实施工作中注重优化评价方式方法，不断提高评价工作的科学性、针对性、有效性③。为贯彻落实中共中央、国务院关于义务教育评价改革的精神和方案，积极推进义务教育评价改革，广州市作为教育部的改革试验区，从 2014 年起建立科学的教育评价体系，经过多年的实践完善，形成义务教育学生综合素质评价项目——广州市智慧阳光评价。番禺区 2022 年参加广州市智慧阳光评价·数学素养测评（以下简称广州数学素养测评），参测学校较为薄弱且测评结果呈现的问题较为典型。本研究基于 2022 年广州数学素养测评番禺区初中学生测评结果，分析番禺区初中学生数学素养的现状及问题，提出优化区域教研的策略，为促进番禺区初中学生数学素养的发展提供参考。

---

① 中华人民共和国教育部制定《义务教育数学课程标准（2022 年版）》，北京师范大学出版社，2022，第 2 页。
② 唐彩斌、史宁中：《素养立意的数学课程——〈义务教育数学课程标准（2022 年版）〉解读》，《全球教育展望》2022 年第 6 期，第 24~33 页。
③ 《教育部等六部门关于印发〈义务教育质量评价指南〉的通知》（教基〔2021〕3 号），中华人民共和国教育部，2021 年 3 月 4 日，http：//www. moe. gov. cn/srcsite/A06/s3321/202103/t20210317_ 520238. html，最后检索时间：2023 年 10 月 24 日。

二　研究设计

（一）测评对象与抽样分析

本研究的调查数据来自 2022 年广州数学素养测评中番禺区 17 所中学学生的测评数据。该测评的参测对象均为九年级学生，参测人数共 1881 人。番禺区全区共有 72 所初中学校或九年一贯制学校，分为九个片区。由于各个片区的学校数不相同，因此按照分层抽样的方法确定各片抽取的学校数量。参测学校基本为各片区中较典型的薄弱学校，其中仅 4 所学校学生数学学业水平在区平均水平以上。

（二）研究工具

在广州数学素养测评中，项目组通过考查学生是否能够重现数学知识，以及是否具有从所学的数学知识中推断出知识，并将其应用到学校内外不熟悉的环境中的能力，了解学生的数学素养表现。数学素养测评设置了数学能力和影响因素维度。数学能力维度包含的五个子维度分别是空间想象能力、数据处理能力、推理论证能力、运算求解能力、问题解决能力。影响因素维度包括学习动机、学习策略、学习能力、学业负担（见图 1）。

（三）数据统计

1. 分析方法

本研究对广州数学素养测评结果进行数据提取、数据分析、数据应用。其中数据处理过程运用 SPSS 软件，具体步骤如下。

第一，问题解决能力、运算求解能力、推理论证能力、数据处理能力、空间想象能力指标是反映学生数学能力的重要子维度，也是学生数学素养的综合体现。因而需要计算区内各学校在数学能力各子维度的平均分以及总得分的平均值。

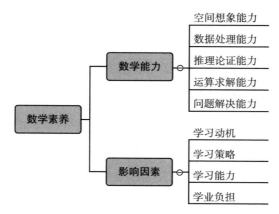

图1 数学素养测评维度框架设置

第二，分别对各校指标的平均得分以及数学素养水平作描述统计、可视化分析、卡方检验、方差分析[①]，并使用皮尔逊相关系数分析各个子维度之间的相关性[②]，这些有助于深入分析不同学校在学生数学能力培养上的差距和薄弱方面。

第三，将数据分析结果应用于教学实践，主要用于发现初中数学教学管理和课堂教学中的区域问题，进一步优化区域数学学科的教研工作。

2. 数据说明

本研究的各维度测评结果的稳定性和可信度较高，可以为数学素养测评提供参考，具体如下。

（1）学习动机量表

本量表的内部一致性信度为0.802，高于0.70，表明量表具有良好的测验信度，题项间有良好的一致性，符合心理测量学使用标准。另外，利用Mplus 7.0软件，采用极大似然估计法对问卷所获得数据进行验证性因素分

---

① 张颖、李晓娜：《多元方差分析在成绩分析中的SPSS实现——以72名高中生数学错题再认成绩为例》，《中国教育技术装备》2023年第12期，第28~33页。

② 程娟娟：《高校科研与教学关系实证研究——基于皮尔逊相关系数的分析》，《中国高校科技》2022年第10期，第46~52页。

析，以检验问卷的结构效度。分析结果表明，本量表的离中改善比（CFI）为 0.978，非规范拟合指数（NNFI 或 TLI）为 0.936，均不小于 0.90。近似误差平方根（RMSEA）为 0.11。结果表明，理论模型和观测模型的拟合程度达到要求水平，本量表结构效度达到了使用要求。

（2）学习策略量表

本量表的内部一致性信度为 0.967，高于 0.70，说明量表具有良好的同质性和稳定性。此外，以验证性因素分析考察结构效度。中学样本中 CFI 为 0.978，NNFI 或 TLI 为 0.966，均不小于 0.90。RMSEA 为 0.066。因此，模型的拟合情况基本达标。

（3）学习能力测验

推理能力测验，中学数字推理测验难度范围 [0.31，0.89]、鉴别力范围 [0.48，0.94]。视觉空间能力，中学数字推理测验难度范围 [0.16，0.69]、鉴别力范围 [0.43，0.86]。言语理解能力，中学数字推理测验难度范围 [0.35，0.93]、鉴别力范围 [0.27，0.71]。

（4）学业负担量表

本量表的内部一致性信度为 0.945，高于 0.70，表明问卷的同质性和稳定性达到较高水平。对问卷获得的数据进行验证性因素分析，以检验问卷的结构效度。量表模型的拟合指数 CFI、TLI 为 0.943、0.921，超过 0.90，RMSEA 值为 0.08。结果表明量表质量良好。

三　研究结果与分析

1. 数学素养测评整体情况分析

数学素养测评结果包含数学素养总分和数学成绩等级水平两个方面。数学成绩的等级划分标准为 A 级（86~100 分，优秀）、B 级（71~85 分，良好）、C 级（60~70 分，中等）、D 级（60 分以下，待提高）。

（1）全区数学素养总分较市均水平高

市区数学素养总分对比，番禺区数学素养总分比广州市数学素养总分高

2.83 分，在广州市 11 个区中处于中上水平。

区内各校总分对比，将参测 17 所学校的测评结果进行统计和分析，得出全区学生整体数学素养的描述性评价，并绘制区内各校九年级学生数学素养得分柱状图，经对比可以看出，各校数学素养水平极差为 15.24，方差为 15.13。除去最高得分和最低得分的 4 所学校，约有 80% 的学校（13 所学校）的得分较为集中。全区数学素养总分整体情况较为均衡（见图 2）。

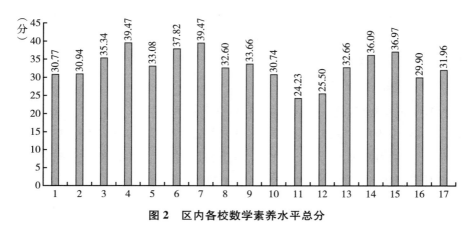

图 2　区内各校数学素养水平总分

（2）数学成绩等级水平分布

① 全区数学成绩等级水平分布中，A 等级学生占比较少。

为了直观呈现学生数学素养的等级水平分布情况，将被测学生的数学等级水平进行比较，全区学生的数学等级分布情况为：A 等级水平学生占比 0.36%，略低于全市平均占比；B 等级水平学生占比 0.89%，略低于全市平均占比；C 等级水平学生占比 1.73%，略低于全市平均占比；D 等级水平学生占比 97.02%，高于全市平均占比。全区学生数学成绩达到 A 等级的占比较低，D 等级的占比较高。由数据推断全区数学素养整体水平有待提高。

② 区内各校之间，学生的数学成绩等级水平存在显著差异。

为了解区内各校学生数学成绩等级分布情况，将被测学生的数学成绩等级分布进行比较，绘制各校数学成绩等级分布表（见表 1）。

表 1　区内各校数学成绩等级分布

单位：人

学校编号	A 等级	B 等级	C 等级	D 等级	合计
1	0	0	0	86	86
2	1	1	2	81	85
3	0	0	2	105	107
4	2	5	2	129	138
5	0	0	0	98	98
6	0	3	2	139	144
7	4	6	9	132	151
8	0	0	1	144	145
9	0	0	0	113	113
10	0	0	1	147	148
11	0	0	0	109	109
12	0	0	0	1	1
13	0	0	1	95	96
14	0	1	2	100	103
15	0	0	2	133	135
16	0	0	4	107	111
17	0	1	4	106	111

在检验不同学校学生数学成绩等级水平的差异时，通过卡方检验可以得到如下结果：卡方统计量 chi2 为 104.64，p 值为 4.32e-06<0.001。说明不同学校之间，学生的数学成绩等级水平存在显著差异，这也反映了各个学校在学生整体数学素养的培养上存在差距，各校需要有针对性地对自身薄弱环节进行改革，促进本校学生在数学素养上的全面发展。

2. 数学素养水平的性别差异情况

（1）男生 A 级水平和 D 级水平占比均低于女生

全区九年级男生数学素养 A 级水平占比（0.11%）低于女生（0.24%）；男生 D 级水平占比（49.85%）高于女生（47.69%）。[①] 从性别和地区差异来看，全区男生数学素养 A 级水平占比（0.11%）低于女生（0.24%），与其他各区相对比差异较小；男生数学素养 D 级水平占比

---

① 对测评个别数据异常进行处理，与广州市智慧阳光评价数据存在差异。

（49.85%）高于女生（47.69%），与其他各区相比而言，男生 D 级水平的占比较市均值低，女生 D 级水平的占比较市均值高（见图 3、图 4）。

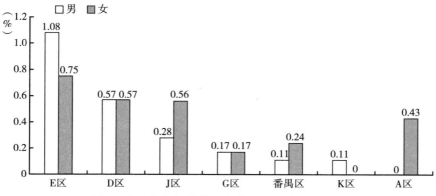

图 3　各区九年级数学 A 级水平比例的性别差异

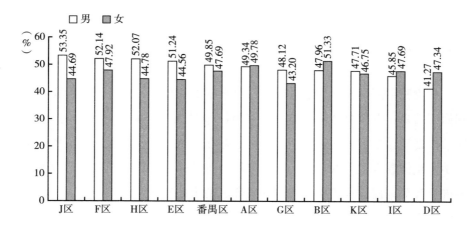

图 4　各区九年级数学 D 级水平比例的性别差异

（2）性别对于学生的数学素养水平影响不显著

为了解性别对学生的数学素养水平的影响，对不同性别下的数学素养得分进行方差分析，得到结果如下：F 值为 0.9571，P 值为 0.3280>0.05，即认为性别对于学生的数学素养水平影响并不显著。可以进一步推测全区数学素养水平的参差取主要取决于学习动机、学习策略、教学方式等，而与性别等其他因素关系较少。

3. 数学能力测评结果

（1）全区数学能力总体水平略低于全市均值，但问题解决维度表现较好

全区九年级学生数学能力相比市平均得分率低。具体表现为空间想象能力比市均水平低 3 个百分点，数据处理能力比市均水平低 2 个百分点，推理论证能力比市均水平低 2 个百分点，运算求解能力比市均水平低 2 个百分点，问题解决能力比市均水平低 1 个百分点，累计学科能力总分比市均水平低 10 个百分点。数据显示，在空间想象上有待提高，与此同时数据处理、运算求解和推理论证也值得关注。而数学能力的五个子维度中，问题解决得分率较高，达 40%，与市均水平最接近。由此推断，全区学生对数学知识的综合运用能力较强，学生的数学思维较为灵活（见图 5）。

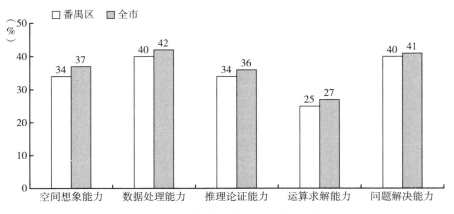

图 5　全区与市的数学能力得分率比较

（2）区内不同学校的学生数学能力水平存在显著的差异，且不同学校学生在数学能力不同维度的整体表现不一

为了更好地了解区域数学能力水平的现状，对区内 17 所学校在数学能力五个子维度的得分情况进行了描述性分析（见表 2）并绘制条形图。

表 2　区内各校数学能力五个子维度的得分情况

单位：分

维度	平均值	最大值	最小值	极差	方差	标准差	中位数
空间想象能力	13.40	16.08	5.00	11.08	6.88	2.62	14.23
数据处理能力	2.86	4.50	1.68	2.82	0.49	0.70	2.74
推理论证能力	5.77	7.02	4.34	2.68	0.37	0.61	5.86
运算求解能力	5.40	6.99	3.50	3.49	0.51	0.71	5.45
问题解决能力	5.58	7.21	3.59	3.61	0.95	0.98	5.46

在空间想象能力维度，最高得分是 16.08 分，最低得分 5.00 分，极差较大为 11.08 分，中位数为 14.23 分，平均值为 13.40 分，方差为 6.88，其中表现较好的学校依次为学校 7、学校 4、学校 6。从对比情况看，各校平均得分情况有较大的差异。结合上述分析，空间想象能力维度的区均值与市均值差距较大，由区内各校比较情况看出，总体情况较好，区均值低是受个别极端数据影响（见图 6）。

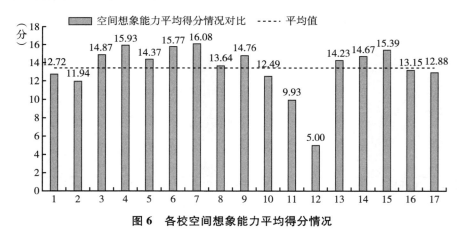

图 6　各校空间想象能力平均得分情况

在数据处理能力维度，最高得分是 4.50 分，最低得分 1.68 分，极差为 2.82 分，中位数为 2.74 分，平均值为 2.86 分，方差为 0.70，其中表现较好的学校依次为学校 12、学校 4、学校 7。从对比情况看，大部分学校得分为 2.5~3.5 分，各校平均得分情况有一定差异（见图 7）。

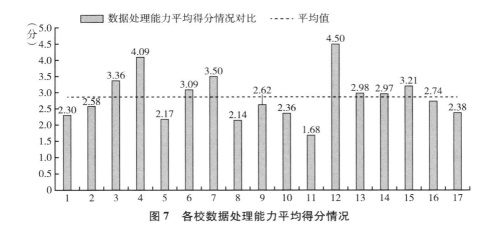

图7　各校数据处理能力平均得分情况

在推理论证能力维度，最高得分是 7.02 分，最低得分 4.34 分，极差较小为 2.68 分，中位数为 5.86 分，平均值为 5.77 分，方差为 0.61，其中表现较好的学校依次为学校 7、学校 15、学校 4。从对比情况看，大部分学校得分为 5.5~6.5 分，各校平均得分情况有一定差异（见图8）。

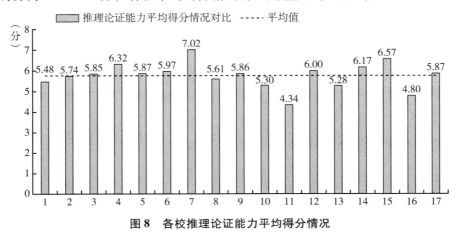

图8　各校推理论证能力平均得分情况

在运算求解能力维度，最高得分是 6.99 分，最低得分 3.50 分，极差为 3.49 分，中位数为 5.45 分，平均值为 5.40 分，方差为 0.51，其中表现较好的学校依次是学校 4、学校 14、学校 2。从对比情况看，大部分学校得分为 4.5~6.0，各校平均得分情况有一定差异（见图9）。

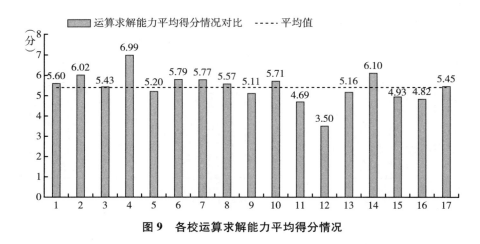

图 9　各校运算求解能力平均得分情况

在问题解决能力维度，最高得分是 7.21 分，最低得分 3.59 分，极差较大为 3.61 分，方差为 0.95。其中表现较好的学校依次是学校 6、学校 7、学校 15。从对比分析看，各校问题求解的平均得分情况有一定的校间差异（见图 10）。

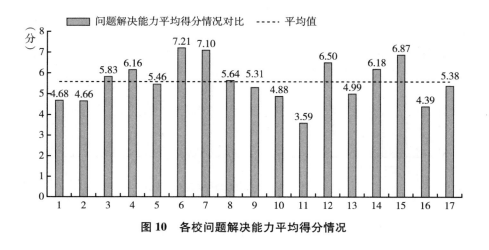

图 10　各校问题解决能力平均得分情况

为了更深入了解各校学生在不同的数学能力维度的表现，进行方差分析，以此来检验各校在学生数学素养培养上的差异情况。从各校数学能力子维度的方差分析表可以看出，在数学能力的五个子维度当中，各校之间均存在显著差异。其中，数据处理能力维度的 F 值最大，说明各校学生在数据处理能力上表现出的差异最明显；运算求解能力维度的 F 值最小，说明各校学生在运算求解能力上表现出较小的差异。由此推测学生在数学能力五个子维度的表现与各校的培养策略、教学方式等关系密切（见表 3）。

4. 影响因素分析

（1）数学素养水平与影响因素维度各指标相关关系较弱

分析区内各校数学素养影响因素维度的数据，经计算得到数学素养水平与影响因素维度的各指标的相关系数（见表 4）。

表 3　各校数学能力各子维度的方差分析

维度	F 值	p 值	差异显著性
问题解决能力	11.2938	<0.001	显著
运算求解能力	2.6494	0.0003	显著
推理论证能力	5.2702	<0.001	显著
数据处理能力	11.9421	<0.001	显著
空间想象能力	7.7689	<0.001	显著

表 4　数学素养水平与影响因素维度各指标的相关系数

指标	学习动机	学习策略	学习能力	学习负担
相关系数	0.18	−0.04	0.01	−0.05

为了验证学习策略、学习动机、学习能力、学习负担因素对学生数学素养水平的影响程度和相关性，将各维度逐一进行分组对比，对其进行相关性分析并绘制四象限图，直观反映出各个因素对全区数学素养水平的影响情况。数学素养与影响因素维度四个指标的散点图呈现较分散分布，表明其相关性较弱（见图 11~图 14）。

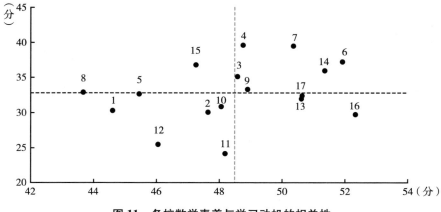

图 11 各校数学素养与学习动机的相关性

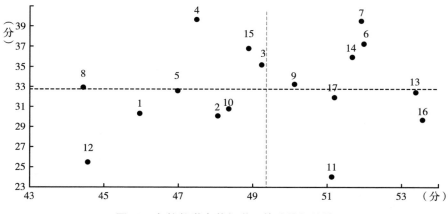

图 12 各校数学素养与学习策略的相关性

数学素养水平高的学生，学习动机、学习策略、学习能力在一般的教育学心理学中体现出对学习结果的影响较大，而在本文的数据呈现并不能反映这些一般的认知。由此推断是数据点较少导致结果不精准或者学生作答时对这些问题不理解，也有可能是学生对学习能力、学习策略、学习动机维度自我评价较高，仍有较大的提升空间。这也是后续全区域开展结果分析和应用的重点工作。

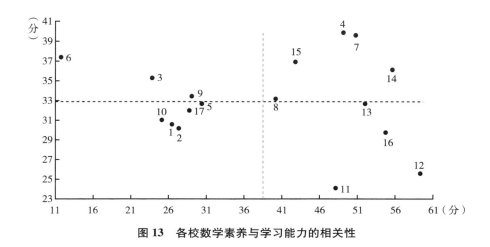

图13 各校数学素养与学习能力的相关性

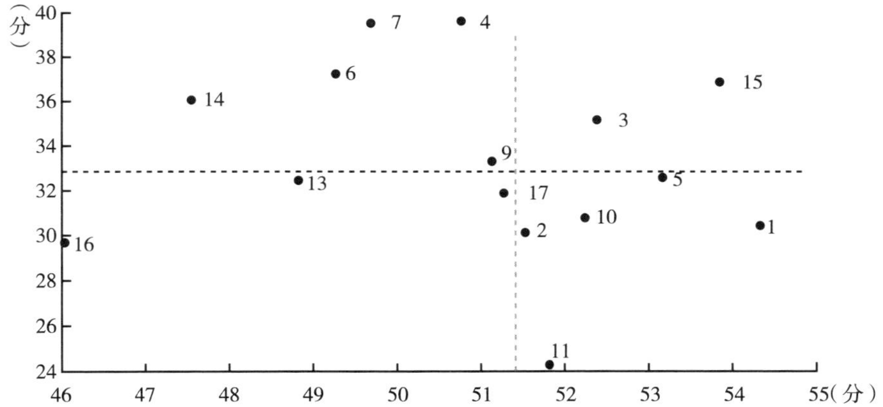

图14 各校数学素养与学业负担的相关性

（2）数学素养水平与学生的学习压力呈负相关

全区约97%的学生数学素养位于D等级。数据显示学业负担与D级水平数学素养呈负相关，说明学业负担大反而降低数学素养水平，学生的学习压力越小，则对应更高的数学素养水平。

（3）数学能力子维度之间存在一定的相关性

通过皮尔逊相关系数，可以得到数学能力下五个子维度的相关性。可以

217

看出空间想象能力与问题解决、推理论证能力有一定的相关性；数据处理能力也与问题解决能力存在相关。在实施相关的培养策略时，可以将该部分能力结合进行培养，以达到好的培养效果（见表5）。

表5　数学能力子维度各指标相关系数

指标	问题解决能力	运算求解能力	推理论证能力	数据处理能力	空间想象能力
问题解决能力	1.00	0.11	0.25	0.34	0.35
运算求解能力	0.11	1.00	0.17	0.10	0.16
推理论证能力	0.25	0.17	1.00	0.23	0.33
数据处理能力	0.34	0.10	0.23	1.00	0.29
空间想象能力	0.35	0.16	0.33	0.29	1.00

（4）数学素养水平与数学能力关系最为紧密

学生在不同数学能力维度上的表现是数学素养水平的重要体现。通过对评价数据进行细致的分析，可以揭示学生在数学知识、解决问题能力、数学思维等方面的强项和薄弱项。这些维度的分析可以为教师提供有针对性的教学指导，帮助他们更好地促进学生的数学素养发展。

四　基于测评结果的教研工作改进

教育部颁布《关于加强和改进新时代基础教育教研工作的意见》，明确指出教研工作是保障基础教育质量的重要支撑。长期以来，教研工作在推进课程改革、指导教学实践、促进教师发展、服务教育决策等方面发挥了十分重要的作用①。由测评结果了解到目前番禺区初中生的数学素养整体水平不高，数学能力的校间差异显著，各校在数学能力五个子维度的整体表现不一；学业负担与数学素养水平呈负相关，学习动机、学习策略和学习能力情

---

① 《教育部关于加强和改进新时代基础教育教研工作的意见》（教基〔2019〕14号），中华人民共和国教育部，2019年11月25日，http：//www.moe.gov.cn/srcsite/A06/s3321/201911/t20191128_409950.html，最后检索时间：2023年10月24日。

况与数学素养相关性未明。为进一步促进番禺区初中生数学素养的发展，针对上述问题，本文从推进课程改革、促进教师发展、指导教学实践、服务教育决策四个方面提出优化区域中学数学教研工作的建议。

（一）推进课程改革，全面实施融·乐课堂

《义务教育数学课程标准（2022 年版）》（以下简称新课程标准）指出义务教育数学课程落实立德树人根本任务和实现义务教育阶段培养目标的五个实施要点，分别是确立核心素养导向的课程目标、设计体现结构化特征的课程内容、实施促进学生发展的教学活动、探索激励学习和改进教学的评价、促进信息技术与数学课程融合①。史宁中明确提出，基于核心素养的数学教育，在关注数学内容教育的同时，还要关注数学内容所蕴含的核心素养。换句话说，基于数学教育所希望培养的核心素养，教育者需要重新审视教学内容、构建内容框架、设计教学方案和实施教学活动②。为落实新课程标准的要求，推进新一轮课程改革，促进初中学生数学素养发展，番禺区数学教研组将工作重心放在课堂教学改革，开创性地提出基于核心素养的融·乐课堂中学数学 4S 教学模式。

融·乐课堂是"研学后教 3.0"。番禺区已实施"研学后教" 12 年，从"研学后教 1.0"发展至"研学后教 3.0"。基于番禺区研学后教 3.0 的融·乐课堂，结合中学数学学科特色打造 4S 教学模式，该模式的名称 4S 是指 Study（研）、Speak（说）、Steer（导）、Survey（评），其内涵是师生共研数学之趣，在课堂上把时间还给学生，让问题成为中心，使过程走向成功（见图 15）。

Study（研）、Speak（说）、Steer（导）、Survey（评），四个环节中的实施要点见图 16。课程设计重视建模过程，积累活动经验。在课堂中，学生

---

① 中华人民共和国教育部制定《义务教育数学课程标准（2022 年版）》，北京师范大学出版社，2022，第 2~7 页。
② 史宁中：《〈义务教育数学课程标准（2022 年版）〉的修订与核心素养》，《教师教育学报》2022 年第 S2 期，第 92~96 页。

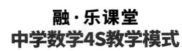

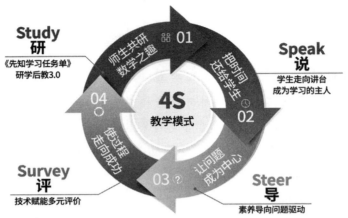

图 15　融·乐课堂 4S 教学模式的内涵

往往面对以下问题：缺乏对真实情境的亲身体验，无法从中获取背景信息；阅读文字量大或以图表形式呈现的信息速度慢且易受干扰；无法将现实问题转化为数学问题；无法结合现实背景用数学知识解决实际问题①。为了促进学生积累丰富的数学活动经验，特意设计"研"和"说"两个环节，这也是本教学模式的两个创新点。一是《先知学习任务单》，其设计的指导理念是前概念对学生认知发展的重要性。其设计包括课前研学新课所需的数学知识或数学技能，更重要的是其包含一个微数学活动，如切割正方体橡皮泥所得截面可能为什么形状的数学探究，一方面是为了激发学生的学习兴趣，另一方面是让学生积累与新课相关的一定的数学活动经验，使学生有足够充分且丰富的前概念，为新课习得新知作充分的准备。二是"学生说"作为课堂的第一个环节。学生在上课的开始 10 分钟展示《先知学习任务单》中的研学成功或者研学困难，促进生生与师生交流。这不仅能让学生展

---

① 史潮女：《PISA 数学测评框架对基于核心素养课程教学的启示》，《中国教育学刊》2023 年第 S2 期，第 64~68 页。

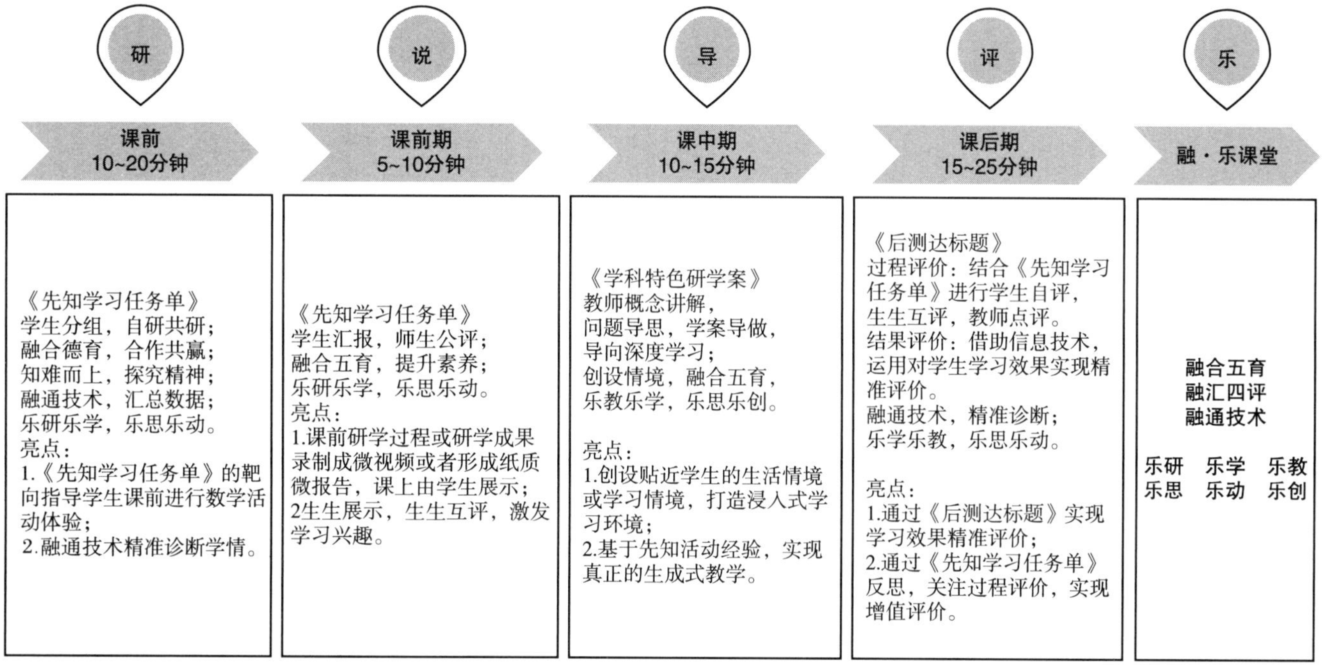

研
课前
10~20分钟

《先知学习任务单》
学生分组，自研共研；
融合德育，合作共赢；
知难而上，探玩精神；
融通技术，汇总数据；
乐研乐乐，乐思乐动。
亮点：
1.《先知学习任务单》的靶向指导学生课前进行数学活动体验；
2.融通技术精准诊断学情。

说
课前期
5~10分钟

《先知学习任务单》
学生汇报，师生公评，
融合五育，提升素养；
乐研乐学，乐思乐动。
亮点：
1.课前研学过程微视频或者形成纸质微报告，课上由学生展示；
2生生展示，生生互评，激发学习兴趣。

导
课中期
10~15分钟

《学科特色研学案》
教师概念讲解，
问题导思，学案导做；
导向深度学习；
创设情境，融合五育，
乐教乐学，乐思乐创。
亮点：
1.创设贴近学生的生活情境或学习情境，打造沉浸入式学习环境；
2.基于先知有活动经验，实现真正的生成式教学。

评
课后期
15~25分钟

《后测达标题》
过程评价：结合《先知学习任务单》进行学生自评。
生生互评，教师点评。
结果评价：借助信息技术，运用对学生学习效果实现精准评价。
融通技术，精准诊断；
乐学乐教，乐思乐动。
亮点：
1.通过《后测达标题》实现学习效果精准评价；
2.通过《先知学习任务单》反思，关注过程评价，实现增值评价。

乐
融·乐课堂

融合五育　乐研　乐教
融合汇四评　乐思　乐创
融通技术　乐学　乐动

图16 融·乐课堂4S教学模式的实施步骤

221

示出疑难点，更能让老师充分了解学情，使教师讲在关键处，提高课堂效率。

由此可见，融·乐课堂中学数学 4S 教学模式有助于培养学生的"四基四能三会"，是提升区域整体学生数学素养的重要途径。

（二）促进教师发展，创新教研工作方式

1. 完善教研制度，提升研训质量

区域教研活动的质量直接影响区域的教师专业成长。在区教研层面，配合有关部门做好教师培训工作，重视数学教育学科专业知识、学科素养和学科专业能力，前沿知识和信息技术融合的学习与指导，通过训前评估和研后反馈，提高研训内容质量，改善研训活动方式。为了满足教师渴望的学科专业水平高、实践指导性强的前沿知识和信息技术培训的要求，区级教研活动重视理论与实践相结合，坚持"研必有度"——有高度，有深度，有广度。规范的教研活动申报方式，不仅能提升教研活动规划的整体性和大局观，还能广泛征集教研活动内容和方式，了解区域教师的研究方向和研究成果。

教研活动前期工作的准备直接影响教研活动的质量。承担教研活动的人员及材料遴选至关重要。教研活动申请人需提交《教师承担研训任务申请表》（见图 17）。在申请表中叙述个人申报的内容，特别详细叙述此内容本人或所在团队的研究成果并作此内容的文献综述，尤其是陈述此次教研内容的创新点。申请人于每学期开学初向学校科组长提交申报表，审核通过后递交中心组或片区负责人讨论。每学期，在制定学期教研活动计划之前，召开数学中心组成员研讨本学期的教研主题和教研内容。每次教研任务结束，承担任务教师需整理本次教研活动的资料包上传至学习共同体网站供全区教师学习（见图 18）。

2. 借助名师团队，促进区域均衡

由于初中学校分布区域广、数量多、办学特色个性化强，初中数学教师的教研活动由市教研、区教研、片教研和校本教研四个部分组成，其中

申请人姓名	学校	任教年级	职称	联系电话	联系邮箱

……学年第___学期中学数学教师承担研训任务申请表

填表时间：……年 月 日

申请发言（上课）专题名称		专题类型	发言所需时间	拟发言时间
与圆有关的证明		公开课	40分钟	第8周周五

对申请发言（上课）专题的初步设想或说明

可从课题综述、研究问题、课题意义、过程与方法等方面加以阐述。

课题综述

……文献综述及省市区本课题的开展情况；

研究问题

……主要解决什么问题；

课题的意义

……理论价值、应用价值、创新之处等；

过程与方法

怎么样开展

已有的研究成果

……所在学校科组相关的理论或实践研究，个人学术成果（论文、课题等），教学业绩等。

图 17　教师承担研训任务申请表

区指导下的分片教研活动和校本教研为常态教研形式。结合全区教研特点，优化整合各片的教研资源，加强区层面的教研指导和规划。从长远发展来看，全区年轻教师较多，存在教师队伍年龄结构待调整等客观问题，应加强对新教师的培训力度，通过校本教研、师徒结对等提升年轻教师的教学水平。与此同时，增加校际和片区的交流，均衡全区教研资源，探索新型研训方式以提升全区研训整体质量。为此全区开展名师大讲堂和名师进课堂专项活动。

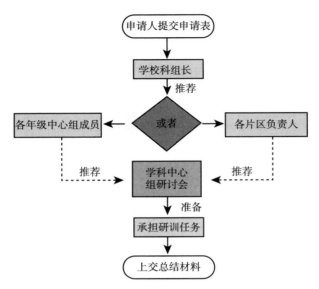

图18　教师承担研训任务申报流程

（1）名师大讲堂的愿景是打造优秀教师培训者团队，促进区域教师专业发展。其主旨是打造名师团队、聚焦问题解决、关注行为改进。初中数学名师大讲堂每年举行两次有主题的专场活动，采用线上线下双结合方式，通过线上直播的方式同步全区教师及帮扶地区的教师收看。每期的专题内容都能契合老师们的需要，如本学期初中专场的《"玩转数学"之选题策略与研发路径列举》、《广东省与广州市数学中考命题比较分析》和《基于双减背景的优秀生培养及其作业设计策略》在区内收到颇高的评价。

（2）名师进课堂活动的目标是全面提高教师的教育教学理论水平和专业能力。该活动包含三个活动环节：首先名师和青年教师在帮扶学校进行同课异构授课活动，然后名师在帮扶学校进行专题讲座，最后名师与青年教师进行面对面交流。名师进课堂活动具有重要的意义，其主要表现在以下几个方面。第一，提供学习机会，邀请名师进入课堂，使学生有机会接触到更丰富、更前沿的知识和技能，有助于学生扩大视野，提高学生学习兴趣。第二，传播先进理念，名师具有丰富的教学经验和独特的教学理念，他们进入课堂可以传播先进的教学理念和方法，帮助教师改进教学方法，提高教学水平。促进教师专业化发展，通过与名师的交流和观摩，教师可以学习到名师的教育教学经验和技能，从而提升自己的专业化水平，促进职业发展。名师进课堂活动秉承"老带新，强带弱"的理念，在促进区域均衡方面又迈进了一步。

（三）指导教学实践，助力校本教研

《教育部关于加强和改进新时代基础教育教研工作的意见》明确县级教研机构要重心下移，深入学校、课堂、教师、学生之中，紧密联系教育教学一线实际开展研究，指导学校和教师加强校本教研，改进教育教学工作，形成在课程目标引领下的备、教、学、评一体化的教学格局①。

为了进一步落实广州数学素养测评结果应用，番禺区教育行政部门向学校发布学校报告，用全面的数据揭示学校教育教学状况以及影响教育教学的相关因素。学校按"解读数据，列出问题清单—问题筛选，确定重点改进项目—细化措施，实施整改行动—项目自查，提升改进质效"四环节优化改进学校办学②。

根据各片区学校的特点，番禺区中学数学教研组选择部分代表性学校进行调研，指导教学实践，助力校本教研。调研工作分为推门课和科组交流两个环节。第一，每个学校每个年级观摩一节推门课，通过课堂了解学校数学科组关于融·乐课堂 4S 教学模式的实施情况。第二，科组交流包括三个环节，即中学数学教研组进行评课反馈、学校科组基于提升学生数学素养的学校报告、进行基于专业需求的教师调查问卷。主要是通过调研与学校共同分

---

① 《教育部关于加强和改进新时代基础教育教研工作的意见》（教基〔2019〕14 号），中华人民共和国教育部，2019 年 11 月 25 日，http：//www.moe.gov.cn/srcsite/A06/s3321/201911/t20191128_ 409950.html，最后检索时间：2023 年 10 月 24 日。

② 田利燕、邓小兵、陈瑾：《建立"用数据发展教育"的县域结果应用模式》，《四川教育》2021 年第 22 期，第 14~15 页。

析如何改进测评结果反映的问题，并听取科组反馈意见，了解学校的实际困难，通过校本教研梯队的建设与培养、聚焦数学素养课堂的教学问题、创新教研的方式等途径，为学校校本教研发展提供支持和帮助。

（四）服务教育决策，优化教育评价

2023 年 5 月，教育部办公厅印发《基础教育课程教学改革深化行动方案》明确教学评价牵引行动为该行动方案的重要任务。该方案指出发挥评价的导向、诊断、反馈作用，丰富创新评价手段，实现以评促教、以评促学，促进学生全面发展。番禺区中学数学教研组建立基于实践改进的结果测评，监测区域阶段改进成效，及时发现教学中存在的问题和不足，并采取有效跟踪措施①。

区域特色数学教育评价，有助于进一步探索制衡区域数学素养发展的因素，能为区域促进学生数学素养发展施策提供科学的依据。番禺区数学素养测评结果显示学习动机、学习策略、学习能力与数学素养的相关性弱，与一般认知有偏差，且学业负担与数学素养呈负相关。为此番禺区中学数学教研组对照广州市阳光学业评价及义务教育阶段国家监测标准，设计中学数学素养影响因子测评框架（见表6），深入研究影响数学素养水平的非智力因素因子。创新性教育评价在九年级期末数学教学质量监测期间实施，采用合考不合卷的方式，面向全区 72 所中学 19800 名九年级学生发放《2022 年番禺区九年级第二学期学生数学学习情况调查问卷》，根据问卷结果进一步分析学习动机、学习策略、学习能力与数学素养的相关性，并了解区域学生总体学业负担、教学方式等情况。从实施过程和结果分析看，此评价较为科学，但仍存在较大的提升空间，其完善之路仍须数学教育工作者探索。

---

① 《教育部办公厅关于印发〈基础教育课程教学改革深化行动方案〉的通知》（教材厅函〔2023〕3 号），中华人民共和国教育部，2023 年 5 月 26 日，http：//www. moe. gov. cn/srcsite/A26/jcj_ kcjcgh/202306/t20230601_ 1062380. html，最后检索时间：2023 年 10 月 24 日。

表6　中学数学素养影响因子测评框架

一级指标	二级指标	一级指标	二级指标
学习心理	1. 学习兴趣	学习投入	1. 课内学习时间投入
	2. 学习自信		2. 课外学习时间投入
	3. 学习压力		3. 作业负担
学习认知	1. 学习动机来源	教学方式	1. 教学方法
	2. 自我效能感		2. 课堂组织方式
	3. 学习方法与策略		3. 教学内容
			4. 教学手段
	4. 探究能力表现	教学反馈	1. 作业反馈
			2. 师生交流

参考文献

马云鹏：《〈义务教育数学课程标准（2022年版）〉的理念与目标解读》，《天津师范大学学报》（基础教育版）2022年第5期。

郑毓信：《〈义务教育数学课程标准（2022年版）〉的理论审思》，《数学教育学报》2022年第6期。

董连春、吴立宝、王立东：《PISA2021数学素养测评框架评介》，《数学教育学报》2019年第4期。

吴立宝、王子续：《区域教研+校本教研：数学课程标准落地的支点》，《新课程评论》2022年第9期。

小学数学教学评一致性策略选择与区域实践报告

——基于从化区学生数学素养测评结果的应用

侯美霞　马丽仪*

摘　要： 基于广州市从化区 2021 年和 2022 年参加广州数学素养测评结果，对比发现，从化区 11 所样本校在阅读素养、数学素养、学习能力、学习策略、学习动机各项指标上与市均值持平或略高。分析发现，区域内推进教学评一致性的课堂教学和优质资源配置，能够促进形成不同层面的教师开展精准施教，"支架"式探究和"全景式"教学评，从而实现了教学评一致性的闭环式体系。2022 年区测评结果显示，参与同批测评的五年级学生综合优势型、综合均衡型、学习能力不足型、亟须支持型的整体特征得到全面提升。

关键词： 小学数学　教学评一致性　广州市从化区

一　背景与意义

《义务教育数学课程标准（2022 年版）》明确指出，课程标准针对

---

* 侯美霞，广州市从化区教师发展中心教研员，高级教师，主要研究方向为教育评价、小学数学教育；马丽仪，广州市从化区教育局城西教育指导中心教研员，高级教师，主要研究方向为教育评价、小学数学教育。

"内容要求"提出"学业要求""教学提示",细化了评价与考试命题建议,注重实现"教—学—评"一致性,增加了教学、评价案例,不仅明确了"为什么教""教什么""教到什么程度",而且强化了"怎么教"的具体指导,做到好用、管用①。"教学评一致性"的概念定义为"特定的课堂活动中,以清晰的目标为前提,教师的教、学生的学以及对学习的评价应具有目标的一致性"。教学评一致性研究应该被视为一个持续的过程,以不断了解评估、标准和教学如何相互支持,以提供一致的向学生传达有关预期内容的信息②。从 2014 年起,广州全面启动中小学生综合素质评价改革(即广州阳光评价),探索建立破解"唯分数"顽疾的阳光评价体系,广州阳光评价依托教育信息化升级转型为广州智慧阳光评价,实现了大数据、云计算等新一代信息技术与教育评价改革的融合创新③。广州市从化区是全国中小学教育质量综合评价改革实验区,本研究以广州智慧阳光评价样本校为调研对象,从新一轮课程标准教学评一致性的角度出发,结合测评结果,通过数据对比、原因分析、提出改进措施及策略、实施有效的教学,促进学生全面发展。

二 样本选择

为改进学校教育教学、完善教育政策提供依据,依据《广州市义务教育阶段阳光评价方案》,2022 年的广州智慧阳光评价测评工作中,从化区参与测评的有 11 所小学,其中有 1268 名学生、150 名数学教师。以下学校被抽选为样本学校(见表 1)。

---

① 中华人民共和国教育部制定《义务教育数学课程标准(2022 年版)》,北京师范大学出版社,2022,第 4 页。

② 崔允漷、夏雪梅:《"教-学-评一致性":意义与含义》,《中小学管理》2013 年第 1 期,第 4~6 页。

③ 韦英哲、穗教研:《智慧阳光评价,破解"唯分数"顽疾——中小学教育质量综合评价改革的广州方案》,《广东教育》(综合版)2022 年第 1 期,第 6~12 页。

表1 广州智慧阳光评价从化区样本校

序号	学校	代码
1	广州市从化区鳌头镇车头小学	B-6校
2	广州市从化区鳌头镇人和小学	B-27校
3	广州市从化区河滨小学	B-9校
4	广州市从化区江埔街禾仓小学	B-29校
5	广州市从化区街口街新城小学	B-24校
6	广州市从化区街口街中心小学	B-12校
7	广州市从化区良口镇善施学校	B-15校
8	广州市从化区流溪小学	B-2校
9	广州市从化区太平镇中心小学	B-13校
10	广州市从化区温泉镇第二中心小学	B-28校
11	广州市从化区西宁小学	B-4校

三 测评结果与追踪分析

将从化区样本校2021年与2022年部分的数据进行纵横向的对比，对阅读素养、数学素养、学习能力、学习策略、学习动机的分析结果如下。

（一）阅读素养测评结果及比较分析

1. 阅读素养测评结果

阅读素养指学生通过阅读文字、图像、视频等多种形式的材料，获取信息、理解意义、构建知识、运用知识、批判性思维和解决问题等方面的能力。2021年和2022年样本校阅读素养测评结果如图1所示。

2021年和2022年阅读素养测评结果对比，B-13校提升15.98个百分点，B-29校提升7.89个百分点，B-9校提升5.59个百分点，B-28校提升12.43个百分点，B-24校提升16.44个百分点，B-4校提升17.82个百分点，B-27校提升10.45个百分点。

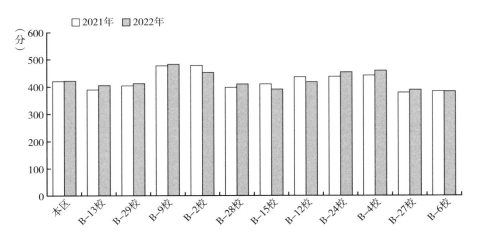

图1　2021年和2022年阅读素养测评结果

2. 阅读素养测评比较分析

根据样本校的阅读素养测评数据结果进行组间方差和组内方差比较发现，2021年和2022年的阅读素养测评不存在显著差异（F值=0.0238，P>0.05）（见表2）。

表2　2021年和2022年阅读素养测评比较分析

组别	观测数	平均	方差	F	P-value
2021年	12	421.287	1134.692	0.0238	0.879
2022年	12	423.346	1005.776		

基于上述分析依据，本区阅读素养高水平学生发展关联性最强的非学业因素包括学校认同、情绪智力等。与本区阅读素养中水平学生发展关联性最强的非学业因素包括学习能力、美术能力、音乐能力等。与本区阅读素养基础水平学生发展关联性最强的非学业因素包括学习能力、美术能力、健康生活方式、情绪智力、劳动实践、学习动机、学业负担、音乐能力等。

（二）数学素养测评结果及比较分析

1. 数学素养测评结果

数学素养是指人们通过数学教育及自身的实践和认识活动，获得数学知识、技能、能力、观念和品质的素养。它是一种综合性思维形式，具有概念化、抽象化、模式化的认识特征。2021 年和 2022 年样本校数学素养测评结果如图 2 所示。

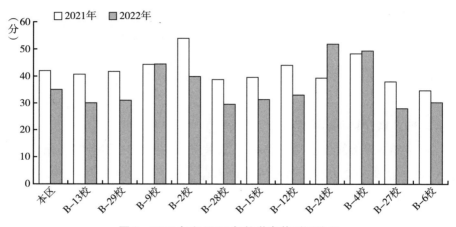

图 2　2021 年和 2022 年数学素养测评结果

2021 年和 2022 年数学素养测评结果对比，B-9 校提升 0.13 个百分点，B-24 校提升 12.53 个百分点，B-4 校提升 1.08 个百分点。本区下降 6.94 个百分点，B-13 校下降 10.58 个百分点，B-29 校下降 10.66 个百分点，B-2 校下降 14.04 个百分点，B-28 校下降 9.15 个百分点，B-15 校下降 8.23 个百分点，B-12 校下降 11.02 个百分点，B-27 校下降 9.93 个百分点，B-6 校下降 4.4 个百分点。本区 2021 年样本校学生数学素养 A 级（86~100 分，优秀）水平学生占比 0.69%，低于全市平均占比；B 级（71 ~ 85 分，良好）水平学生占比 2.52%，低于全市平均占比；C 级（60~70 分，中等）水平学生占比 6.57%，低于全市平均占比；D 级（60 分以下，待提高）水平学生占比 90.21%，高于全市平均占比。与本区数学素养 A 级水平学生发展关联性最强的非学业因素包括健康生活方式、情绪智力、学习能力、音乐能力等；与本区数学素养 C 级水平学生发展关联性最强的非学业因素包括学习能力、健康生活方式、音乐能力、学习动机等；与本区数学素养 D 级水平学生发展关联性最强的非学业因素包括学习能力、美术能力、劳动实践、健康生活方式等。本区 2022 年样本校学生数学素养 A 级水平学生占比 0.66%，低于全市平均占比；B 级水平学生占比 2.24%，低于全市平均占比；C 级水平学生占比 2.41%，低于全市平均占比；D 级水平学生占比 94.69%，高于全市平均占比。与本区数学素养 D 级水平学生发展关联性最强的非学业因素包括学习能力、健康生活方式、学业负担、美术能力等。

2. 数学素养测评比较分析

根据样本校的数学素养测评数据结果进行组间方差和组内方差比较发现，2021 年和 2022 年的数学素养测评存在显著差异（F 值 = 4.509，$P < 0.05$）（见表 3）。

表 3   2021 年和 2022 年数学素养的测评比较分析

组别	观测数	平均	方差	F	P-value
2021 年	12	504.95	26.131	4.509	0.045
2022 年	12	433.74	67.596		

2022 年学生理解并运用数学概念和方法，知道其语义和符号。通过抽象、概括、推理和运算等思维活动解决数学问题，形成并表达自己对数学学习的态度和观点，创造性地使用数学去解决各种问题，解决实际问题的能力略低于 2021 年。

（三）学习能力测评结果及比较分析

1. 学习能力测评结果

数学学习能力是指学生通过数学学习活动，获取数学知识、技能和能力，并能够运用这些知识、技能和能力解决数学问题的能力。2021年和2022年样本校学习能力测评结果如图3所示。

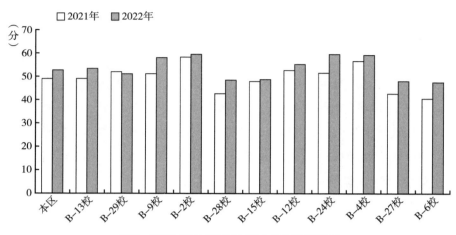

图3　2021年和2022年学习能力测评结果

2021年和2022年学习能力测评结果对比，B-29校下降0.86分，其余样本校全体数据呈现上升趋势，上升幅度为0.84~8.02分。本区2021年样本校学习能力整体处于中等水平。其中以注意力为自身优势能力，言语理解有改进和提升的空间；言语理解、注意力、工作记忆、视觉空间能力、推理能力均低于市均值，在言语理解、推理能力方面发展指数可进一步关注；本区2022年样本校学习能力整体处于中等水平。其中以注意力为自身优势能力，推理能力有改进和提升的空间；工作记忆、言语理解、推理能力、注意力、视觉空间能力均低于市均值，在言语理解、推理能力方面发展指数可进一步关注。

2.学习能力测评比较分析

根据样本校的学习能力测评数据结果进行组间方差和组内方差比较发现，2021年和2022年的学习能力测评不存在显著差异（F值=3.605，P>0.05）（见表4）。

表 4 2021 年和 2022 年学习能力测评比较分析

组别	观测数	平均	方差	F	P-value
2021 年	12	49.482	30.013	3.605	0.071
2022 年	12	53.458	22.621		

2022 年学生的学习能力超越 2021 年，与区学科提供丰富多彩的数学学习资源、创造良好的学习环境、培养学生的学习兴趣和方法、加强思维训练等相关措施来提高学生的数学学习能力息息相关。

（四）学习策略测评结果及比较分析

1. 学习策略测评结果

数学学习策略是指学生在数学学习过程中，为了提高数学学习能力而采用的一系列方法和技巧。2021 年和 2022 年样本校学习策略测评结果如图 4 所示。

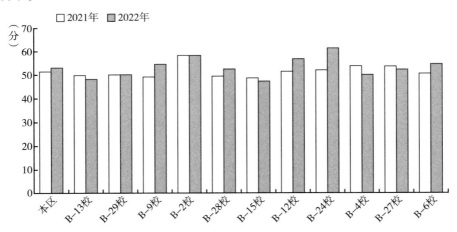

图 4 2021 年和 2022 年学习策略测评结果

2021 年和 2022 年学习策略测评结果对比，B-9 校上升 5.38 个百分点，B-28 校上升 3.07 个百分点，B-12 校上升 5.32 个百分点，B-24 校上升 9.37 个百分点，B-6 校上升 4.05 个百分点，B-4 校下降 3.65 个百分点，其余样本校波动不大，本区2021年样本校学习策略整体处于中水平。

2.学习策略测评比较分析

根据样本校的学习策略测评数据结果进行组间方差和组内方差比较发现，2021年和2022年的学习策略测评存在显著差异（F值＝1.495，P＞0.05）（见表5）。

表5　2021年和2022年学习策略测评比较分析

组别	观测数	平均	方差	F	P-value
2021年	12	51.506	7.248	1.495	0.234
2022年	12	53.251	17.196		

通过上述方差分析，其中认知策略为自身优势能力，资源管理策略为自身相对弱势；资源管理策略、认知策略、元认知策略低于市均值，在资源管理策略、元认知策略方面发展指数可进一步关注。本区2022年样本校学习策略整体处于中水平。其中元认知策略为自身优势能力，资源管理策略为自身相对弱势；元认知策略、认知策略、资源管理策略低于市均值，在认知策略、资源管理策略方面发展指数可进一步关注。

（五）学习动机测评结果及比较分析

1.学习动机测评结果

学习动机是引发与维持学生的学习行为，并使之指向一定学业目标的一种动力倾向。它包含学习需要和学习期待两个成分，根据不同标准可以划分为不同类别。2021年和2022年样本校学习动机测评结果如图5所示。

2021年和2022年学习动机测评结果对比，B-24校上升10.16个百分点，B-9校和B-12校上升7.51个百分点，B-6校上升4.73个百分点，B-28校上升4.3个百分点，本区上升1.14个百分点。其余样本校数据下降。心理学家从不同角度对学习动机进行了阐释，主要包括强化理论、归因理论、需要层次理论、成就动机理论、自我价值理论、自我效能感理论等。激

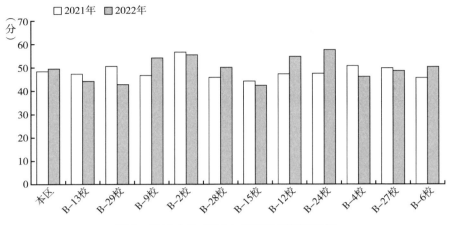

图5 2021年和2022年学习动机测评结果

发和培养学习动机的策略主要有启发式教学、控制动机水平、给予恰当评定、维护学习动机、正确处理竞争与合作等。

2.学习动机测评比较分析

根据样本校的学习动机测评数据结果进行组间方差和组内方差比较发现，2021年和2022年的学习动机测评不存在显著差异（F值=0.543，P<0.05）（见表6）。

表6 2021年和2022年学习动机测评比较分析

组别	观测数	平均	方差	F	P-value
2021年	12	48.376	10.831	0.543	0.469
2022年	12	49.674	26.398		

本区2021年和2022年样本校学习动机整体处于中水平。其中丧失学习动机占比较高，求知进取认可度不高；在害怕失败、丧失学习动机方面高于市均值，在自我效能、求知进取方面低于市均值，在自我效能、求知进取方面发展指数可进一步关注。

四　结论与特征分析

基于 2022 年广州数学素养测评的从化区 11 所样本校数据反馈，从学生特征分析，五年级学生整体呈现四组特征，分别为综合优势型、综合均衡型、学习能力不足型、亟须支持型，参评的样本学校学生的各项指标与市均值持平或较高，存在以下几方面优势。

（一）综合优势型测评与分析

综合优势型是指一个人或一个组织在多个方面都具有相对优势或出色的能力和特点。本区学生样本从综合优势型的特征分析可见，综合优势型学生品德社会化水平、学业表现、学习动机、学习策略、身体健康、心理健康、审美修养的结果均优于市均值，学科表现较好（见图 6）。

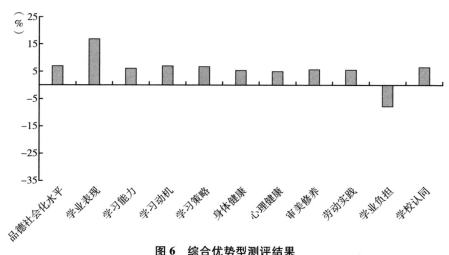

图 6　综合优势型测评结果

（二）综合均衡型测评与分析

综合均衡型指一个人或一个组织在不同方面都能够实现均衡发展，没有过分偏重某一方面，而是全面发展各项能力和特质。本区样本学生从综合均衡型学生的特征分析可见，其各项指标基本与市均值持平，与优势型学生相比，均衡型学生虽然在品德社会化水平、学业表现、学习动机、学习策略指标的测评结果均低于优势型学生，但学习能力表现较好（见图7）。

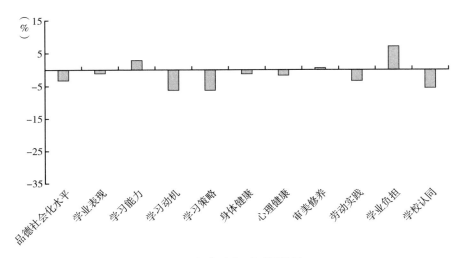

图7　综合均衡型测评结果

（三）学习能力不足型测评与分析

学习能力不足型指的是一个人或一个组织在某一方面缺乏足够的能力或技能。这种类型的个体或组织在特定领域或方面面临挑战或存在不足，并可能受到竞争对手的压制或限制。本区样本学生从学习能力不足型的特征分析可见，除学业表现、学习能力、审美修养的测评结果低于市均值外，其余指标基本与市均值持平，同时受学习能力的影响，学业表现较弱（见图8）。

（四）亟须支持型测评与分析

亟须支持型指的是一个人或组织存在某一方面亟须外部支持和帮助的情况。这种类型的个体或组织在特定领域或方面面临困难、挑战或存在不足，

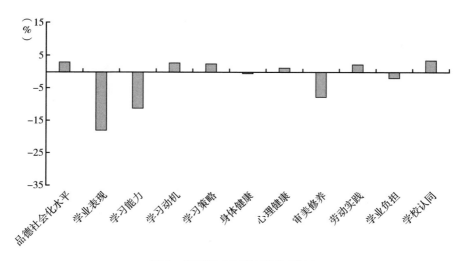

图8 学习能力不足型测评结果

需要他人或外部资源的支持才能解决问题或实现目标。本区样本学生从亟须支持型的特征分析可见，学生相比其他组学生，学业负担感受最重，其余指标发展均较低（见图9）。

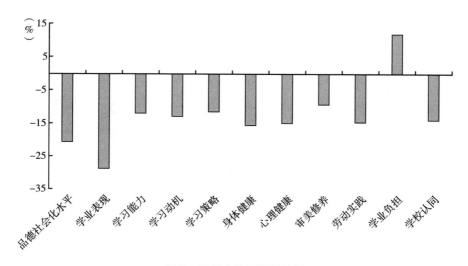

图9 亟须支持型测评结果

五　影响因素

（一）教研活动的开展有落实，教师参与的广度和深度有待提升

近几年从化区虽然大力打造校、片、区三级教研的示范课，区每学期通过选拔优秀课例进行直播；按知识板块开展了多场的作业设计沙龙活动；进行了单元作业设计以及实施的评选，每学期组织超过八场面向全面教师的大型活动。以 2020 年第二学期为例，区级的教研活动包含如何运用学习单进行有效备课活动研讨会、"爱种子"教学理念及模式培训会、"聚焦'爱种子'课堂，追求有效教学"优秀课例展示活动、从化区小学数学主题拓展研讨课型展示活动等。在学校层面要求学校科组每周有固定的时间开展校本教研活动，包括常规的学习、课例打磨、深度二次备课以及新课标学习等。然而，监测结果显示，部分学校或者教师对于区、片甚至是学校科组的教研不重视，科组对区层面线上教研活动的组织未落实到位，而在区级以及指导中心层面，由于新冠疫情，在监督、落实每位教师全员深度参与方面存在较大的困难。

（二）教师对教改理解不深，学科核心知识理解不够透彻

在课堂教学中，教师对教改的理解要透彻，熟悉教材，灵活使用各种教学方法，充分了解学生的学情，根据教学具体情况的变化，采取灵活的教学手段，生成新的教学资源，吸引学生的眼球，调动学生学习积极性，使学生主动地参与教学的全过程。受时间和资源限制，部分教师忙于日常教学工作，难有足够的时间参加专业的培训、研讨会，导致教学理念稍落后、提升缓慢，对教材和课程认识缺乏足够的深度和广度；部分教师教研意识薄弱，教学方法不到位，特别是年纪较大的教师，在教学过程中较少运用多媒体信息融合数学教学。

（三）落实核心素养的要求，对学生带来较大挑战

随着年级的递增，数学学科的难度逐渐增加，对学生的逻辑思维、数学思维和自主学习能力的要求也越来越高，需要学生具有更高阶的思维能力。这可能导致一些学生在高年段的数学学习中感到更困难。高年段的数学知识更加广泛，涉及更多的概念和方法，而且深度也有所增加，对学生的数学能力提出了更高的要求。高年段的数学学习需要更多的抽象思维和逻辑推理能力，例如代数、几何、概率与统计等领域，需要学生具备一定的归纳、演绎、推理和抽象能力。所以五年级的学生数学素养有所下降。

（四）学习评价方式单一，评价内容缺乏思维进阶设计

在数学课堂中，个别班级还存在以纯粹的答案为导向，只注重学生能否正确计算出结果，而忽略了对问题的思考、推理和解决方法的理解的现象。评价的方式单一，除了传统的笔试和考试，较少采用项目作业、口头报告、小组讨论等形式全面评价学生的数学能力和思维进阶程度。评价方法落后，注重强调记忆和机械性的运算，而不是培养学生的创造性思维、问题解决能力和数学推理能力。缺乏引入开放性问题，缺少提供给学生一些没有明确答案的问题，较少鼓励学生进行探索、推理和解决，忽略培养学生的问题解决能力和创新思维，忽略鼓励探索和讨论，在课堂上较少鼓励学生提出自己的思考和疑惑，较少或者没有引导学生进行讨论、交流和合作，没有促进学生思维的深入和扩展，限制学生的发展和深入理解数学概念的能力。

六　区域策略选择：教学评一致性的实践探索

随着教育改革的不断深入，小学数学教学已经从知识传授转变为能力培养，注重学生的全面发展和个性发展。而教学评一致性正是适应这一变化的重要手段。教学评一致性可以有效地提高教学质量和学习效果。通过评价和

反馈，教师可以及时发现和解决学生学习中的问题，调整教学策略，使教学更加符合学生的需求。同时，学生也可以通过评价和反馈，了解自己的学习状况，及时调整学习策略，提高学习效果。在区域中贯彻落实教学评一致性教学，以区、片、校三级教研示范引领，夯实教师的课堂教学，促进学生素养的综合发展。本区采用以下的改进策略。

（一）明确评价标准，建立评价体系

确保为学生提供清晰明确的评价标准，明确他们所期望达到的目标和标准。这将使评价过程更加透明和一致。教师可以及时了解学生的学习状况，发现并解决学习中的问题，从而改善教学质量。具体实施过程如表 7 所示。

表 7　建立评价体系的策略

策略	实施路径与过程
建立科学的评价体系	建立科学的评价体系，能够全面反映教学质量。要求评价内容全面，包括学生的学习成果、教师的教学质量、教学过程的效果等多个方面
注重教学过程的监控	要求对教学过程进行监控，及时发现问题并加以解决。可以通过课堂观察、学生反馈、教学反思等方式监控教学过程，发现问题并及时调整教学方法
鼓励教师自我评价	教师根据自己的教学进行自我评价，发现自己的不足之处并加以改进。也可以通过听取同事、学生和专家的意见，反思自己的教学方法、教学效果和教学资源等，找出问题和不足，并制定改进措施
及时反馈优化学习进程	教师通过及时反馈评价结果，引导学生深度学习。反馈方式可以包括描述性反馈、学生的答案样例、作品等，持续与学生进行交流，引导学生不断改善学习
基于反馈优化学习目标	教师根据学生的实际情况，及时调整学习目标，使其更加符合学生的学习需求。通过及时反馈，发现学习目标存在的缺陷，教师从而做出恰当的调整

（二）反思改进教学，促进专业发展

教师及时反思教学过程，通过改进教学方法，提高教学实效性，促进教师专业发展，提高教学水平和专业能力。

243

促进教师专业发展需要学校提供良好的环境和支持，同时鼓励教师自我发展和不断进步。通过提供专业培训、鼓励教师自我发展、建立教学团队、提供反馈和指导、建立激励机制以及提供资源支持，学校可以更好地促进教师的专业发展，提高教师的教学水平和专业能力（见表8）。

表8　促进教师成长教学教研体系策略

策略	实施路径与过程
提供专业培训	学校可以提供专业的培训，包括教育教学理论、教学方法、教育技术等方面的培训。这有助于提高教师的专业水平和教学能力
鼓励教师自我发展	学校可以鼓励教师自我发展，如读书、参加学术会议、进行学术研究等。这有助于教师提高自己的专业水平和教学能力
建立教学团队	学校可以建立教学团队，促进教师之间的交流和合作，共同探讨教学问题，分享教学经验。这有助于提高教师的教学水平和专业能力
提供反馈和指导	学校可以提供反馈和指导，对教师的教学进行评估和指导，提出改进建议。这有助于教师了解自己的教学问题和不足，并加以改进
建立激励机制	学校可以建立激励机制，对教师的优秀表现进行奖励和激励，如晋升、评优、奖金等。这有助于激发教师的工作热情和自我发展的动力
提供资源支持	学校可以提供资源支持，如教学资料、技术设备、实验室等，帮助教师更好地进行教学活动。这有助于提高教师的教学质量和专业水平

（三）关注学习过程，提升学习效果

在教学过程中实施教学评一致性，通过实施有效措施，加强教师对学生学习情况的关注，使学生了解个人的学习状况，及时调整学习策略，提高学习效果。

提升学生的学习效果需要学生自身的努力和教师的引导与支持。通过明确学习目标、培养良好的学习习惯、创造适合学习的环境、采用多种学习方式、激发学习兴趣、寻求帮助和支持以及鼓励反思和总结，学生可以更好地提高自己的学习效果（见表9）。

表 9　提升学习效果的策略

策略	实施路径与过程
明确学习目标	学生应该清晰地了解学习目标，知道要学什么、为什么要学，以及如何学。这有助于学生更好地规划学习进程，把握学习重点
培养良好的学习习惯	学生需要养成良好的学习习惯，如定时复习、做笔记、规划学习时间等。这些习惯有助于提高学习效率，巩固学习成果
创造适合学习的环境	学生需要选择一个安静、整洁和舒适的学习环境，远离干扰和噪声。在这样的环境中学习，有助于学生集中注意力，提高学习效果
采用多种学习方式	学生可以采用多种学习方式，如阅读教材、听讲座、做练习、参与讨论等。这些方式可以帮助学生更全面地理解和掌握学习内容
激发学习兴趣	学生应该尽可能地了解自己的兴趣和优势，寻找与自己兴趣相关的领域进行深入学习。这有助于激发学生的学习兴趣，提高学习效果
寻求帮助和支持	学生应该及时寻求帮助和支持，解决学习中的困难和问题。这有助于学生更好地理解学习内容，提高学习效果
鼓励反思和总结	学生应该经常反思和总结自己的学习过程和成果，找出自己的优点和不足，并制定改进措施。这有助于学生更好地了解自己的学习状况，提高学习效果

（四）培养自学能力，增强自我管理

通过课堂学习培养自主学习能力和自我管理能力，为未来的学习和生活打下坚实的基础。

培养自主学习能力和自我管理能力需要学生自身的努力和实践。通过建立学习计划、培养自我约束能力、激发自我学习欲望、增强自我管理能力、学会思考和反思以及寻求反馈和建议，学生可以更好地提高自己的自主学习能力和自我管理能力（见表10）。

表 10　培养自主学习能力和自我管理能力

策略	实施路径与过程
建立学习计划	学生可以制定学习计划，包括学习目标、学习时间表和奖励机制等。这有助于学生有计划地学习，养成良好的学习习惯
培养自我约束能力	学生需要学会自我约束，控制自己的学习行为，如禁止玩网络游戏、避免抄袭等。这有助于学生养成良好的学习品质
激发自我学习欲望	学生应该了解自己的学习需求和兴趣，寻找自我学习的内容和方式。这有助于学生激发自我学习的欲望，提高自主学习的能力
增强自我管理能力	学生应该学会有效地管理时间，避免拖延，设定明确的学习目标，并分解为具体的任务和行动步骤，创造一个专注的学习环境，减少干扰和分心
学会思考和反思	学生应该学会思考和反思自己的学习过程和成果，找出自己的优点和不足，并制定改进措施。这有助于学生提高自我认知能力，更好地掌握自己的学习状况
寻求反馈和建议	学生应该及时寻求反馈和建议，了解自己的学习状况和进步情况，并加以改进。这有助于学生更好地了解自己的学习状况，提高自主学习和自我管理能力

（五）反馈改善评价，提升学习效果

通过及时关注评价结果，关注评价内容的全面性、增加评价主体的多元性、优化评价方式的多样性、重视评价过程的动态性，实现教学与评价的有机结合，提升教学质量和学习效果（见表 11）。

表 11　优化评价方法的策略

策略	实施路径与过程
关注评价内容的全面性	除了关注学生的认知水平外，还重视学生的情感、态度和价值观等方面的发展，实现了从单一认知方面评价到集成多方面评价的转变
增加评价主体的多元性	增加评价主体的多元性，包括教师、学生、家长和社会等，使评价更加客观、全面和科学
优化评价方式的多样性	采用多种评价方式，包括考试、观察、问卷、访谈、作品评价等，以适应不同学生的学习特点和需求，提高评价的针对性和有效性
重视评价过程的动态性	不仅关注学生的最终学习成果，还重视学生在学习过程中的表现和发展，通过动态评价及时发现和解决学生的学习问题，提高学习效果

小学数学教学评一致性的"评"对于提高教学质量、提升学生的学习效果、培养学生的自主学习能力和自我管理能力、促进教师专业发展以及推进教育改革都具有重要的价值和意义。

七　具体措施

（一）构建核心攻坚团队，开展系列教研活动

2018 年从化区通过以教研员为工作坊坊主的方式，引领学科骨干教师，在区层面成立了核心团队进行教学设计支架的搭建，进行示范引领活动。核心团队由指导老师、业务指导员和核心组成员组成，联合每年级中心组 6 位中心组成员和理事会等 100 多位骨干教师，对十二册的教材进行了教学资源的开发和平台数字化。通过对教材中每节课教学重难点的分析以及针对重难点的教学支架的构建，逐步改变了教师的教学行为和教学方式。通过举办的五届"爱种子"常态课例展示，从学校层面、指导中心层面再到区发展中心层面进行全员教学模式实践和评审活动，以赛促研，通过模式的实践、教学资源以及平台课件的制作、集体备课的落实等系列的措施，促进教师教学行为的根本性转变和教学理念的改变。自 2022 年开始，每学期坚持分三年段开展教学评一体化的单元整体范式课例展示，深度融合信息技术，促进课堂教学效率的提升（见图 10）。

（二）结合数学阅读契机，挖掘本土特色资源

通过打造以拓展学生阅读视野为主的"主题拓展"课型，提升学生学习数学的兴趣。以"走读从化"活动为契机，结合从化区阅读文化节活动方案，挖掘和有效利用本区域内的特色资源，走近生活，引导学生关心家乡的人和事，激发学生热爱家乡的情感。教师层面，通过"主题拓展"示范课例的打造和推广、单元整体教学设计的评审活动等，提升

图 10　教学评一体化课堂新范式课例活动

教师对课型的认识和实施。学生层面，通过搜集、评比、展示学生的手抄报、数学日记活动以及师生小研究制作等，提高了学生学习兴趣以及树立了学生的自信心（见图 11）。

图 11　"走读从化"系列活动学生作品展示

（三）开展数学游戏活动，激发学生数学兴趣

数学学科教研组通过调研分析，制定了每学期数学游戏的培训方案，要求学校科组根据不同年段学生的特点，开设 24 点、数独、火柴棒、七巧板等游戏活动。鼓励老师、学生在熟玩的基础上，创出新玩法，开展创意数学游戏设计的评比活动。把数学游戏带到学校中，通过动手、动脑有效地激发学生学习兴趣，使其达到"数学好玩"的境界，激发学生的主动性和创造性，进而使学生主动地学数学（见图 12）。

图12　24点数学游戏活动展示

（四）指导实施精准教学，促进教学评一致性

通过教学评一致性范式课堂的打造，示范引领，有效地进行课堂改革，促进学生自主、合作、倾听、交流、评价等良好习惯逐步形成。同时，通过常态课堂中课堂教学平台反馈的数据采集，形成教育大数据，通过数据关联形成学校综合数据，在充分分析数据的基础上，实现精准指导学习、精准指导教学和教研，提升学生个性化学习的效率，探索多种评价方式（见图13）。

1.和同伴说说你的想法，借鉴一下其他小组同学的分享，互助学习。
2.请自己评一评，能得到几颗☆。

项目	评价内容和标准	自评
作品	☆ 我能熟练地使用计算器。	☆
表达	☆ 😊 我能大方地说。 ☆☆ 我能准确、清晰地说。	☆☆
欣赏	☆ 我能安静听同伴说。 ☆☆ 了听完能提出建议。	☆☆

请自己评一评，能得到几颗☆。

项目	评价内容和标准	自评
作品	我会搭出立体图形。 我会画三视图。	☆ ☆
表达	😊我能大方地说。 我能准确、清晰地说。	☆☆
欣赏	我能安静听同伴说。 听完能提出好方法。	☆☆

请评价你这节课的学习表现：

（1）我会把"$x \pm b$"看成一个（　　）。（☆☆）

（2）我会根据（　　）正确解答形如 $a(x \pm b)=c(a \neq 0)$ 的方程。（☆☆）

（3）我会根据（　　）情况灵活选择算法。（☆）

图13　多元评价方式

此外，在教学中加强学生小组文化的建设，构建高效的学习共同体，通过建立有效的学习共同体，促进学生学习自信心。从学生坐姿改变开始，采用 T 字形小组围坐的方式，结合每学期开学进行有效的小组文化建设，确定组名、组歌、组训等小组文化，打造小组学习的共同体。在学习讨论中，通过组内明确的任务分工、组员轮流分享等习惯的培育，逐步培养学生的合作意识和分享意识，通过组内互帮互教、互评互助等方式构建高效学习的共同体，提升学生学习的自信心。小学数学教学评一致性对于提高教学质量、提升学生的学习效果、培养学生的自主学习能力和自我管理能力、促进教师专业发展以及推进教育改革都具有重要的价值和意义。

八　反思与进一步探索

根据广州数学素养测评的追踪监测结果，在认知层面，坚定树立教育生态间的联动认知，发现教育系统是生态圈的平衡维系，学生的任何发展变化，不是单一、唯一性因素的结果，多数情况下是多种因素的关联作用。因而在改进推动学生综合发展工作时，需要不断探索可能关联因素及关键路径，借助相关数据支撑，通过分析数据结果，剖析行为关联性，以制定更加合理有效的干预方案。干预方案也并非一成不变，伴随学生发展、教育教学环境变化，方案也需进行优化调整，因而加强过程性评价非常关键。

在教学层面，要注重关注人的发展、关注个性化培养的实施力度。基于素养导向，学科教师需梳理每一领域内容对应的核心目标，依此正确分解单元、课时目标，形成大概念大单元设计；比较修订版甚至实验版教材变化的情况，结合课标理念反思变化原因。基于学生立场，符合学生认知规律，重视单元整体设计，以任务驱动的方式整体推进学习活动，建立学习内容之间的关联性。基于能力提升，设计跨学科主题学习活动，锻炼学生从单一化理解走向全局性理解，促进学生认知逻辑和思维模型的阶梯式进阶。

在管理层面，关注校间差异，区内教育质量的提升，离不开所有学校单位的共同进步。根据近几年监测，发现本区学科间、校际差异相对比较明显，各校要根据本校个性化及特色性差异情况优化制定教育改革措施，针对薄弱学校，需要给予方法资源支持；针对优质学校，希冀其能不断总结经验，提炼成果，共同发展打开方向。

参考文献

李苗苗：《教学评一致性实践中的小学教师评价素养现状与提升策略研究》，曲阜师范大学硕士学位论文，2022。

高园梅：《提升课堂教学中教—学—评一致性的策略研究——以小学教学课堂教学为例》，西南大学硕士学位论文，2020。

吴舒莹、黄丹怡：《指向"教学评一致性"的课堂表现性评价探索》，《教学与管理》2023 年第 18 期。

于丽萍、蔡其全：《义务教育阶段大概念教学研究——教学评一致性区域探索》，《教育理论与实践》2022 年第 14 期。

聚焦智慧阳光评价 助力数学素养发展

——基于华阳小学广州数学素养测评数据的对比分析

侯咏娴 符 英 姚 睿 张萌萌*

摘 要： 依托广州数学素养测评结果报告，分析对比 2021 年和 2022 年的数据，发现华阳小学学生数学素养各项指标均高于市和区的均值。通过结果归因分析，阐述华阳小学自上而下的举措。学校扎实推进单元学历案，构建"向阳"生长评价体系。科组制定学期课程纲要，落实学科实践，完善"向阳"学业发展评价。班级开展单元大任务，探索跨学科融合；立足课堂教学，落实素养培育；借助新型课堂分析方法，关注学习发展；整体设计作业，实现减负提质；建设班级特色文化，提高数学态度。最后，根据不足之处提出建议：持续关注全体学生数学素养的发展，不断深化单元学历案的设计与实施，继续优化数学"向阳"学业发展评价。

关键词： 智慧阳光评价 数学素养 华阳小学

一 研究背景

广州作为国家中小学教育质量综合评价改革实验区之一，全面贯彻党的

---

* 侯咏娴，广州市天河区华阳小学数学科组长，高级教师，主要研究方向为小学数学教育实践、教育评价；符英，广州市天河区华阳小学数学教师，中小学一级教师，主要研究方向为小学数学教育实践；姚睿，广州市天河区华阳小学数学教师，主要研究方向为小学数学教育实践；张萌萌，广州市天河区华阳小学数学教师，主要研究方向为小学数学教育实践。

教育方针，践行社会主义核心价值观，积极稳妥、全面有序地推进教育评价改革实验工作。从 2013 年起，广州市开始探索不唯分数论的健康、阳光的中小学生评价体系。2015 年起，通过连续八年对中小学教育质量阳光评价体系的探索实践和健全完善，已初步构建起中小学教育质量综合评价改革的广州模式。2020 年初，经过多年的探索，广州市义务教育学生综合素质评价改革正式升级转型为广州智慧阳光评价，以评促建促进学生全面发展。

广州智慧阳光评价主要依据教育部颁布的《中小学教育质量综合评价指标框架》、《教育部关于进一步推进高中阶段学校考试招生制度改革的指导意见》以及中国学生发展核心素养研究成果等，形成包含六大方面的广州中小学综合素质评价体系，分别为品德社会化水平、学业发展水平、身心发展水平、艺术素质、劳动实践、学校认同。自 2020 年起，广州市天河区华阳小学连续三年参与广州智慧阳光评价，同一群体学生被追踪分析。

二　数据分析

广州智慧阳光评价·数学素养测评（以下简称广州数学素养测评）以考察数学学科知识为主，利用科学的测评系统，精准地分析学情，为教育教学提供科学的参考。

2022 年广州数学素养测评从空间想象能力、数据处理能力、推理论证能力、运算求解能力和问题解决能力这五个方面综合测评学生的数学素养，相较 2021 年的测评维度，新增了"问题解决能力"。可见在素养导向下，广州数学素养测评重视学生应用知识解决真实问题的能力。

（一）基本信息

2021 年和 2022 年，广州市数学素养测评追踪分析了华阳小学同一群体，2021 年是四年级学生 135 人（男生 68 人、女生 67 人），2022 年是五年级学生 134 人（男生 67 人、女生 67 人）（见表 1）。

表1 参测学生的基本信息

单位：人

2021 年			2022 年		
男生	女生	总计	男生	女生	总计
68	67	135	67	67	134

（二）数学素养测评结果分析

以下是华阳小学2021年和2022年广州数学素养测评的数据，在数学等级水平、数学能力、数学态度以及关联因素这四个方面进行了横向、纵向分析。

1. 数学等级水平对比分析

广州数学素养测评将数学能力水平划分成四个级别：A级（86~100分，优秀）、B级（71~85分，良好）、C级（60~70分，中等）、D级（60分以下，待提高）。从横向对比，华阳小学在2021年和2022年的广州数学素养测评中，平均分均高于市、区的均值，离散系数均小于市、区的均值，可见华阳小学学生的数学素养均值高于市、区的均值，且均衡程度略高于市、区的均值。

从纵向分析，分数概况上，全年级平均分较2021年数据提升了14.70%，离散系数较2021年变大了10.71%；这两年等级占比的情况中，全年级A、B等级学生的占比增大，C、D等级学生的占比减少。可见这一年来，全年级的数学等级水平呈整体向好趋势，平均分显著提升，但随着年级的升高，数据的离散程度也变大了。

2. 数学能力对比分析

2021年，广州数学素养测评中数学能力包含运算求解能力、数据处理能力、空间想象能力、推理论证能力四项，在2022年增加了一项问题解决能力。

从横向分析，在数学能力得分上，2021年华阳小学四年级学生空间想象能力的得分低于市、区均值，运算求解能力的得分率低于区均值但高于市均值。2022年华阳小学五年级学生运算求解能力、数据处理能力、空间想象能力、推理论证能力和问题解决能力的得分均高于市、区均值（见图1、图2）。

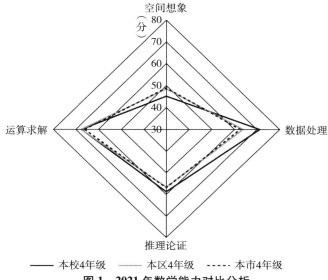

图 1　2021 年数学能力对比分析

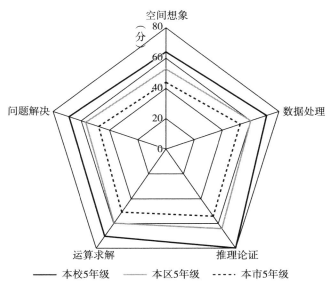

图 2　2022 年数学能力对比分析

从纵向分析，2022 年各项数学能力的得分均高于 2021 年，其中进步幅度从大到小排列：推理论证能力>空间想象能力>运算求解能力>数据处理能力。

255

3. 数学态度对比分析

广州数学素养测评将学生的数学态度分为数学学习兴趣、数学学习信心（自我效能感）。学习兴趣是一个人倾向于认识、研究获得某种知识的心理特征，是可以推动人们求知的一种内在力量。学习信心（自我效能感）指个体对自己是否有能力完成某一行为所进行的推测与判断。

从横向分析（见表2），华阳小学连续两年在数学学习兴趣和数学学习信心上得分均高于市、区均值。从纵向分析，对比2021年和2022年的数据，华阳小学的学生在数学学习兴趣和数学学习信心上的得分较上一年均有所提升，说明学生对数学学习的兴趣和信心都在上升。

表2　数学态度对比分析

单位：分

2021 年			2022 年		
分类	数学学习兴趣	数学学习信心	分类	数学学习兴趣	数学学习信心
市	80.44	81.49	市	83.14	83.83
区	79.99	81.67	区	84.64	85.71
校	83.31	86.32	校	89.26	91.24

4. 关联因素对比分析

广州数学素养测评还对非学业发展、课堂教学方式、时间投入和性别这四个数学素养的关联因素进行了分析。

（1）非学业发展

非学业发展指标包括学习能力、健康生活方式、学校认同、学习策略等因素。广州数学素养测评认为非学业发展的统计结果对一线教学具有现实指导与可操作意义。连续两年的测评中发现学习能力和健康生活方式与学生学业表现关系密切，说明提升这些因素的发展水平，有利于提高学生学业表现。

从纵向分析，健康生活方式与学业相关程度的数值较2021年增长了0.05，可作为教学着力点（见图3、图4）。

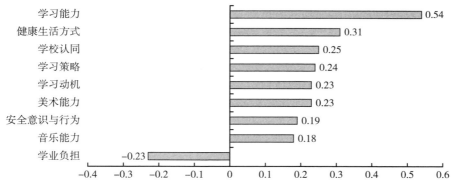

图 3 2021 年各非学业发展指标与学业相关程度

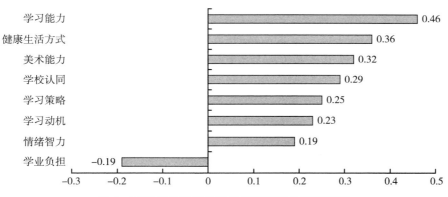

图 4 2022 年各非学业发展指标与学业相关程度

（2）课堂教学方式

《义务教育数学课程标准（2022 年版）》（以下简称新课标）指出，教师要选择能引发学生思考的教学方式，改变单一讲授式教学方式，注重启发式、探究式、参与式、互动式等，探索大单元教学，积极开展跨学科的主题式学习和项目式学习等综合性教学活动[①]。

从纵向分析（见表 3），追踪 2021 年和 2022 年的数据，学生整体认为教师课堂上运用教师主导教学频率高，运用适应性教学频率低，但四种教学

[①] 中华人民共和国教育部制定《义务教育数学课程标准（2022 年版）》，北京师范大学出版社，2022，第 86 页。

方式得分率相差不大。值得注意的是，2022 年数据显示，本校在师生双向反馈、适应性教学和认知激活这三种教学方式的得分率相较于上一年都有所提升，其中，师生双向反馈的增长了 8.96 个百分点，适应性教学的增长了 7.27 个百分点，认知激活的增长了 5.68 个百分点。可见在这一学年中，华阳小学教师的课堂教学方式有一定的转变（见表 3）。

表 3　课堂教学方式对比分析

单位：%

分类	2021 年				分类	2022 年			
	教师主导教学	师生双向反馈	适应性教学	认知激活		教师主导教学	师生双向反馈	适应性教学	认知激活
市	72.72	71.38	71.78	74.27	市	80.85	79.48	77.25	80.97
区	73.61	70.88	71.29	74.49	区	83.20	80.48	78.79	82.93
校	80.90	76.11	75.13	79.62	校	87.00	85.07	82.40	85.30

（3）时间投入

追踪两年的数据，可以看出，完成数学作业花费时间在 30 分钟以内的学生数学素养成绩表现最优，没有作业或完成作业需要花费 90 分钟以上的学生数学素养成绩表现较弱。

从横向分析，对比市和区的数据，2021 年和 2022 年华阳小学完成数学作业花费时间在 30 分钟以内的学生占比分别为 80.92% 和 82.84%，高于市、区均值。这说明华阳小学坚持的作业管理方案对发展学生数学素养有一定的作用（见表 4）。

表 4　时间投入对比分析

单位：%

分类	2021 年					分类	2022 年				
	没有作业	30 分钟以内	31~60 分钟	61~90 分钟	90 分钟以上		没有作业	30 分钟以内	31~60 分钟	61~90 分钟	90 分钟以上
市	1.39	71.75	18.69	4.60	3.57	市	0.73	72.96	19.85	3.37	3.09
区	1.37	68.78	20.88	5.05	3.92	区	0.39	73.35	20.43	2.92	2.91
校	2.29	80.92	12.21	4.58	—	校	—	82.84	14.18	2.24	0.74

（4）性别

广州数学素养测评对不同性别的学生数学素养整体水平进行分类比较，两年来无论是市的层面还是区的层面，男女生数学素养水平差异不大，但华阳小学男生均分整体高于女生均分，相差超过 6 分。可以看出，华阳小学男女生的数学素养水平差异较大（见表 5）。

表 5 性别对比分析

单位：分

2021 年			2022 年		
分类	男生均分	女生均分	分类	男生均分	女生均分
市	57.13	58.08	市	49.46	48.82
区	57.45	58.31	区	58.81	56.72
校	64.35	57.38	校	73.02	66.42

三 研究结论与经验举措

通过分析广州数学素养测评的数据，得出了华阳小学的学生数学素养相关结论，并且对以下的结论进行讨论，总结提炼相关经验举措。

（一）结论

通过广州数学素养测评 2021 年、2022 年数据的对比发现，在数学等级水平和数学素养上，华阳小学的学生得分情况均高于市、区的平均水平，可见其数学素养良好。在数学能力上，学生的各项数学能力在 2022 年均有进步，可见这一年间学生的数学素养得到了更全面的发展，总体呈现向好的趋势；在数学态度上，学生数学学习兴趣和学习信心均高于市、区的平均水平，浓厚的数学学习兴趣和较高的数学学习信心一定程度上为学生数学素养的发展奠定了心理基础。在作业完成时间上，完成数学作业花费时间在 30 分钟以内的学生数学素养成绩表现最优，没有作业或完成作业需要花费 90 分钟以上的学生数学素养成绩表现较弱。除此之外，相较于 2021 年的数据，本校完成数学作业花费时间在 30 分钟以内的学生占比增加了。

从广州数学素养测评中发现，变化较大的是华阳小学学生的空间想象能力，其得分从 45.25 分增加到 64.22 分，进步明显。2021 年，学生空间想象能力得分低于本区学生 6.72%，低于本市学生 7.41%，但在 2022 年时，学生空间想象能力得分超出本区学生 21.51%，超出本市学生 45.89%。下文也将以提升学生的空间想象能力为例，讨论华阳小学培育学生数学素养的相关举措。

（二）经验举措

广州数学素养测评数据结果发现，华阳小学学生的数学素养较好，且这两年都有进步，这与华阳小学培育学生数学素养的各项强有力举措息息相关。学校层面宏观引领，科组层面整体设计，班级层面精准实施，自上而下实现学生数学素养全面发展（见图 5）。

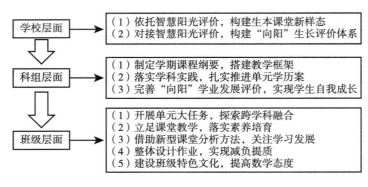

图 5　华阳小学自上而下的措施

1. 学校层面宏观引领，明确素养培育目标

不断提升教育教学质量、办人民满意的教育是华阳人的使命。华阳小学

高度重视广州智慧阳光评价的数据，教学团队运用科学且针对性极强的数据，精准对接教育教学中存在的关键问题，及时进行原因分析、反思与调整，以评促建，致力于促进学校优质均衡发展。

（1）依托智慧阳光评价，构建生本课堂新样态

华阳小学在 2021 年成功入选华东师范大学——天河区义务教育课程与教学提升项目"种子校"，从而启用了新的课程实施方案，以培养具有"阳光七品"的华阳"太阳娃"为目标，助力师生以"逐日"的姿态，呈现生命成长的万千可能。在原有"以学定教单元整体教学"模式的基础上，大力扎实推进"单元学历案"的设计与实施，努力构建生本课堂新样态。

针对 2021 年空间想象能力这一数学能力维度较低的情况，学校提出在日常教学中，以"图形与几何"为主要研究内容，通过单元学历案的设计与实施，强化学科实践，注重空间想象能力的培养，并借助广州华阳教育集团教育学术年会之"华阳杯"来进行团队的成果展示。展示的流程为：单元学历案解读—学历案课例展示—基于课堂观察听评课。单元学历案解读重在分析如何依据大单元教学设计路径科学地设计出某一个单元的完整学习方案。学历案课例展示是指教师在"核心素养导向的大单元学历案设计"理念指导下，依据科学适切的课时学习目标和相应的评价任务，有效组织学生在学历案预设的学习任务和支架指引下开展小组交流、合作探究、师生互动、生生互动的精彩生本课堂。基于课堂观察听评课有别于传统的经验式评课，强调基于课堂观察证据的专业听评课，让课堂观察成为教师专业发展的助推器。最终形成"设计—实施—分析—评估"循环迭代的教研常态。

（2）对接智慧阳光评价，构建"向阳"生长评价体系

2020 年 10 月 13 日，中共中央、国务院发布《深化新时代教育评价改革总体方案》，指出"教育评价要坚持科学有效的原则，改进结果评价，强化过程评价，探索增值评价，健全综合评价，充分利用信息技术，提高评价

的科学性、专业性和客观性"①。华阳小学依据 2021 年 3 月出台的《义务教育质量评价指南》和广州市智慧阳光评价项目各项指标，为落实立德树人根本任务，突出"五育并举"，整体构建并实施了"向阳"生长评价体系。该体系包括品德发展、学业发展、身心发展、审美素养、劳动与社会实践五个方面，促进学生向着阳光、自主发展，实现"为国育才，为党育人"的使命。

其中"向阳"学业发展评价从学习习惯、创新精神与学业水平三个维度 6 项指标，由教师、学生、同伴三方对学生一段时间的学习情况进行过程评价、综合评价和增值评价（见图 6）。从评价内容看，改变传统的学科学业评价仅参考作业对错、考试成绩的片面评价方式，追求多样化学业发展评价。从评价过程看，对学生在学校学习所得进行评定，根据学生在一段时期内学业发展的情况来判定，更倾向于学生学习的"习惯"与"方法"、"阅读"与"思考"、"进步"与"创新"。从评价主体看，评价不仅包括教师和同伴，更是把学生纳入学业评价活动中，使每个学生成为自己学业发展评价的主人。

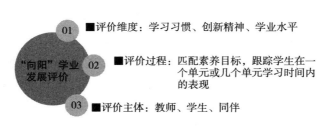

图 6　"向阳"学业发展评价

2. 科组层面整体设计，推动素养发展措施

（1）制定学期课程纲要，搭建教学框架

学期课程纲要是教师依据课程标准、教材与学情，以提纲的形式，共同

---

① 《中共中央　国务院印发〈深化新时代教育评价改革总体方案〉》，中华人民共和国中央人民政府，2020 年 10 月 13 日，https：//www.gov.cn/gongbao/content/2020/content_ 5554488. htm，最后检索时间：2023 年 10 月 20 日。

规划某门学期课程的目标、内容、实施与评价。华阳小学大力推进学期课程纲要的撰写和实施。数学科每个集备组利用假期，认真研读教材和教参，结合学情合力制定学期课程纲要。开学第一课和学生分享学期课程纲要，并在家长会上分享。这样做有利于教师审视某门课程育人所需的所有条件，形成学科观或课程意识；有利于学生明确一门课程的全貌或相关政策；有利于国家课程校本化的实施与学业质量管理[①]。

（2）落实学科实践，扎实推进单元学历案

《义务教育课程方案（2022年版）》在课程实施部分明确提出，深化教学改革需要强化学科实践，推进育人方式变革[②]。数学科组在单元整体教学设计的基础上，立足学生立场，精心设计单元大任务，沟通数学知识之间的内在联系以及学习内容与核心素养表现的关联。学科实践倡导以学科的方式做学科的事情，以复杂学习情境和多维实践活动为依托，通过解决学科问题促进学生核心素养发展。以"图形与几何"领域为例，各年级选择两个单元重点研究单元学历案的设计，以单元大任务为导向，助力学生经历真实完整的学习过程，从坐而论道转向知行合一（见表6）。

表6 各年级"图形与几何"的单元学历案设计

年级	深研的单元	单元大任务
一年级	认识图形（一）	我会搭积木； 搭好积木后，请数一数、认一认，用了哪些图形的积木呢？
	认识图形（二）	我给妈妈拼幅图，拼图要求： ①给拼图取一个名字； ②填一填拼图用了哪种平面图形，各几个？

---

① 崔允漷等主编《基于标准的课程纲要和教案》，华东师范大学出版社，2014，第13~14页。
② 中华人民共和国教育部制定《义务教育课程方案（2022年版）》，北京师范大学出版社，2022，第14页。

续表

年级	深研的单元	单元大任务
二年级	长度单位	新学期开始了,学校要为咱们班的同学换购一批新桌椅,需要根据身高信息才能选择合适高度的桌椅,请你做小小测量员,提供一份全班同学们的身高信息吧。
	图形的运动(一)	5月份,华阳小学将以"国韵华彩 童绘童创"为主题开展第29届文化艺术节活动,亲近中华经典文化,绘制戏剧马勺脸谱。学完"图形的运动(一)"这一单元后,同学们要当当"小小设计师",运用轴对称、平移或旋转的方法,用基本图形设计国风纹样,并在文化艺术节活动中将自己设计的纹样绘制在马勺脸谱上。
三年级	长方形和正方形	元旦快到啦!为了让自己在新的一年有目标和追求,我们要以8人为一组,每人用2张完全相同的正方形纸片写下自己对未来一年的展望,将小组成员的纸片拼成长方形或正方形的形状制作成海报,并给拼成的图形贴上漂亮的花边。班里采购员需要每组算出各自需要多长的花边,再统一购买。你能完成这个任务吗?
	面积	华阳小学将迎来而立之年,学校准备重新装修博物馆,让博物馆焕发新样。筹备组邀请同学们当小主人,为博物馆地面或展示墙挑选瓷砖(板)并计算需要的数量,请同学们小组合作,设计一个方案(含设计图和图纸)方便学校选择购买材料。
四年级	公顷和平方千米	"我是小小规划师":同学们,请和你班上生活在同一个小区或附近区域的小伙伴,四人为一组,一起借助地图,以自己的小区为中心,圈出大约1平方千米的范围,将附近的商场、医院、学校、超市、菜市场、体育中心等必要的场所进行布局,设计出心目中的理想生活区域。
	三角形	"草长莺飞二月天,拂堤杨柳醉春烟。儿童散学归来早,忙趁东风放纸鸢。"同学们,春天来临,万物复苏,正是适合趁着东风放纸鸢的季节,请同学们以小组为单位,制作一个三角形纸鸢,并探索纸鸢中三角形的奥秘。给你的风筝写一份充满数学趣味的自我介绍。

年级	深研的单元	单元大任务
五年级	多边形的面积	华阳小学都市小农夫社团,在菜园里有着形状是长方形、正方形、三角形、平行四边形、梯形等的小农田。现在想要请你来规划小菜园的面积和种植,你会怎么规划呢?
	长方体和正方体	快乐六一,让爱传递:在六一儿童节即将到来之际,华阳小学五年级"太阳娃"将举行公益献爱心活动,小组合作为山区的小朋友送上亲手制作的礼物,并自制礼盒包装。 1. 礼盒的形状是怎样的?怎样根据礼物的大小来设计礼盒的框架、大小? 2. 礼盒至少需要多大的包装纸? 3. 礼盒需要多大的空间来存放?礼盒里面最多能装多大体积的物品?礼物有多大?
六年级	圆	六年级认识"圆"后,我们在年级开展"美丽天润,我来设计"活动,请同学们利用课间时间去了解校园哪些地方可以美化?(大榕树、书吧)利用了圆的什么知识?然后尝试绘制设计图。
	圆柱与圆锥	圆柱、圆锥是人们生产、生活中经常遇到的几何形体,你见过圆柱形的茶叶罐吗?中国是世界上最早发现和利用茶树的国家,茶叶作为一种著名的保健饮品,具有清头目、除烦渴、化痰、消食、利尿、解毒等功效。它是古代中国南方人民对中国饮食文化的贡献,也是中国人民对世界饮食文化的贡献。这个单元,我们将跟茶农一起,做一名小小茶农销售家,协助茶农将茶叶包装并销售。包装茶叶,需要我们考虑哪些(茶叶罐的形状、表面积、体积等)?

（3）完善"向阳"学业发展评价，实现学生自我成长

数学科各集备组精心设计和实施"向阳"学业发展评价，分为"我学习—我发现—我成长"三个环节。集备组教师以新课标为依据，结合一个或几个单元的内容，根据学生的实际学习情况设计相应的练习题组作为"我学习"的内容。学生独立自主完成"我学习"的环节后，以画思维导图的方式整理并分析自己的单元典型错题完成"我发现"的部分，依据"向阳"学业发展评价表完成自评和他评，实现自我反思和自我提升（见图7）。

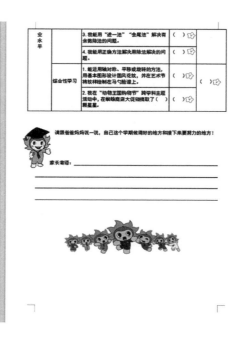

图7 "向阳"学业发展评价表

数学科组通过"向阳"学业发展评价的设计和实施促进教师教育教学观念的改变，让教师对学生的评价从以知识、分数为中心的单一学业评价向以学业素养为核心的多元评价转变。通过不断思考和改进评价内容表述与评价方式，促进教师的专业成长。通过"向阳"学业发展评价帮助学生建立科学的学业发展观，全面地评价自我，促进学生学业水平的发展和数学学科核心素养的达成。通过"向阳"学业发展评价改变家长对评价作用的认识，更新家长的观念，家长积极主动地参与评价，共同营造轻负高质的校内外学习环境，促进家校共育。

3. 班级层面精准施策，落实素养提升行动

学生数学等级水平、数学能力、数学态度等数据的提升离不开华阳小学各班级高度重视智慧阳光评价数据。各班级根据数据精准剖析问题成因，从班级实际情况出发，采取相应的措施。

（1）开展单元大任务，探索跨学科融合

华阳小学各年级数学集备组在学校和科组的统一部署下，聚焦本学期"图形与几何"领域进行深入研究，即研读课标—横向纵向对比分析教材—运用前测和访谈精准分析学情—查找相关文献提炼观点—确定可测可评的学习目标—提出单元大任务并对照"六要素"进行考量—设计单元学历案，并在实施单元学历案的过程中开展了丰富多彩的数学实践活动。以"多边形的面积"单元为例，设计"规划校园小农田"活动。利用"都市小农夫"社团需要出宣传海报这一契机，社长邀请同学们制作出"都市小农夫"菜园宣传海报，向全校同学介绍菜园，并号召大家都来爱护小菜园的一草一木、一瓜一果。学生小组合作去菜园测量每块菜地的大小，画出每块菜地的形状并标出数据，计算平行四边形、三角形和梯形菜地的面积，将不规则的菜地进行分割计算面积（见图8）。空间观念、几何直观、应用意识等核心素养在活动中自然形成。

图8　"规划校园小农田"活动

《义务教育课程方案（2022 年版）》指出，要"强化课程综合性和实践性，推动育人方式变革，着力发展学生核心素养"[①]。跨学科立场在问题解决过程中培育学习素养。华阳小学遵循这一立场，在每个年级都设计了跨学科活动，比如五年级的"智改校园垃圾站"活动。这一跨学科主题学习号召同学们关注校园垃圾处理。学生小组合作通过现场调查、阅读文献、上网查阅资料等方式，了解不同地区不同场所垃圾站的特色设计，并围绕目前

---

① 中华人民共和国教育部制定《义务教育课程方案（2022 年版）》，北京师范大学出版社，2022，第 2 页。

校园垃圾站存在的问题，提出解决方案，并形成改造项目计划书。学生通过实际测量，计算或估算垃圾站占地面积、垃圾桶容积、垃圾体积等数据，并制作出垃圾站模型（见图9）。在整个研究的过程中，既加强对面积、体积的认识，发展了空间观念，又提高了学生的综合素质和创新意识。

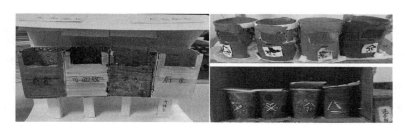

图 9 "智改校园垃圾站"活动

对小学生来说，虽然实践活动的过程中难免会出现各种问题，研究的深度和广度不够充分，但由于实践活动极大地激发了学生对数学学习的兴趣和信心，同时应用了师生双向反馈、适应性教学和认知激活这三种教学方式，在实践过程中各种等级学生的综合素质都能得到提升。

（2）立足课堂教学，落实素养培育

以数学五年级下册第三单元第一课时"长方体的认识"为例，教师从点、线、面、体的关系出发，引导学生从二维空间转向三维空间，初步形成关于立体图形研究的基本思路。学生先在观察中发现，再在操作中巩固。在观察长方体的过程中，学生明晰长方体面、棱、顶点的概念，总结出面、棱、顶点的特征。最后，学生利用小棒搭建长方体框架，深刻认识长方体的长、宽、高，进一步理解相对棱之间的关系（见图10）。

（3）借助新型课堂分析方法，关注学习发展

此外，年级集备组为提升教师的教育教学能力，落实学生核心素养的培养，一方面，积极开展基于课堂观察的听评课，重点关注学生学习中高阶思维发展以及学生数学素养提升情况。借助努比 AI 课堂特征分析系统辅助课堂观察，让课堂观察更科学更精准。另一方面，在华东师范大学课程与教学研究所肖思汉教授的指导下，引入视频俱乐部（Video Club）这种新型课堂

图 10　"长方体的认识"课例展示

分析方法，教师组成实践共同体，基于视频案例开展教师专业发展研讨会，包括围绕视频中的课堂关键事件展开讨论和反思，并全程记录讨论过程，以便做后续分析，从关注教师教学行为转变为更多关注学生的学习动态和思维。

（4）整体设计作业，实现减负提质

2019 年 11 月，《教育部关于加强和改进新时代基础教育教研工作的意见》提道，加强作业设计研究，指导学校和教师完善作业调控机制，创新作业方式，提升作业设计水平①。集备组在深化作业管理改革的过程中，重新定位核心素养背景下作业的本质及其育人功能。在华阳小学原有"绿色作业"机制上，进一步厘清单元学习目标、单元作业超市中的作业目标以及单元"向阳"学业发展评价指标之间的联系与区别。以单元为基本单位，从单元整体的视角统一设计作业，是减轻学生作业负担、提升作业质量的有效途径。集备组按照图 11 所示的路径设计单元作业。

以"面积"单元作业为例（见表 7），明确单元作业目标及对应学科核心素养目标，为后面的作业内容设计提供了依据。接着依据单元作业目标和单元任务，整体规划单元作业，具体设计课时基础作业。让单元作业设计做到"基础性作业"与"拓展性作业"相结合、"书面作业"与"非书面作

---

① 《教育部关于加强和改进新时代基础教育教研工作的意见》（教基〔2019〕14 号），中华人民共和国教育部，2019 年 11 月 25 日，http：//www.moe.gov.cn/srcsite/A06/s3321/201911/t20191128_409950.html，最后检索时间：2023 年 10 月 18 日。

图 11　单元作业设计路径

业"相结合、"必做作业"与"选做作业"相结合。多元优化的作业设计，可激发学生的学习兴趣（见图12）。

表 7　单元作业目标

目标序号	单元作业目标	学科核心素养目标	学习水平
1	理解面积的含义，积累认识面及面的大小的丰富活动经验	空间观念、量感	理解
2	丰富面积单位表象的认识。能正确选择合适的面积单位表示面积，发展量感	空间观念、量感	应用
3	能用面积单位学具或身边常用的物品面积估计其他物品表面面积，形成估测意识，发展估测能力	应用意识、量感	应用
4	能熟练进行相邻面积单位之间的换算，并应用在实际问题的单位换算中，发展量感和应用意识	应用意识、量感	应用
5	能正确应用长方形和正方形面积公式进行计算，发展应用意识	应用意识	应用
6	学会用不同的方法解决实际问题，初步形成综合应用数学知识解决实际问题的能力	应用意识、创新意识	综合

（5）建设班级特色文化，提高数学态度

针对数学学习兴趣和数学学习信心，教师们重视将立志教育融合在日常的学科教学中。以12班参与测评的李老师为例，李老师从一年级就担任该班级的班主任，在班级文化建设方面取得了突出的成绩。其中班级理念中的生本教育理念、正面管教理念与智慧阳光评价倡导的理念不谋而合（见图13）。在班级文化潜移默化的影响下，孩子们心中种下了爱国爱党的种子，也对学习数学产生了浓厚的兴趣。在四年级学习统计模块的时候，李老师设计了课例"数据传星火"。学生通过我国城乡人口结构的调研，归纳出单式条形统计图和复式条形统计图的特点。学生既理解了数据统计的重要性和实用性，形成了数据分析能力，同时又了解了中国改革发展的历程，感受到了祖国的日益强大（见图14）。

第 4 课时——开心的一天（面积单位间的进率）

班级：_____　姓名：_____

　　今天是六一儿童节，早上一进校门就看到学校美丽的海报，一些小朋友举着五颜六色的手牌欢迎我们。

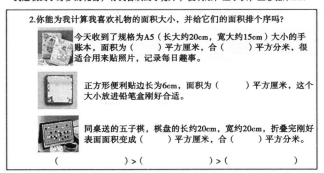

　　1.你能为我们学校的海报和手牌的规格填上合适的单位吗？

海报的面积：150（　　）　　　　手牌的面积：900（　　）

　　我还收到了好多的礼物，有我喜欢的手账本，便利贴，五子棋，五彩糖果……

　　2.你能为我计算我喜欢礼物的面积大小，并给它们的面积排个序吗？

　　今天收到了规格为A5（长大约20cm，宽大约15cm）大小的手账本，面积为（　　　）平方厘米，合（　　　）平方分米，很适合用来贴照片，记录每日趣事。

　　正方形便利贴边长为6cm，面积为（　　　）平方厘米，这个大小放进铅笔盒刚好合适。

　　同桌送的五子棋，棋盘的长约20cm，宽约20cm，折叠完刚好表面面积变成（　　　）平方厘米，合（　　　）平方分米。

（　　　　　　　）＞（　　　　　　　）＞（　　　　　　　）

　　课间我还给我们四人小组的每个人都送了一只小千纸鹤，表达我对他们的祝福，希望我们都快乐成长！

　　3.邀请同学们一起来制作千纸鹤吧，先准备一张A4纸，按照以下步骤操作。

将A4裁剪出长20cm，宽 20cm的正方形，此时正方形的面积为（　　）cm²

将正方形纸裁成边长为1分米的小正方形，最多可以裁出（　　）个

将小正方形涂上你喜欢的颜色，折成千纸鹤，送给你的好朋友吧

　　今天真是开心的一天呀！

图 12　"面积"第 4 课时作业设计

图 13　班级特色文化

图 14　课例"数据传星火"

四　进一步的发展建议

通过追踪广州数学素养测评数据，本校学生整体数学素养还存在不足，主要体现在性别差异较明显。相关数据为学校数学教育的精准改进提供参考，结合教育部的政策文件和华阳小学实际情况，本文提出进一步发展建议。

（一）持续关注全体学生数学素养的发展

新课标指出，数学在形成人的理性思维、科学精神和促进个人智力发展中发挥着不可替代的作用。数学素养是现代社会每一个公民应当具备的基本素养[①]。小学阶段是发展数学素养的重要时期，数学教师需对学生的数学素养发展有一个全方位的了解，可以通过广州数学素养测评、数学实践活动表现、数学课堂表现等各方面综合评估学生数学素养状况，以便全面促进学生数学素养发展。针对不同等级、不同层次、不同性别的学生，数学课堂教学应遵循学生的身心发展规律，选取适宜的教学策略、教学方法，关注学生多样化、个性化学习需求，落实因材施教。此外，学校需创设丰富多彩的实践活动，提供各式各样的展示平台，激发学生的数学学习兴趣。加强跨学科主题活动的开展，例如数学与科学、信息技术、语文、综合实践、劳动等学科融合，探索开发数学课程资源，切实加强数学教育，从而提升全体学生的数学素养。

（二）不断深化单元学历案的设计与实施

华阳小学作为华东师范大学——天河区义务教育课程与教学提升项目"种子校"，在原有"以学定教单元整体教学"模式基础上，数学科组不断学习和实施推进单元学历案，探索出单元学历案有依有据的规范设计路径，在实践中取得了较好的教育教学效果。单元学历案立足单元整体教学，是落实"双减""双新"、走向深度教学、减负提质的可行路径。华阳小学数学科组将充分利用华阳教育集团的学术引领、远航项目等活动，助力各阶段教师对单元学历案进行更全面深入的实践研究，逐步从某些单元过渡到各个单元全覆盖，精心设计单元大任务，立足学生立场，遵循"设计—实施—分析—评估"的循环迭代过程，以单元学历案为抓手让学生的数学素养得以提升。

（三）继续优化数学"向阳"学业发展评价

华阳小学依据《义务教育质量评价指南》和广州智慧阳光评价项目各项指标，整体构建并实施了"向阳"生长评价体系。其中"向阳"学业发

---

① 中华人民共和国教育部制定《义务教育数学课程标准（2022年版）》，北京师范大学出版社，2022，第1页。

展评价从学习习惯、创新精神与学业水平三个维度进行设计和实施，提供学生有关数学表现的定期反馈，帮助学生了解自己的进步和改进空间。数学各年级组已经在某些单元试行"向阳"学业发展评价，今后将结合广州数学素养测评数据，在实践中不断进行优化和完善。未来还将充分利用信息化手段，更为简单、清晰且高效地落实学生的过程性评价、综合评价与增值评价，助力学生数学素养的发展。

五　结语

习近平总书记在全国教育大会上强调，要扭转不科学的教育评价导向，坚决克服唯分数、唯升学、唯文凭、唯论文、唯帽子的顽瘴痼疾，从根本上解决教育评价指挥棒问题①。按照习近平总书记的指示，广州数学素养测评作为一种新的评价方式给一线教师提供了指引，同时也对学校和教师提出了更高的要求。华阳小学一直勇立课程与教学改革潮头，将继续以"逐日"的姿态坚定走在培养学生核心素养的教育道路上，充分理解广州智慧阳光评价的内涵，不断进行校本化探索，以评价改进教学、以评价促进学习、以评价提升素养。

参考文献

崔允漷：《学科实践：学科育人方式变革的新方向》，《人民教育》2022年第9期。
尤小平主编《学历案与深度学习》，华东师范大学出版社，2017。
张悦颖、夏雪梅：《跨学科的项目化学习："4+1"课程实践手册》，教育科学出版社，2018。
王月芬：《重构作业——课程视域下的单元作业》，教育科学出版社，2021。

———————————

① 《习近平出席全国教育大会并发表重要讲话》，半月谈，2018年9月11日，http://www.banyuetan.org/jrt/detail/20180911/100020003313499153663202829959736_ 1.html，最后检索时间：2023年10月16日。

基于广州数学素养测评的
小学校本教研策略研究

——以广州市荔湾区 H 学校为例

陈文茵 *

摘　要： 本文基于 H 学校 2022 年广州数学素养测评结果，发现五年级学生数学素养整体水平及具体指标数据低于区、市平均值，进一步分析发现，存在教师教学管理能力、教学研究能力、教学设计能力较为薄弱的问题。基于问题的解决，学校从教师培训入手，引导教师基于理论应用、问题研究和经验反思开展校本教研。结果发现，教师教学理念明显转变，教学能力得到提升，团队合作意识加强。

关键词： 数学素养测评　校本教研　广州

《义务教育数学课程标准（2022 年版）》（以下简称《课程标准》）明确指出，数学在形成人的理性思维、科学精神和促进个人智力发展中发挥着不可替代的作用，数学素养是现代社会每一个公民应当具备的基本素养。因而在 2022 年广州市中小学智慧阳光测评中，数学素养指标作为学业发展水平测评指标之一，以考察数学学科知识为主，旨在了解学生的数学能力、数

---

* 陈文茵，广州市何香凝纪念学校副校长，小学数学高级教师，主要研究方向为教育教学管理、小学数学教育。

学态度等方面。H 学校五年级学生共 122 人参加了 2022 年广州智慧阳光评价·数学素养测评（以下简称"广州数学素养测评"），通过对测评数据结果的校本分析，发现教育教学问题、找到成因、解决问题，促进学生数学素养提升。

一　数据分析

（一）整体水平及分析

数学素养是现代社会每一个公民应当具备的基本素养。广州数学素养测评以考察数学学科知识为主，其等级划分标准为 A 级（86～100 分，优秀），B 级（71～85 分，良好），C 级（60～70 分，中等），D 级（60 分以下，待提高）。

学校五年级学生数学素养测评中，A 级学生人数占比为 0.82%，B 级学生人数占比 5.74%，C 级学生人数占比 14.75%，D 级学生人数占比为78.69%（见表 1）。

表 1　学校五年级学生数学素养等级测评情况

单位：%

学校	离散系数	等级占比			
		A	B	C	D
本校五年级	0.32	0.82	5.74	14.75	78.69
1 班	0.36	2.44	12.20	9.76	75.61
2 班	0.28	0.00	2.44	12.20	85.37
3 班	0.33	0.00	2.50	22.50	75.00

从表 1 数据看，学校 A 级学生人数占比不足 1%，处于待提高等级人数占近八成，整体水平偏低。全年级 3 个班的离散系数均都不足 1%，表示班级分化程度高，两极分化严重。

（二）具体评价指标结果分析

1. 学生数学学科能力评价指标及分析

数学学科能力评价主要测查学生运用数学知识进行推理、解决实际问题时表现出来的认知能力和思维过程，包含运算求解、数据处理、空间想象、推理论证、问题解决能力。学校五年级学生空间想象、数据处理、推理论证、运算求解得分率均低于区平均值，问题解决能力略高于区平均值。（见表2）。

表2 学校五年级学生数学学科能力得分情况

单位：分

群体	运算求解能力	数据处理能力	空间想象能力	推理论证能力	问题解决能力
1班	50.22	54.82	41.91	52.44	51.06
2班	44.15	49.30	43.50	50.00	49.76
3班	47.04	45.71	42.45	47.29	49.00

从表2数据看，运算求解能力上，1班得分率最高，2班得分率最低。数据处理能力上，1班得分率最高，3班得分率最低。空间想象能力上，2班得分率最高，1班得分率最低。推理论证能力上，1班得分率最高，3班得分率最低。问题解决能力上，1班得分率最高，3班得分率最低。学生数学学科能力弱，是导致数学素养中D等级人数占比高的主要原因，它与学生学业表现之间关系密切。

2. 数学态度评价指标及分析

学生的主观态度在一定程度上会影响学生数学素养的发展水平，测评将学生的数学态度分为数学学习兴趣、数学学习信心（自我效能感）。从测评结果中，我们欣喜地发现学校五年级学生数学学习兴趣得分率高于区平均值4.65%、数学学习信心得分率高于区平均值3.58%。

表 3　学校五年级学生数学学习兴趣、数学学习信心得分率

单位：%

分类	数学学习兴趣	数学学习信心
本校五年级	89.51	89.22
1 班	91.20	89.94
2 班	86.73	86.23
3 班	90.64	91.56

从表 3 数据看，数学学习兴趣上，1 班得分率最高，2 班得分率最低；数学学习信心上，3 班得分率最高，2 班得分率最低，但得分率最低的班级也高于区平均值。这证明学生对学会新的数学知识及在数学活动中顺利完成任务的确信程度高，教师应充分利用这一优势，切实提高数学教学质量。

3.非学业指标与数学素养相关程度评价指标及分析

为探索非学业指标对学业表现的影响关系，本次测评分析研究非学业指标与学生数学素养之间的数量关系，使得统计分析结果对一线教育教学更具现实指导与操作意义（见图 1）。

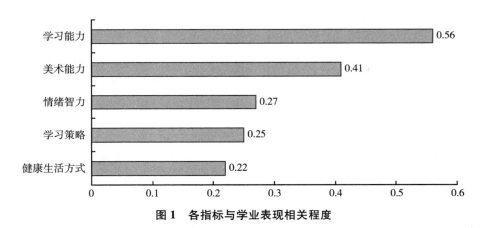

图 1　各指标与学业表现相关程度

从图 1 可知，学习能力与学业表现相关程度指数为 0.56，美术能力的相关程度指数为 0.41，情绪能力的相关程度指数为 0.27，测评结果反映学习能力、美术能力、情绪能力与学校学生学业表现之间关系密切。良好的学习能力能够帮助学生有效获取数学知识、解决数学相关问题，而数学能力往往是在教学活动、课堂学习、问题解决中得到提升的。所以，学校应以这些指标作为教学着力点，提升这些因素的发展水平，有助于提高学生学业表现。

二 基于测评结果的成因分析

从测评结果分析来看，学校学生数学学科能力不足，造成学生数学学科能力不足的主要原因有以下几方面。

（一）数学课堂教学方式缺乏灵活多样性

教师在课堂上教学时可使用不同的教学方法，结合数学学习的特点可分为教师主导教学、师生双向反馈、适应性教学、认知激活。学校五年级学生整体认为教师课堂上运用教师主导教学频率高，运用认知激活频率低。1 班学生整体认为教师课堂上运用师生双向反馈频率高，运用认知激活频率低。2 班学生整体认为教师课堂上运用教师主导教学频率高，运用师生双向反馈频率低。3 班学生整体认为教师课堂上运用师生双向反馈频率高，运用认知激活频率低（见表 4）。

表 4 数学课堂教学方式使用频率

单位：%

群体	教师主导教学	师生双向反馈	适应性教学	认知激活
本校	89.33	88.79	87.93	87.52
1 班	87.27	90.45	86.34	85.00
2 班	89.35	84.38	87.04	88.47
3 班	91.43	91.61	90.48	89.14

学校目前数学课堂教学中，仍是教师讲得多，学生被动地接受知识，没能重视数学结果的形成过程，没能处理好过程与结果的关系，即忽略了学生学习能力的培养，这是造成学生数学学科能力不足、在数学素养中 A 和 B 等级人数极少、D 等级人数极多的主要原因。《课程标准》指出，有效的教学活动是学生学和教师教的统一，学生是学习的主体，教师是学习的组织者、引导者与合作者。好的教学活动，应该是学生主体地位和教师主导作用的和谐统一。一方面，学生主体地位的真正落实，依赖于教师主导作用的有效发挥；另一方面，有效地发挥教师主导作用的标志，是学生能够真正成为学习的主体，获得人的全面发展。

（二）教师教学能力不足

学校有 12 位五年级任课教师参与了广州市中小学智慧阳光测评，从测评结果分析可知：有 50% 的教师教学研究能力、教学管理能力低于区平均值；有 42% 的教师教学设计能力低于区平均值（见图 2）。

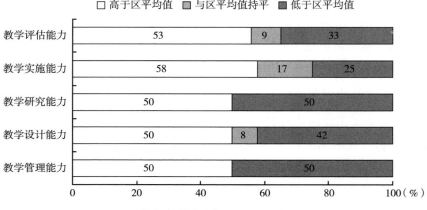

图 2　教师教学能力与区平均值对比分布

教学研究能力欠缺，主要体现为教师的问题意识不敏锐，不善于恰当处理教学问题、完善教学研究方案，不能将研究成果科学应用到实践中并根据不同结果及时总结和反思。教学管理能力欠缺，主要体现为教师还未能灵活运用多种促进最佳学习的教学方法，积极有效把控课堂节奏；未能有效指导学生学会学习，激发学生更多积极行为。教学设计能力欠缺，主要体现为教师根据学科特点、学生特点和实际教学情境，制订切实可行的目标，选择科学有效的教学策略，优化组合多种教学策略，有效预测课堂的可能变化及在实施中灵活设计、修订的能力不足。教师教学能力的不足，导致数学课堂教学方式单一，对学生的数学学科能力培养不到位。

（三）教师职业压力较大

教师职业压力受到教师自我发展需要、工作负荷、家庭人际、考试压力、学生因素及职业期望等诸多因素的综合影响。影响学校教师职业压力的因素评估得分均高于区平均值（见表5）。

表5　学校教师职业压力具体分析

单位：分

职业压力	平均得分		本校水平	具体表现
	本校	本区		
自我发展需要	31↑	30	有一定改善空间	教师认为工作中获得了一些发展的机会、支持及资源等,但这些仍不足够支持个人发展,有一定的压力感
工作负荷	49↑	46	有一定改善空间	教师感觉面对教学、教研工作、评比检查、外界期望时,有一定的压力
家庭人际	25↑	24	程度轻度	教师在工作中能得到家人、同事及领导理解和支持,来自人际的压力感较小
考试压力	44↑	39	有一定改善空间	教师感到有时学生成绩不能达到自己的要求,有一定压力
学生因素	32↑	27	有一定改善空间	教师感到自己有时难以有效应付学生的德育、家庭等问题,有一定压力
职业期望	45↑	40	有一定改善空间	教师认为工作薪酬或职业地位等现实情况与自我期望存在一定差距,有一定的压力

受 2020~2023 年新冠疫情影响，教师工作负荷增加。每天 5+2 的课后服务工作、核酸检测、疫情防控排查、疫苗接种动员等，让教师的工作、日常生活、学习时间之间缺乏明显的界限，使得他们难以缓解压力。此外，随着人们对教育的期望值越来越高，课堂教学、师生关系、评价模式等的变化以及种种新问题的出现，也让教师感到自己的专业能力储备不足，对自己的教学能力产生怀疑。教师职业压力若无法得到化解，教师就会产生挫败感，进而对生活、工作失去热情和信心。

三 聚焦问题解决的校本教研策略

校本教研，就是以学校为阵地，以教师为主体，以解决教学实践中出现的实际问题为中心，以促进教学取得良好效果为目的而进行的教学研究活动。《教育部关于加强和改进新时代基础教育教研工作的意见》（教基〔2019〕14 号）明确指出：教研工作在推进课程改革、指导教学实践、促进教师发展、服务教育决策等方面，发挥了十分重要的作用[1]。

（一）明晰校本教研目标

1. 校本教研总目标

基于《课程标准》要求、基于学校 2022 年广州市中小学智慧阳光测评数据、基于学校教育高质量发展需求，学校确定了校本教研总目标。

目标一：通过校本教研，研读课程标准和教材，着力增强教学设计的整体性、系统化，为课堂教学准备好第一手资料。

目标二：通过校本教研，研究学生学习，改进教学方法，解决教育教学中遇到的问题，努力提高课堂教学效率和教育教学质量。

目标三：通过校本教研，引导教师树立"问题即课题、教学即研究、

---

[1] 《教育部关于加强和改进新时代基础教育教研工作的意见》（教基〔2019〕14 号），中华人民共和国教育部网站，2019 年 11 月 25 日，http：//www.moe.gov.cn/srcsite/A06/s3321/201911/t20191128_ 409950.html，最后检索时间：2023 年 10 月 15 日。

成果即成长"的意识，不断提高基于课程标准的教学研究能力。

2. 校本教研分层培养目标

教师之间存在教龄、能力、素质、经验的差异，是组织实施校本教研时的必要关注点。依据教师专业发展阶段，可以把学校教师分为三个不同层级，即入门期、发展期、成长期，不同层级教师在专业理念、专业知识、专业能力上起点不同、目标不同，培养方法也不同，应建立教师分层培养目标体系，实现教师分阶段、持续性培养（见表6）。

表6　校本教研分层培养目标

入门期	发展期	成长期
1. 建立师德规范、教学规范和管理规范 2. 熟悉教材和课程标准要求，课堂教学方式选择清晰	1. 培养对数学教学工作的成就感 2. 深入理解课程的逻辑体系与本质，优化教学设计、教学实施和教学评价，能够根据学科和学生自身不同特点实施差异化教育，有效提升教育教学质量	1. 培养对数学教学工作的幸福感 2. 开阔教育视野，提炼、总结、反思教学经验，更新教育理念，形成教学风格，具备引领学科专业发展、青年教师发展的能力，掌握数学教育研究与教育实验的科学方法

（二）确定校本教研模块

自 H 学校成立以来，学校师生一直将何香凝先生作为学习的精神榜样，提炼出"香凝正气"学校理念体系，我们紧密结合学校理念体系和《课程标准》，形成了"香凝正气"校本教研模块（见图3），明确校本教研的实施过程，更好地实现校本教研目标。

确定"基于理论的应用"的思考：《课程标准》实施后，开展理论学习的目的更多是引导教师持续进行核心素养导向的教学改进，理论学习可以助力教师获取新理念、新知识和新技能，从而提升教学能力、完善自我。

确定"基于问题的研究"的思考：课堂教学方式缺乏灵活多样性、教

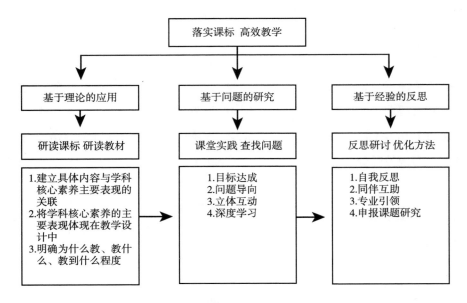

图 3 "香凝正气"校本教研模式

学能力不足和职业压力较大是校本教研目前亟须解决的问题，校本教研为教师搭建教学研究平台，通过课例、案例研究，帮助教师实现从理念到课堂教学行为的转变。

确定"基于经验的反思"的思考：一是引导教师着眼于自己的教学活动过程，把自己作为研究对象，研究自己的教学观念，分析自己的教学行为、决策以及所产生的结果，用以不断更新教学观念、改善教学行为、提升教学水平、提高教学质量；二是教师教学各有专长，在与同伴的互动中实现经验推广、借鉴学习。

（三）数学科校本教研实施过程

1.基于理论应用的校本教研实施

在学校教育教学中，教师是学生学习的引导者与促进者，教师的学习与教学实践是为学生发展服务的，回应自身成长及学生学习需求是教师学习与实践的应然要求①。

（1）结合《课程标准》要求，确定理论学习方向与内容。组织研读新课程标准，一是了解课程改革的背景和要求、课程改革的顶层设计意图和数学课程的理念，帮助教师更新教学理念；二是理清数学课程性质、课程理念、核心素养、课程目标、课程内容、学业质量、教学与评价建议等各部分的核心要义及彼此间的关系，帮助教师关注各个层级学生的发展，对不同层级学生给予有针对性的指导；三是学习整体把握结构化课堂内容体系、单元整体教学、跨学科主题学习、基于核心素养的学业质量标准与考试评价等关键问题，帮助教师更新教学设计，优化以新课标为引领的课堂环节设计②。

（2）结合内容确定学习形式。专家引领、知识共享、自我研修、案例研究、心得撰写与评比都是理论学习的重要形式。以优化作业设计实施策略学习为例，教师多次聆听教育专家、区教研员的专题讲座，并在自学、选读相关文献后，在科组校本教研中推荐学习优秀文献，由推荐教师领读，并对标《课程标准》内容进行解析。优化作业设计学习，现已成为数学科集体备课的重要环节之一，在作业设计时，教师们集思广益，学理论、谈学生，将理论与实际相结合，反复推敲，确定了有创新性和个性化的作业设计内容。学校还定期组织开展校内优秀作业设计与实施评比，体现理论学习成果，以赛促教。在理论指导下的教师备课也更加全面，立足学情、立足新知、立足联系、立足发展，更有利于促进学生对数学学习内容的整体理解与把握。

2. 基于问题研究的校本教研实施

对教师教学能力问题的诊断需要课例来支撑，也需要通过课例研究

---

① 许家盘、李如密：《"多主体需求"驱动下的教师学习：意蕴、模式与策略》，《当代教育与文化》2023 年第 5 期，第 35 页。

② 谢桂英、涂秋元、姚正鑫、庞新军、黄小燕：《基于科学监测数据的广州市初中物理教研改进调查报告》，载方晓波主编《广州学生科学素养发展报告（2023）》，社会科学文献出版社，2023，第 157 页。

来克服，课堂实践是校本教研的主要形式。我们立足课堂，用同研、同磨、同思方式开展研讨①，实现帮助教师解决教学问题、提升教学能力的目的。

（1）同研、同磨、同思的研讨方式贯穿了课前、课中、课后，表7基于六年级甲老师的"倒数的认识"课例，阐述课堂实践研讨方式。

（2）有针对性地安排办公室座位，让校本教研随时随地开展。学校把同一学科教师安排在同一办公室，为学科教师提供随时交流的机会。这种随时随地开展的校本教研，会比规定时间里组织开展的校本教研更为轻松，是一种常态的分享、交流形式。在办公室，教师观察学科同事的工作，聆听和汲取同事的工作感受和经验，有助于更及时、更直接地解决自己遇到的教学问题，这对减缓教师职业压力可起到有效帮助②。

表7　基于问题研究的校本教研实施过程

阶段	内容	期待效果
问题的产生	1. 根据广州数学素养测评分析结果，行政随堂听课，发现部分数学教师的课堂仍存在教师说得多、一问一答的无效问题多、学生被动学、学习不投入、学习效果不理想情况 2. 教学组在中高年级开展学生问卷调查，问题一：怎样的课堂能使你高效地、快乐地学习？问题二：课堂上你为什么会走神？ 3. 根据问题反馈，教学组利用校本教研时间，首先由六年级数学甲老师执教，开展课堂教学模式探讨	教学问题产生于课堂，教学组行政先通过问卷了解学生的真实需求，再利用数据对教学问题进行剖析，更利于教师认清问题的本质

---

① 姚海东：《小学语文校本教研中的课例研训》，《教学与管理》2022年第11期，第30页。
② 楼朝辉：《教师积极幸福工作的秘密：更多满足其情感、价值需要》，《人民教育》2021年第20期，第27页。

阶段	内容	期待效果
基于理论的应用——研读课标、研读教材	1. 甲老师选课、个人备课 2. 数学科结合课程标准、教材进行相关理论知识学习 3. 开展第一次集体研讨,形成新的教学设计	集体研讨时,1. 建立具体内容与数学核心素养主要表现的关联。2. 将数学核心素养的主要表现体现在教学设计中。3. 明确为什么教、教什么、教到什么程度?
基于问题的研究——课堂实践　查找问题	1. 甲老师选取六(2)班开展第一次课堂研究 2. 第一次观课前根据各位数学教师的教学能力进行分组,明确观察维度 3. 课前乙副校长呈现教学存在问题、反馈学生调查情况,让教师带着问题观课,思考教学问题产生的缘由 4. 教师进入学生学习小组观课,并作数据与情况记录。见表8《教师课堂行为观察量表(观察重点:研读课标、研读教材与教学问题的处理)》、表9《教师课堂行为观察量表(观察重点:教师教学方式的转变)》、表10《学生课堂行为观察量表(观察重点:学生学习方式的转变——自主学习、探究学习、合作学习)》(后附)	观课维度: 1. 目标达成 2. 问题导向 3. 立体互动 4. 深度学习
基于经验的反思——反思研讨　优化方法	1. 数学科结合观课数据,基于高效课堂标准再次进行集体研讨 2. 形成教学设计第二稿	1. 自我反思 2. 同伴互助
基于问题的再研究、基于经验的再反思	1. 甲老师在六1班开展二度课堂研究 2. 观课结束,各小组进行15分钟数据汇总、分析问题,得出结论 3. 各小组长向全体教师反馈观课结果与引发的感悟(每组5分钟) 4. 乙副校长结合小组反馈信息,分析教学问题存在原因,提出高效课堂教学方法	基于教学问题的主题教研,一是真实,来自真实情境的真问题,易激发真研究;二是聚焦,去粗取精,梳理提炼,整合学校教师的内在需求和课程改革的外在要求;三是探索出最贴近学校实际的解决方案

3. 基于经验反思的校本教研实施

数学科教师教龄均在 20 年以上，在教学上已经积累了一定的经验，引导教师开展教学反思与经验推广是促进教师共同进步的有效方式。

（1）使用课堂观察表，引导教师教学反思

教学反思是对教学过程与结果进行的自我评价、自我探究、自我监控与自我调节的活动，是一种基于现状、寻找问题、力求改进的思维过程。数学科经过文献参考、专家指导，反复讨论、修改完善了学科课堂教学观课记录表（见表 8、表 9、表 10），虽然每个观察量表的观察重点不同，但都既关注教师的教，也关注学生的学，同时还包括了"看"和"思"两个要求，即收集和分析资料两个部分，做到有明确的观察目的、有适当的观察内容、有科学的观察方法、有清晰的观察分析和结论。教师在观摩过程中细细记录，再用数据、实例展开讨论、分析、研究和反思实践。观察人在观课的过程中同时也是在主动地审视自己的教学行为，并不断地调控自己的意向、感知和判断，促使教师重新理解和再实践。

表 8　教师课堂行为观察量表

（观察重点：研读课标、研读教材与教学问题的处理）

维度	观察点	课堂记录	问题记录
问题的设计	1. 问题设计有目的性与价值性	有目的、有价值的问题出现了（　　）次	
	2. 问题设计的准确性与科学性	既准确又科学的问题出现了（　　）次	
	3. 问题设计与学生的匹配度	1. 对思维要求过低的问题出现了（　）次 2. 探究式问题出现了（　　）次 3. 递进式问题出现了（　　）次	

续表

维度	观察点	课堂记录	问题记录
课堂生成问题处理	1. 教学中遇到了哪些生成性问题	出现了（ ）次生成性问题	
	2. 教师对生成性问题的处理方式	1. 置之不理,继续牵着学生鼻子走（ ） 2. 过于关注,偏离了教学目标（ ） 3. 课前充分预设,关注生成（ ） 4. 课中智慧处理,应对生成（ ）	
	3. 生成性问题的处理效果		

小组成员结合任教老师课前深入学习课标、研读教材对优化课堂问题设计所起作用进行交流

1. 意料之中的是什么？意外之处是什么？

2. 写出三个值得您学习的优点：

3. 写出对我们今后课堂教学行为转变的两个触动：

小组成员签名：

表9　教师课堂行为观察量表

（观察重点：教师教学方式的转变）

教学指导	教学组织	1. 教师布置了哪些学习任务？（请在下面列明） 2. 各项学习任务分别用什么方式完成？ 任务（　　　　　　）使用了自读 任务（　　　　　　）使用了练习 任务（　　　　　　）使用了讨论 任务（　　　　　　）使用了教师点拨 其他(请注明)＿＿＿＿＿＿＿＿＿＿＿＿ 3. 教师在相应学习任务完成中怎样为学生提供有效的帮助？ 任务（　　　　　　）使用了点拨 任务（　　　　　　）使用了讲解 任务（　　　　　　）使用了个别辅导 其他(请注明)＿＿＿＿＿＿＿＿＿＿＿＿
	教学反馈	1. 教师针对学生回答如何作评价？ 1. 打断同学回答或自己代答（　　） 2. 重复自己问题或学生答案（　　） 3. 对学生回答鼓励称赞（　　） 4. 鼓励学生提出问题（　　） 其他(请注明)＿＿＿＿＿＿＿＿＿＿＿＿

请小组成员围绕本节课中"教师教学方式的转变"进行交流

1. 意料之中的是什么？意外之处是什么？

2. 写出三个值得您学习的优点：

3. 写出对我们今后课堂教学行为转变的两个触动：

小组成员签名：

表10 学生课堂行为观察量表

（观察重点：学生学习方式的转变——自主学习、探究学习、合作学习）

观察项目		学生行为	评价结果		
	情感态度	1. 学习兴趣浓厚	浓厚（ ）人	一般（ ）人	没兴趣（ ）人
		2. 听讲注意力集中	全程集中（ ）人	只能集中10分钟左右（ ）人	基本或完全不集中（ ）人
			积极参与	被动参与	不参与
	思维方法	3. 能对老师和同学提出的观点大胆质疑，提出不同意见	（ ）人	（ ）人	（ ）人
		4. 在小组合作学习中，能与同学有效合作，认真听取别人的意见，取长补短，完善自己的观点	（ ）人	（ ）人	（ ）人
		5. 学生思维有条理性，能用清晰的数学语言表达数量关系	（ ）人	（ ）人	（ ）人
	知识应用	6. 能应用已经掌握的知识与技能解决问题	（ ）人	（ ）人	（ ）人

请小组成员围绕本节课中"学生学习方式的转变"进行交流

1. 意料之中的是什么？意外之处是什么？

2. 写出三个值得您学习的优点：

3. 写出对我们今后课堂教学行为转变的两个触动：

小组成员签名：

（2）经验推广，共同进步

数学教师在长时间的一线教学中积累了一定的教学经验，且各有专长，有的教师擅长计算教学、有的教师擅长解决问题教学、有的教师擅长培养学生良好学习习惯等，这些都是值得推广与学习的经验，学校坚持在教师中开展师徒结对的"青蓝工程"，活动要求师傅做到"三带"：带师魂——敬业爱岗，无私奉献；带师能——介绍教学经验，提供教学信息，使其开阔视野、不断充实；带育人——育人之道，为人师表。徒弟要做到"三学"：学思想——教育教学理念；学本领——教育教学基本功；学做人——为人处事，为善、求真[①]。开展"青蓝工程"，通过同伴互助，实现成长期教师、发展期教师对自身教学经验的总结、提升和完善，实现入门期教师、学科教学薄弱教师、年级新手教师的迅速成长。同时，在教学工作中有了同伴的互助，工作中遇到的困难、问题可以得到及时、有效的解决，教师可以缓解职业压力，身心健康得到保证。

学校还鼓励教师成为教育的有心人，提炼总结教育经验，教师凡有意发表论文、申报课题的，学校给予相应指导[②]，助其论文在刊物中发表，或成功申请各级各类课题。

（四）细构学生、教师综合素养评价体系，推动校本教研效果提升

目前，学校已经开始实施教师、学生综合素养评价体系，我们深知实现教师考核评价工作科学化、民主化和规范化的重要性，充分发挥考核评价工作的激励和引导作用，能全面提升教师队伍综合素质水平，培养出一支适应现代教育发展要求的、师德高尚、爱岗敬业、学识渊博、素质过硬的教师队伍。而教师在校本教研中的工作态度、工作行为、工作业绩等，也被纳入综合评价体系，促进教师在校本教研中实实在在地获得专业发展的充足动力。

---

① 周文君：《思政课新教师专业发展研训的实践探索——以青岛西海岸新区为例》，《教学月刊·中学版》（教学参考）2021年第3期，第63页。

② 楼朝辉：《教师积极幸福工作的秘密：更多满足其情感、价值需要》，《人民教育》2021年第20期，第28页。

学生综合素养评价体系，则关注学生在校、在家、在社会中的德智体美劳各方面能力的养成，通过学生成长评价报告，教师能够精准定位优秀学生、待提高学生、学科短板学生，发现各位学生的优势和不足，更有针对性地开展后续的分层教学和个性化指导，实施以学生为中心的精准教学①。

四　校本教研初步成效

（一）教学理念、教学能力发生改变

校本教研促进教师教学理念发生转变，其教学管理、教学研究、教学设计等教学能力也随之悄然改变。教师越来越意识到，在"双减"背景下，学校正聚焦学生德智体美劳全面培养，德育、智育、体育、美育、劳动教育等方面已经融入学校教育教学全过程，因此打造"轻负担，低消耗，全维度，高质量"的高效课堂，即以尽可能少的时间、精力和物力投入，取得尽可能好的教学效果已显得十分必要、十分紧迫，追求高实效的课堂教学已成为 H 学校教师的努力方向和目标。同时，教师能在教学中正确认识"过程"与"结果"的关系，根据教材意图协调好过程与结果的关系，将其融入教学设计与课堂实施中，这对学生的全面发展、培养学生有序的数学思维、提高其分析能力和对知识的灵活应用起到了关键作用。

（二）解决问题更注重团队合作

学科教研组、集备组是校本教研中的最基本单位，校本教研离不开"团队"精神的引领，解决教学问题时，教师不再选择单打独斗，更愿意与同伴进行交流，不同的声音、不同的思想、不同的教学方法在校本教研过程中碰撞，然后又拧成"一股绳"，形成合力，这种专业交流使校本教研成为

---

① 周怡、赵旻：《数据驱动下的小学生综合素质评价》，《中小学数字化教学》2022 年第 1 期，第 76 页。

教学创新的舞台和学术争鸣的论坛，合作所产生的资源更成为不同集备组、不同学科、不同岗位乃至学校间的共享资源。同时，在同伴互助影响下，职业压力也得以缓解。

数学教师以团队形式参加了 2022 年两轮 L 区小学学科作业设计与实施案例评选活动，第一次获得了二等奖，第二次获得了一等奖。合作研究、合作共赢已成为教师的工作习惯。

（三）骨干教师人数增加

在校本教研过程中，我们根据教研活动的实际需要，按能力分组讨论评议，围绕研讨主题亮出各自的思想、经验与创意。这样的研讨方式所构筑的是教师乐于参与的对话平台。其间反映出来的不同见解与诉求，往往是教师思想深处智慧的折射，是非常值得珍视的差异性资源。这些资源能使不同资历的教师看清各自的"长板"与"短板"，引发碰撞和交融，诱发每位教师内在的发展自觉。每位教师立足于校本教研这个平台，集学、教、研、评于一身，努力学习、敢于创新、勇于实践，有更多的骨干教师在此过程中成长起来，而成长后的骨干教师、优秀教师发挥他们的专业作用，又能推动学校校本教研的开展。他们承担责任，享受荣誉，实现自身与事业共同发展，促进学校的可持续发展。2022 学年数学科共评出 3 名区级骨干教师，占数学科总人数的 37.5%。

五　结语

当以上实实在在的校本教研实践成效呈现时，尽管我们尚未有跨越式的飞跃，但这种立足于解决问题、立足于教师可持续发展的校本教研，却使我们迈出每一步都感到踏实。对培养学生的核心素养、对提升教学质量我们越来越有信心。数学教育承载着落实立德树人根本任务、实施素质教育的功能，学校校本教研的研究工作任重道远，我们还需要继续重视教研成果梳理，创新、优化教研方式，提升教师教育教学水平。

参考文献

中华人民共和国教育部：《义务教育数学课程标准（2022年版）》，北京师范大学出版社，2022。

李铁安：《高品质课堂的塑造》，世界知识出版社，2018。

杨豫晖、李铁安：《义务教育数学课程标准（2022年版）》案例式解读小学分册，华东师范大学出版社，2022。

方晓波：《广州学生科学素养发展报告（2023）》，社会科学文献出版社，2023。

基于广州数学素养测评的小学教师教学改进策略研究

——以广州市花都区 H 小学为例

黄靖怡*

摘　要： 依托广州数学素养测评结果，本文对比广州市花都区 H 小学 2020 年和 2021 年测评数据。结果发现，2021 年学生数学素养整体水平及具体指标数据呈上升趋势，学生数学素养整体水平高于市平均值，略低于区平均值，但仍存在学生数学能力不足、数学思维发展和探究能力较弱的现象。进一步分析发现存在教师专业知识与能力不足、课堂教学内容与方式单一、教学评价缺乏合理性和多元化三大问题。建议采取提升教师专业素养、改进课堂教学方式、构建多元化教学评价等策略进行教学改进，逐步提升学生数学素养，助力学校实现数学教学的高质量发展。

关键词： 数学素养测评　教学改进　教师专业素养　花都区

《义务教育数学课程标准（2022 年版）》（以下简称"新课标"）提出以核心素养为导向的新型教学①。新课标的颁布对教师教学提出了新的要

---

* 黄靖怡，广州市花都区花东镇花侨小学教导主任，小学数学一级教师，主要研究方向为数学教育。

① 中华人民共和国教育部制定《义务教育数学课程标准（2022 年版）》，北京师范大学出版社，2022，第 2 页。

求，传统的教学、旧式的教学显然与此不相适应，所以教学方式有必要不断优化和改进。教学方式改进是提高教学质量的根本保证。把核心素养落实在课堂教学中，通过教师教学方式的改进，实现学生学习方式的转变，从而有效培养和提高学生数学素养，这是对现代小学数学教师的新要求。

广州智慧阳光评价·数学素养测评（以下简称"广州数学素养测评"）对数学教学改进发挥了重要的导向作用，旨在基于大数据科学地分析和呈现学生的数学素养，了解学生在数学方面的发展水平及其影响因素，为教育工作者的教学改进提供参考依据。本文以广州市花都区 H 小学同一批学籍号的学生为样本，对 2020 年和 2021 年的广州数学素养测评数据进行追踪分析、深入研究，以期为小学数学教师教学改进提供切实可行的建议。

一　数学素养测评数据分析

（一）测评概况

花都区 H 小学共有 88 名学生参与学科素养中数学素养测试以及非学业量表测试。学生通过集中登录智慧阳光评价网站，在 50 分钟内线上完成选定的学业与非学业内容选择题，完成数学素养的整体测评。

（二）测评结果分析

1. 等级水平及均值

数学素养测评以考察数学学科知识为主，根据学生数学素养表现，将等级划分为以下四个：A 级（86~100 分，优秀）；B 级（71~85 分，良好）；C 级（60~70 分，中等）；D 级（60 分以下，待提高）。

综合 2020~2021 年测评的数据，连续两年的成绩均值高于市水平同批学生，在三年级时 A 等级和 B 等级占比均低于区、市水平，而四年级时 B 等级占比远高于区、市水平。纵向比较之下，可以清楚地看到四年级学生 B 等级占比大幅提高，而 C 等级占比呈现下降趋势，D 等级占比下降尤为明显

（见图1）。同时离散系数显示学生群体学习等级越来越集中于 B 等级，表明学生利用数学知识解决问题、探索新领域知识的能力逐步提高。

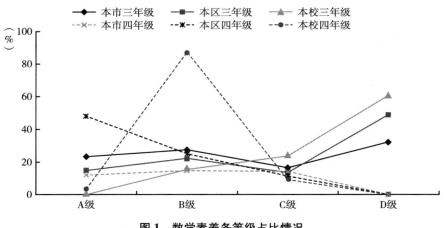

图 1　数学素养各等级占比情况

由此可见，在 2021 年学校优化教师发展培养机制、尝试多元化课堂教学策略改进的背景下，学生的数学素养呈现提升状态。

2. 数学能力

数学能力涵盖学生运用数学知识进行推理、解决实际问题时表现出来的认知能力和思维过程，包含空间想象、数据处理、推理论证、运算求解四项能力。三年级学生的四项数学能力发展明显滞后，四年级学生各项数学能力发展明显提高（见图 2），且高于市水平。纵向比较之下，看到三年级学生在"推理论证"能力发展上存在明显短板，说明学生对复杂数学问题运用数学知识和规律提出假设并进行比较、论证、分析的能力严重不足，高阶思维发展受到阻碍。

高阶思维是构成学生核心素养的重要部分。① 高阶的数学能力需要充足的时间和空间进行训练，2021 年学校采取的多元化课堂教学策略的改进对

---

① 杨向东：《核心素养与我国基础教育课程改革的深化》，《上海课程教学研究》2016 年第 2 期，第 3 页。

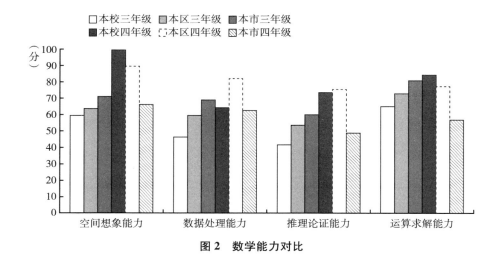

图例：
□ 本校三年级　▨ 本区三年级　■ 本市三年级
■ 本校四年级　⬚ 本区四年级　⬚ 本市四年级

图 2　数学能力对比

数学教学、学生高阶能力提升都产生一定的影响。由此可见，过往单一的课堂教学方式一定程度上束缚了学生的思维发展和探究能力提升。改进后教学方式的目标内容设计应更倾向于数学能力培养，特别是推理论证思维和实践有机统一的高阶能力的养成和发展。

3. 数学态度

学生的主观态度在一定程度上会影响学生数学素养的发展水平，本测评将学生的数学态度分为数学学习兴趣、数学学习信心（自我效能感）。通过对比 2020 年和 2021 年广州市花都区 H 小学学生数学态度的指标数值发现：学校学生数学学习兴趣、数学学习信心均低于花都区均值，说明学生对数学在认知上是有一定兴趣的，但对学习数学知识和灵活应用数学知识、方法、思想来解决现实生活中的实际问题，则仍缺乏明显的信心。而随着年级的升高，学生的数学态度提升更明显。在主观因素上体现出学生对数学学习的积极性随着学业的加重没有减弱反而正态发展（见图 3）。充分体现了小学数学课堂内容灵活、有趣，学习环境愉快，富有挑战性的特点。

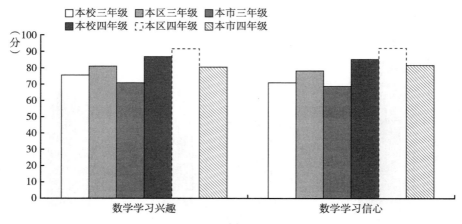

图3　数学态度对比

4. 其他关联因素

（1）教师教学方式

教师课堂教学会使用不同的教学方式，结合数学课学习的特点可分为教师主导教学、师生双向反馈、适应性教学、认知激活。

从教师教学方式的测评数据上来看，三年级学生学习兴趣不高的原因可能在于教师的教学方式仍以教师主导教学为主，缺乏互动性和多元性，适应性教学和师生双向反馈频率较低，学生得到的教师指导和正向反馈较少。因此，在教学过程中注重以生为本，关注学生的"最近发展区"，依据学生的反应实时调整课堂，给予其正反馈鼓励，显得尤为重要。

整体上，学生认为课堂上适应性教学频率低，但四年级的数值有明显上升，且学生认知从三年级的教师主导教学频率高到四年级的教师双向反馈频率高，体现了数学课堂上教学方式的转变起到积极作用，特别是采取多元化的教学模式，如大单元教学、项目式学习、生活化教学等，设计有趣和实用的教学内容，将数学问题情境化，鼓励学生在小组合作中发表观点，多维度解决问题，开发学生的数学思维和推理能力，提升学生学习兴趣和积极性（见图4）。

（2）作业时间投入与成绩关联

H小学按相关文件规定每周开足数学课，"时间投入"是学生每周完成

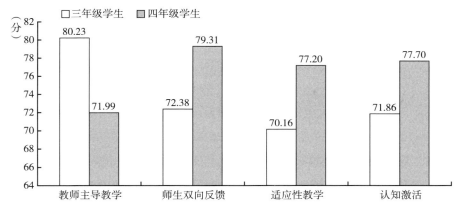

图 4　课堂教学方式认同度对比

数学作业投入的总时长。整体而言四年级数学成绩较为优秀的学生，平时作业的投入时间大幅缩短（见图 5）。若从作业着手培养学生的数学素养，教师应注重设计合理高效、探索性的作业，作业安排在 30 分钟内完成，既帮助学生巩固数学学科知识，也让学生在探索过程中不断提高数学应用能力，潜移默化地提升数学素养。

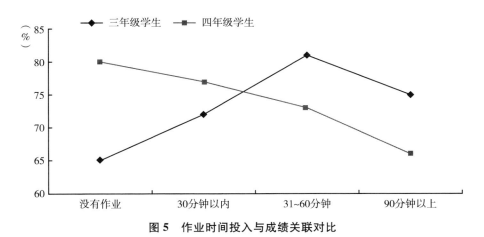

图 5　作业时间投入与成绩关联对比

　　H 小学同一批学籍号的 88 名学生从 2020 年开始参与智慧阳光评价的连续追踪调查。通过纵向比较 2020~2021 年评价数据发现，学校学生数学素养整体呈现上升的趋势，测评指标结果大部分有所上升，印证学校对教师发展培养机制的优化和多元化课堂教学策略的改进初有成效。

二 成因分析

新课标指出"以评价促进学生核心素养发展""以评价改进和优化教学"。综合分析2020~2021年广州市花都区H小学数学素养水平数据，三年级学生的数学知识、数学能力、数学态度与责任等数学素养测评指标与区、市平均水平有一定差距，主要表现为：教师专业知识与能力不足；课堂教学内容与方式单一；教学评价缺乏合理性和多元化。以存在的问题为导向，结合学校教师教学的实际情况，本文从以下几个方面深挖内在原因，以进一步改进和优化学校教学。

（一）教师专业知识与能力不足

从两年数据上看（见图6），学校教师教学设计、实施、管理、评估、研究五项能力得分均低于区平均值，反映出教师专业知识与能力不足。从测评数据看学校总体数学素养不高，特别是三年级学生与区、市均值差距较大，数学素养是数学教学的落脚点，教师是核心素养导向的教学落实的关键环节。[①] 研究表明，数学教师专业素养的高低很大程度上是决定学生数学核心素养能否形成的关键。[②] 因此，提高数学教师专业素养就需要其在充分认识自身工作重要性、特殊性、专业性与创新性的基础之上提升自身专有的数学学科教学知识（Mathematics Pedagogical Content Knowledge，简称MPCK），进而达到提升自身专业水平、促进自身专业发展的目标。[③]

---

① 崔允漷、王涛、雷浩主编《义务教育课程方案（2022年版）解读》，北京师范大学出版社，2022，第167页。
② 袁志气：《基于数学核心素养的小学数学教师专业素养研究》，苏州大学硕士学位论文，2016，第68页。
③ 米鹏莉：《高中新手型与专家型数学教师MPCK的比较研究》，西北师范大学硕士学位论文，2022，第1页。

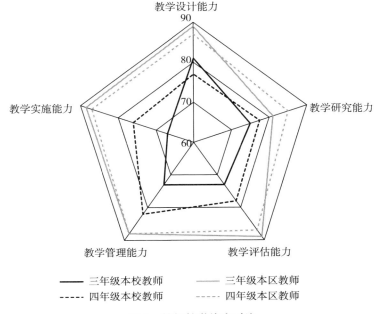

图 6　教师教学能力对比

（二）课堂教学内容与方式单一

测评数据显示，三年级学校教师主导教学运用频率较高，师生双向反馈、适应性教学、认知激活运用频率均低于区均值。教师单向讲授的传统课堂上教师引导、梳理的作用发挥不明显，没及时了解、引导、纠正学生的错误，容易导致学生学习数学过程中产生知识混乱，学生被动学习、课堂效率低下导致推理论证能力不足，进而降低学习兴趣。因此学习数学，要以生为本，构建多元化课堂教学模式，让学生在实践性情境中自主探究、发现问题和解决问题，提高自主学习的热情。

（三）教学评价缺乏合理性和多元化

评价能够为学生提供自身学习、实践的反馈信息，在课堂教学过程中发挥重要作用。测评结果反映出学校学生对数学的学习兴趣和学习数学的信心仍不理想。学生对于事物的探索兴趣、信心普遍来自周边环境的反馈，而学生的数学学习大部分都在课堂中，在教学环境中评价不合理、形式过于单一的情况下，学生往往无法了解自身学习情况，导致知识点内化、应用效果不理想，无法达到提质增效的教学目标，造成学生学习数学和运用数学缺乏明显的信心。因此，为了提高学生的学习兴趣和信心，教师应当通过科学合理、多元化的评价方式进行评价，鼓励学生在学习中取得成就感，以对学生形成激励性引导，增强学生的学习内驱力。

三　策略与建议

（一）优化教师培养，促进教师 MPCK 快速发展

MPCK 是由数学知识（MK）、教学法知识（PK）、关于学生的知识（CK）和关于教育技术知识（TK）融合而成，其本质是教师如何将数学知识的学术形态转化为教育形态，以促进学生的数学理解、提高学生的数学能力和提升学生的数学素养。[①] MPCK 源于 PCK（Pedagogical Content Knowledge），是关于学科内容"教学化"的知识。美国斯坦福大学舒尔曼（C）提出 PCK 这一概念，正是为了推进教师专业化的发展进程。教师MPCK 得到发展，才具备深究知识育人价值的能力，有助于进行以核心素养为导向的数学教学，进而促进学生数学素养的提升。

H 小学从本校情况出发，以 MPCK 为衡量小学数学教师专业发展的关键指标，以促进教师专业成长为目的，探索数学专业型教师 MPCK 发展机制（见图 7）。

数学专业型教师 MPCK 发展机制，其实质是经验的积累与概念的转化。教师在现有知识和教法的基础上进行教学，通过不断反思和审视以调整和完

[①] 李渺、宁连华：《数学教学内容知识（MPCK）的构成成分表现形式及其意义》，《数学教育学报》2011 年第 2 期，第 10~14 页。

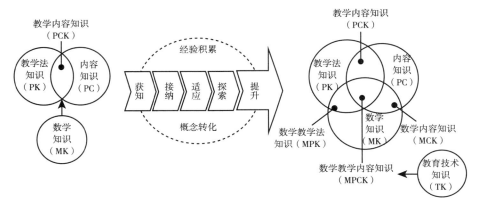

图 7　数学专业型教师 MPCK 发展机制

善自身各方面的经验，从而达到思维与理解的融会贯通。因此，教师 MPCK 的发展不是"有"或者"没有"的静止状态，而是一个变动不居的过程，通过螺旋上升式的经验重组与概念转换，从 MPCK 新手教师逐渐成长为 MPCK 专业教师。

根据发展机制，以培养专业型数学教师为目的，H 小学尝试优化教师 MPCK 多元化培养路径，为提高教师教学专业素养、培养数学专业型教师提供多样化途径（见图 8）。

该框架从专业学习、同伴互助、自主发展三条培养路径着手并进行统整，以期为教师 MPCK 发展提供一个相对完整的理论依据和实践参考。专业学习是教师以学习者的身份参与关于 MPCK 的培训课程或项目，通过终身学习促进自己完善专业知识体系，不仅掌握有关数学的知识，更要掌握有关如何教数学的知识，增强教师专业自信。其措施包括：一是观看 MPCK 专家教师的教学示范、亲身尝试 MPCK 视觉下的典型案例教学设计，使教师学会情境化思考数学知识与教学的整合；二是借助专业教学学习平台，如广州共享课堂、人民教育出版社教师网络培训与服务平台等，使教师灵活、弹性地进行深度学习；三是活动式任务设计，增加教师培训过程的趣味性和动力。同伴互助是指组成教师学习共同体，协同开展教学研

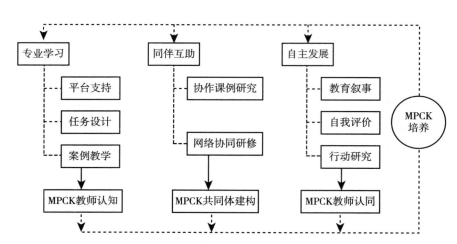

图 8　H 小学教师 MPCK 多元化培养路径框架

究、解决教学问题的专业发展模式。具体表现为校本教研中集体备课、课例教研、校内外听评课等活动以及教师线上组织同课异构、教学研讨等活动。自主发展，是在教学过程中及时反思所存在的问题，并思考解决问题的有效策略及方法、提升教学境界的过程，分为教育叙事追踪、自我评价诊断和行动研究实践三种策略。学校教师 MPCK 多元化的培养方式，以路径框架指导培养实践，有助于教师教学专业知识研究与学习的不断深化与系统化，也有助于教师多维度融合各种知识与经验逐步成长为 MPCK 专家型教师。

（二）丰富教学方式，促进学生数学素养发展

1. 理清教学逻辑，灵活开展大单元教学

新课标在深化教学改革中指出"探索大单元教学"。① 广州市花都区 H 小学数学科组将大单元教学与实践活动有机融入各年级特色教学中，形成以"数学核心素养为中心，以实践活动为主线，以大主题（任务、项目）统筹

---

① 中华人民共和国教育部制定《义务教育数学课程标准（2022 年版）》，北京师范大学出版社，2022，第 86 页。

教学全过程，以学生学习为出发点，对教学单元内容进行二次开发和整体设计，让核心素养落地"的校本学科教学模式。此校本学科教学模式具有关联性、非均衡性和生长性特征，结合课程特点和学生学习需求形成的常规性层序课型、专题式探究课型、体系化联通课型和结构化模型课型可以满足学生的多元需求，帮助学生体会数学与生活之间、数学知识之间、数学与其他学科之间的联系，发展学生的数学核心素养。

以人教版四年级下册第三单元《运算律》为例，在大单元设计时就是一个典型的结构化模型课，整体设计如下（见表1）。

表1 《运算律》单元重构编排结构

单元主题	课型	子课题	实践活动目标	核心素养体现
运算律	建模课	加法交换律、乘法交换律及运用	构建方法模型	数感、符号意识、推理意识、运算能力、模型意识
	用模课	加法结合律、乘法结合律及运用	运用模型自主探究	
	拓模课	乘法分配律、除法的性质	拓展其他模型	
	梳理课	回顾反思，探究练习	优化解决问题策略	
	融合课	运算律+"戏剧"融合	跨学科主题学习	应用、创新意识

教师以学情为基础，从大单元教学角度对单元教材进行重新整合，引导学生主动构想模型、建立模型、运用模型、拓展模型，从而能够在这样的课型中真正感悟建模思想，有助于学生用数学的思想思考问题、用数学的思想解决问题，形成应用数学模型探索问题和解决问题的良好习惯，真正走进数学的"核心"，从而让数学"模型"魅力吸引学生爱数学、懂数学、会数学，使数学学习真正成为积淀核心素养的过程。最后，以数学+"戏剧"的形式，让学生把所学知识运用到艺术创作中，鼓励学生发挥创意，展示所学过的知识，以培养学生的数学素养。

2. 强化双向反馈，探索开展项目化教学

项目化教学是以团队形式开展，将学生分成若干小组，通过团队协作完成教师设计的项目化方案的学习，这种学习方法要求学生在小组内要积极开展交流、互相促进学习，也要求教师设计合理、渐进的学习项目，既能培养学生团队合作能力，也能培养学生探索和解决数学问题的兴趣。

例如在教导《克和千克》这部分内容时，教师对单元知识进行全局性思考与系统化重构，以驱动问题为核心，设计项目"小小健康管理师"，把学生按照学习情况分成若干小组，要求各小组根据学习任务单进行课前"体重管理"和"健康饮食"的小调查，通过前期调查，对于量感中的"感"形成直观化的基本认知；课中小组根据任务单进行情景模拟、操作实践、反复对比，理解了度量单位的累加性的数学概念。以项目化的学习方式让学生进入学习状态，丰富探索交流、相互督促学习进度，营造了浓厚的数学学习氛围。在项目化教学过程中，教师要起到良好的引导与保障作用，了解学生小组的项目化学习情况，及时引导到正确的学习方向；调解小组学习中出现的矛盾与问题，让学生在小组学习中不断培养团队合作学习的能力。在不久的将来，小学生团队合作的项目化学习，将发挥更高效的作用。

3. 立足对话建构，善于开展问题驱动式教学

问题驱动式的数学教学需要教师通过巧妙设计数学教学任务、紧扣核心问题启动学生的数学学习活动，引导学生利用必要的课程资源，通过自主、合作、探究学习，获得数学化的知识构建和能力提升。开展基于问题驱动的小学数学教学，最重要的是要构建相关的实施路径，这样才能够更好地实施，同时也便于分析策略使用的注意点和实际效果。广州市花都区 H 小学数学教师将基于问题驱动的小学数学教学从具体实施过程出发大致分为四个阶段（见表2）。

表2　基于问题驱动的 H 小学数学教学流程

教学流程	问题引入（自学）	问题探究（研学）	问题深化（拓学）	问题总结（延学）
问题设计	激发兴趣 制造冲突	强化过程 多元评价	举一反三 查漏补缺	提纲挈领 适度开放
问题特质	引领性问题	困惑性问题	变式性问题	反思性问题
学生活动	尝试体悟	研讨交流	解决问题	回顾展望

教学流程	问题引入 （自学）	问题探究 （研学）	问题深化 （拓学）	问题总结 （延学）
关注重点	发现和提 出问题	分析和解 决问题	兴趣、信心 和创新意识	元认知能力
教师活动	创设情境， 设计研究任务	引导思考交流， 聚焦关键问题	组织练习， 总结实施要领	总结归纳， 引发新思考

教师可根据实际教学需求设计对应问题，灵活应用、合理调整以实现最优教学效果。在问题导学模式下开展对话建构学习，这样学生们表达自己的机会变多，参与课堂的效果就会更好，每位上前展示的学生不仅可以学习到知识技能，而且可以展示自己的勇气与自信。把讲台"让"给学生，为学生提供一个展示自我的舞台，让学生在合作交流中主动获取知识，培养学生的自信心，激发学生的学习内驱力，培养学生的探究能力和创新精神，让学生爱上数学、享受学习的乐趣。

4. 激活数学认知，引导开展生活化教学

新课标指出，"数学教学要紧密联系学生的生活实际，从学生的生活经验和已有的知识体验出发，创设生动有趣的情境，引导学生通过观察、操作、实践、归纳、思考、探索、猜测、交流、反思等活动，掌握基本的知识与技能，激发学生对数学的兴趣，增强学生数学学习的信心"。教师应巧妙联系现实生活，设计生动的生活化情境，引导小学生调动自身的生活经验，激发其数学学习兴趣，锻炼其数学应用能力，进而增强其数学理解力，使学生都能用数学的眼光观察现实世界，会用数学的思维思考现实世界，用数学的语言表达现实世界。

（三）革新教学评价，促进学习内驱力提高

根据中共中央、国务院《深化新时代教育评价改革总体方案》①　和《教

---

① 《中共中央　国务院印发〈深化新时代教育评价改革总体方案〉》，中华人民共和国中央人民政府网站，2020 年 10 月 13 日，https：//www.gov.cn/gongbao/content/2020/content_5554488.htm，最后检索时间：2023 年 10 月 21 日。

育部关于推进中小学教育质量综合评价改革的意见》[①]，要改进结果评价、强化过程评价，探索增值评价，健全综合评价，充分利用信息技术，建立科学的、符合时代要求的教育评价制度和机制，提高教育评价的科学性、专业性、客观性。新课标中指出小学数学学业质量评价应以课程目标和课程内容为依据，体现数学课程的基本理念，采用多样化的评价方式，全面评价学生在知识技能、数学思考、问题解决和情感态度等方面的表现，恰当呈现并合理利用评价结果，发挥评价的激励作用，保护学生的自尊心和自信心，促进学生的数学素养得到更好的发展。

有鉴于此，学校对"教学评价"进行革新摸索，尝试以数学核心素养为依据，进一步提炼出"逻辑、运算、操作、想象、创新、语言、习惯"七大核心数学能力，借助"听、说、算、写、练、践、思"七种评价方式，通过"习惯类、视频类、基础类、诊断类、实践类、活动类、融合类"七类评价项目，结合"短周期评价""长周期评价""综合性评价"三种评价方法，对学生的数学学习进行可操作性的行为评价，促使学生学习内驱力提高，促进学生数学素养进一步提升。H 小学教师对新课标规定的要求进行了项目细化和内容重组，明确各学段评价内容，并不断细化、调焦，进行评价内容的微型优化（见表3）。

表3　作业评价内容

单位：%

评价项目	评价内容	评价形式	所占比重		
			低段	中段	高段
习惯类评价	作业完成情况和平时学习态度	结合课前、课中、课后综合表现和平时学习态度给予分数，按比例计入总成绩	10	8	6

① 《教育部关于推进中小学教育质量综合评价改革的意见》（教基二〔2013〕2 号），中华人民共和国教育部网站，2013 年 6 月 8 日，http：//www.moe.gov.cn/srcsite/A06/s3321/201306/t20130608_ 153185.html，最后检索时间：2023 年 10 月 21 日。

续表

评价项目	评价内容	评价形式	所占比重		
			低段	中段	高段
视频类评价	"讲题达人"视频作业	根据学生提交的讲题视频给予分数,按比例计入总成绩	5	7	10
基础类评价	计算过关:本学期的计算内容,包括口算、笔算、简便计算和解方程,低段增加听算	由学校统一命题,计算过关成绩,按比例计入总成绩	15	13	10
	解决问题过关:本学期的解决问题内容,包括画图策略	由学校统一命题,解决问题过关成绩按比例计入总成绩	15	15	15
诊断类评价	本学期各单元重、难点知识	各年级段自主安排单元素养测评,并全市统一时间进行期末检测,按比例计入总成绩	30	35	40
实践类评价	本学期学习中需要通过操作进行考核的内容	由学校进行统一考核,过关成绩按比例计入总成绩	10	10	10
活动类评价	参加"数学节""小数学家"等数学活动	结合学生参加各类数学活动情况给予分数,按比例计入总成绩	10	7	7
融合类评价	参与跨学科主题学习活动形成学习成果	依据各类学科融合活动情况给予分数,按比例计入总成绩	5	5	8

总而言之,教学评价是教学活动的重要一环,起着重要的反馈和调控作用。在小学数学教学中,教师要立足教学现状,从教师"教"的维度和学生"学"的维度着手,打造多元化的教学评价体系,切实彰显评价的公正性、公平性以及多样性,涵盖各个课堂教学要素,通过精准的数据呈现,把握"教"与"学"的实情以此推动高效数学课堂构建。

四　结语

广州市数学素养测评，旨在通过判断学生存在的问题，基于阳光评价的思想，对教育教学工作进行改进，最终目的是提高教育教学质量。数据表明，学校对教师发展培养机制和多元化课堂教学及评价的探索初见成效，结合学情，为提升学生的数学素养，本文提出以下展望：第一，进一步完善专业型教师 MPCK 发展机制和多元化培养途径，加强课例研究，加速教师的专业发展，将提升学生核心素养在课堂上落地生根。第二，基于校本特色，进一步优化教学策略。2023 年，学校在原来的教学模式下，大力尝试探索"数学+Plus"学科融合式课堂，进行跨学科主题学习，如"数学+成语 Plus"课堂、"数学+科学 Plus"课堂，可进一步开设"数学+Plus"校本课程，加强数学的实践性，同时让数学课堂更多元化。

参考文献

郝高玲：《基于核心素养的小学数学教学实践审视与改进——评〈小学数学教学的思与行〉》，《中国教育学刊》2022 年第 12 期。

童莉：《数学教师专业发展的新视角——数学教学内容知识（MPCK）》，《数学教育学报》2010 年第 2 期。

Shulman, L. S.："Knowledge and Teaching：Foundations of the New Reform"，*Harvard Eudcational Review*，1（1987）.

以主题活动提升初中学生
数学素养的实践研究*

——基于广州数学素养测评的分析

霍锐泉　麦凤珊**

摘　要： 从 2020 年开始，本校 2020 级三个班的学生连续三年参加广州数学素养测评。数据显示参测学生 A、B、C 等级的人数占比在 2020 年时均大幅低于区的平均水平，D 等级的人数占比则高于区 20 多个百分点；反映数学素养的空间想象能力、数据处理能力、推理论证能力以及运算求解能力的数据均低于区的平均水平。为提升学生的数学素养，我们在实验班的教学中开展主题活动教学改进实践探索。一年后，实验班的数学素养数据只有空间想象能力这项低于区平均水平，数学的学习兴趣得到提升；两年后，实验班的 4 种数学能力均高于区平均水平，问题解决能力大幅高于区平均水平。

关键词： 智慧阳光评价　综合实践　主题活动　数学素养

---

* 本文系广东省教育科学规划 2021 年度中小学教师教育科研能力提升计划项目"基于'三动'的初中数学教学实践研究"（项目编号：2021YQJK003）的研究成果之一。

** 霍锐泉，广州市南沙东涌中学教导处副主任，高级教师，主要研究方向为初中数学教育；麦凤珊，广州市南沙东涌中学教师，主要研究方向为初中数学教育。

一 研究背景

2013 年 6 月，《教育部关于推进中小学教育质量综合评价改革的意见》出台①，开启全国范围内的教育质量监测探索之路。2020 年 10 月，中共中央、国务院印发《深化新时代教育评价改革总体方案》，强调完善义务教育质量监测，加强监测结果运用②。发挥评价的导向作用、强化评价的结果运用、促进教育教学改革、全面提高义务教育质量成为教育的热点问题。从 2014 年开始，广州开展义务教育阶段的学生综合素质评价。2019 年，把"广州阳光评价"创新变为"广州智慧阳光评价"。2020 年，在总结以往经验和结合国际流行的 PISA 评价模式的基础上对评价指标体系进行更新③，增加了数学素养评价。

数学学科能力主要测评学生运用数学知识进行推理、解决实际问题时表现出来的认知能力和思维过程，包含运算求解、数据处理、空间想象、推理论证四项能力。因此，2020 年和 2021 年的数学素养测评包含了空间想象能力、数据处理能力、推理论证能力和运算求解能力这四大方面。2022 年，为了测评学生灵活应用数学知识、方法、思想来解决现实生活中的实际问题的能力，在前两年的基础上增加了"问题解决能力"，对这五方面进行测评。

按照广州市中小学教育质量阳光评价工作会议指引和要求，本校 2020 级 8 班、9 班、10 班三个班的学生从 2020 年开始，连续三年参加广州智慧阳光评价·数学素养测评（以下简称"广州数学素养测评"）。

---

① 《教育部关于推进中小学教育质量综合评价改革的意见》（教基二〔2013〕2 号），中华人民共和国教育部网站，2013 年 6 月 8 日，http://www.moe.gov.cn/srcsite/A06/s3321/201306/t20130608_153185.html，最后检索时间：2023 年 10 月 22 日。
② 《中共中央 国务院印发〈深化新时代教育评价改革总体方案〉》，中华人民共和国教育部网站，2020 年 10 月 13 日，http://www.moe.gov.cn/jyb_xxgk/moe_1777/moe_1778/202010/t20201013_494381.html，最后检索时间：2023 年 10 月 15 日。
③ 方晓波、李展贤、陈卓：《2022 年广州市义务教育学生科学素养发展报告》，载方晓波主编《广州学生科学素养发展报告（2023）》，社会科学文献出版社，2023，第 3 页。

二　2020年测评数据分析

本校 2020 级初一有 10 个班，入学时按平行班分班。2020 年 9 月初，南沙区在全区范围内进行了一次入学数学素养测试，测试的数据显示 8 班、9 班、10 班三个班的数学成绩分别低于区平均分 4.28、2.65、3.54 分。2020 年 11 月，这三个班共 140 多名学生参与广州数学素养测评。

（一）整体水平分析

在广州数学素养测评中，数学测评分数范围为 0~100 分，划分为 4 个等级，分别为 A 级（86~100 分，优秀），B 级（71~85 分，良好），C 级（60~70 分，中等），D 级（60 分以下，待提高）。测评结果显示本校 D 级人数最多，分数在 60 分以下的共 98 人；处于 A 级的只有 1 人。从 2020 年的测评结果可以看到本校 2020 级参测学生的整体情况不理想。

（二）具体评价数据分析

1. 分数概况及等级占比

根据 2020 年的测评数据（见表 1），可知本校 2020 级参测学生的平均分低于区平均分 2.32 分，A 等级、B 等级、C 等级的人数占比分别为 0.69%、13.19%、18.06%，都远低于区的平均水平，而 D 等级的学生人数占比为 68.06%，高于区平均分 23.46 个百分点。

2. 学科素养能力情况

从数学素养能力雷达图看，空间想象能力、数据处理能力、推理论证能力以及运算求解能力全部低于区平均水平（见图 1）。

空间想象能力、数据处理能力、推理论证能力、运算求解能力的得分率如表 2 所示。数据显示空间想象能力得分率为 60.33%，与区平均水平相差 6 个百分点；数据处理能力得分率为 36.11%，与区平均水平相差 3.74 个百分点；推理论证能力得分率为 50.06%，与区平均水平相差 8.94 个百分点；运算求解能力为 57.94%，与区平均水平相差 7.46 个百分点。从以上数据可知，参测学生的数学素养与区平均水平有一定的差距，尤其是空间想象能力、运算求解能力和推理论证能力方面与区平均水平相差较大。

表1　2020年广州数学素养测评分数及等级占比情况

单位：分，%

学校	分数概况				等级占比			
	平均分	最低分	最高分	离散系数	A	B	C	D
本区七年级	18.12	5.0	29.0	0.26	8.47	23.28	23.65	44.60
本校七年级	15.80	6.0	25.0	0.25	0.69	13.19	18.06	68.06
8班	16.65	9.0	25.0	0.22	2.17	13.04	21.74	63.04
9班	16.27	10.0	23.0	0.23	0.00	16.33	18.37	65.31
10班	14.50	6.0	24.0	0.30	0.00	10.20	14.07	75.83

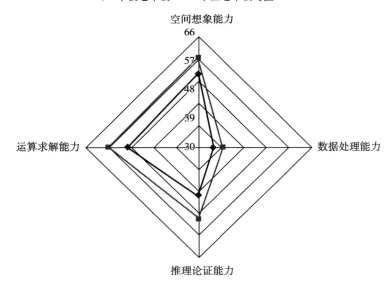

图1　2020年七年级数学素养能力

表2 2020年广州数学素养测评数学能力结果

单位：%

数学素养	运算求解能力	数据处理能力	空间想象能力	推理论证能力
本区七年级	65.40	39.85	66.33	59.00
本校七年级	57.94	36.11	60.33	50.06
8班	67.70	39.13	59.51	50.36
9班	55.10	51.02	63.27	53.57
10班	51.60	18.37	58.16	46.26

注：数学学科各项能力分数转化为相应得分率，表中的数值均为得分率均值，得分率＝题目原始得分/题目分值＊100，得分率范围为0~100%。

（三）实验班数据分析

1. 分数概况及等级占比

为了提升学生数学素养，我们开展了通过数学综合实践提升学生数学素养的研究。选取2020级8班作为实验班，并以2020年的广州数学素养测评数据作为前测数据，进行跟踪对比（见表3）。

表3 实验班分数概况及等级占比与区对比情况

学校	平均分（分）	等级占比（%）			
		A级	B级	C级	D级
本区七年级	18.12	8.47	23.28	23.65	44.60
本校8班	16.65	2.17	13.04	21.74	63.04
与区对比（百分点）	-1.47	-6.30	-10.24	-1.91	18.44

通过对比可知，8班的平均分低于区平均分1.47分，A、B、C等级分别低于区平均分6.30个、10.24个、1.91个百分点，而D等级则高于区平均分18.44个百分点。

2. 数学素养能力方面

在四种数学素养能力中，只有运算求解能力高于区平均水平2.3个百分点，数据处理能力低于区平均水平 0.72 个百分点，空间想象能力与推理论证能力均与区平均水平存在较大的差距，分别低于区平均水平 6.82 个、8.7 个百分点（见表 4）。

表 4　实验班数学素养能力与区平均水平对比情况

单位：%，百分点

数学素养	运算求解能力	数据处理能力	空间想象能力	推理论证能力
本区七年级	65.40	39.85	66.33	59.06
本校 8 班	67.70	39.13	59.51	50.36
与区对比	2.30	-0.72	-6.82	-8.70

三　基于测评结果的教学改进

结合广州数学素养测评结果，为了提升学生的数学素养，我们在教学中通过设计真实、具有挑战性的问题，让学生围绕研究主题活动以合作的方式，开展以核心知识为主导，综合运用所学知识进行任务式主题探究的学习。让学生在研究中建构知识和发展能力，促进"发现问题、提出问题、分析问题、解决问题"的能力提升，逐步发展学生数学素养。下文以"蚂蚁爬行最短路径"为例进行说明。

（一）建构主题活动模型

本次主题活动突破单元教学的限制，以相关知识为主线开展项目研究。教师在教学中以研究核心知识为主导，基于"问题驱动—制定方案—主题探究—展示评价"建构主题活动的框架[①]（见图 2）。

---

① 张超、王晓峰、李明树：《基于项目式学习　发展数学核心素养——以"校园篮球赛中的战术"为例》，《中国数学教育》2023 年第 Z3 期，第 18~23 页。

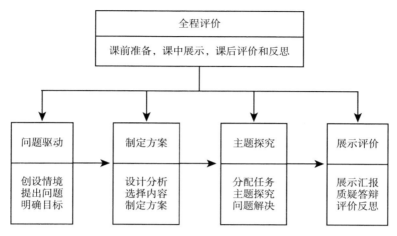

图 2　主题活动框架

（二）确定主题和形式

1. 主题活动分析

在人教版（2013 年版）数学七年级上册第四章习题 4.2 的拓广探索中，有一道关于蚂蚁在正方体表面爬行路线最短的问题，由于涉及勾股定理的内容，在七年级时只是让学生大概知道爬行的最短路线，并没有进行深入的探讨。而八年级下册第 17 章复习 17 的拓广探索中，有一道关于蚂蚁在圆柱体表面爬行最短路径的问题。为此，我们在学习勾股定理后围绕"蚂蚁爬行最短路径"进行主题活动探究。

2. 教学目标预设

"蚂蚁爬行最短路径"是一个综合运用多个数学知识开展研究的项目，旨在实践探究的过程中促进数学知识的融合与应用，深化对知识的理解，提升学生的综合能力和核心素养。本主题活动教学目标预设如下：

（1）让学生通过查阅资料了解最短路径问题的相关知识。

（2）在解决问题的过程中，培养学生的数学抽象能力和几何直观、空想观念；在探究的过程中，培养学生的数据观念、运算能力以及推理能力。

（3）在探讨的过程中，培养学生的批判性思维和思辨能力，感受数形结合思想，提高学生的实践应用意识。

（4）在经历分析问题、建构模型、求解模型、应用模型、检验模型的实践活动中，培养学生的模型意识、模型观念，提高学生建模与解模的能力①。

（5）在活动中综合运用所学知识，强化各知识间的融会贯通，让学生体会数学思想方法、积累数学活动经验，发展学生数学素养。

3.活动流程设计

教师根据学习需要对学生进行指导，对学生在探究过程中遇到的困难给予帮助。学生以小组为单位进行合作探究，查阅有关资料，并制作相关立体图形的模具。让学生在探究中思考、分析，在合作与交流中研究，在总结与反思中得到提升，亲历从课内到课外、从课本到网络、从生活到数学、从实物到抽象、从理论到实践的研究过程②（见图3）。

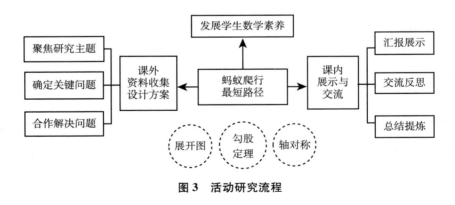

图3　活动研究流程

4.小组活动任务

主题活动研究过程中坚持以问题导向，适当设置研究任务，使研究方案

---

① 霍锐泉：《开展项目学习　发展核心素养——以"测量旗杆高度"为例》，《中学数学教学参考》2023年第11期，第63~66页。

② 张超、王晓峰、李明树：《基于项目式学习　发展数学核心素养——以"校园篮球赛中的战术"为例》，《中国数学教育》2023年第Z3期，第18~23页。

直观化，提高研究的有效性和可操作性，能让学生明确研究的问题与方向，促进研究目标的达成。基于"蚂蚁爬行最短路径"的研究主题，设计了5个活动任务（见图4）。

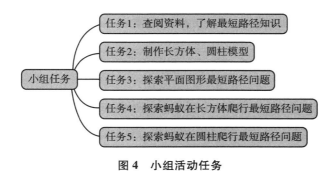

任务1：查阅资料，了解最短路径知识

任务2：制作长方体、圆柱模型

小组任务

任务3：探索平面图形最短路径问题

任务4：探索蚂蚁在长方体爬行最短路径问题

任务5：探索蚂蚁在圆柱爬行最短路径问题

图4　小组活动任务

（三）展示与交流

1. 感受生活中的最短问题

（1）平面中的最短路径

如图5，在校园的一角，有一块长方形花圃，极少数人为了贪图方便，选择踩踏草地直走，在草地上人为地形成一条"路"。

图5　校园一角

问题解决：①如何用数学图形表达上述实际问题？②他们选择踩踏草地直走，背后的数学原理是什么？③经测量，直走需要8步、左拐需要6步，他们仅仅少走了几步？

设计说明：让学生画出图 6 的直角三角形，把实际问题抽象化为数学问题，体会用数学的思维思考问题，建立数学模型以解决问题。

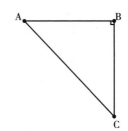

图 6　校园一角的数学模型

（2）立体图形中的最短路径

如图 7 所示，一个台阶的长、宽和高分别为 $4dm$、$2dm$ 和 $1dm$，在端点 A 处有一只蚂蚁，端点 B 处有食物。蚂蚁从 A 点出发，沿着台阶面爬到 B 点。

问题解决：①如何帮蚂蚁设计出爬行路径最短的路线图？②算一算这只蚂蚁从 A 点出发爬到 B 点的最短路程是多少 dm？③能总结出解决这类问题的思路吗？

设计说明：引导学生把台阶进行展开，利用展开图进行分析求解。让学生总结空间最短路径求解思路：一画二连三计算四比较，即先根据题意画出立体图形转化成平面图形的所有可能性，再连接平面图形中的起点、终点，接着利用勾股定理计算出起点与终点之间的距离，最后对上述的计算结果进行大小比较，从而找出最短的路径。探究过程中让学生经历从问题提出到数学建模再到解模的过程，感受数学模型应用的价值。

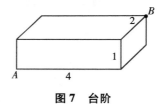

图 7　台阶

2. 探究立方体背景下的蚂蚁爬行最短路径问题

（1）探究正方体的最短路径

如图 8 所示，当长方体的棱长都为 1 时，蚂蚁在 A 处，蜜糖在顶点 B 处，蚂蚁沿表面爬行从点 A 到点 B 处觅食，请以小组为单位探究蚂蚁的最短爬行路径。

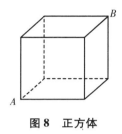

图 8　正方体

问题解决：①蚂蚁可以沿哪些面爬行，最后能从 A 点到达 B 点？②算一算上面的哪条路径最短？③如果正方体放在桌面上，上述哪些情况不能爬行？

设计说明：从点 A 出发经过的面有三个，分别是前面、左面、下面，也有三个面可以到达 B 点，分别是上面、右面、后面。学生对不同的路线进行计算、对比，发现所得到的结果相同。在探究的过程引导学生从不同的角度进行分析，体会问题解决方法的多样性，培养学生的发散性思维以及空间观念。

（2）探究长方体的最短路径[①]

如图 9 所示，假设牛奶盒的长为 2，宽为 1，高为 3。蚂蚁在 A 处，蜜糖在顶点 B 处，以小组为单位探究蚂蚁的最短爬行路径，把相关的探究数据填写在下面的表格中（见表 5）。

_____

① 为了让学生更好地动手操作、全程参与数学活动、提高实践活动效果，在课前要求学生制作一个长方体的模型，确保探究时可以展开分析。

图9 牛奶盒

表5 蚂蚁爬行路线探究

蚂蚁路线 A→B	前→上	前→右	左→上	下→后	左→后	下→右
画出展开图，标出相关数据						
计算 A 到 B 的最短路径的长度						

问题解决：①分析上面的探究结果，哪条路径最短？②长方体表面路径最短时，所画的图形可以进行简化吗？③在解决问题的过程中用到哪些数学思想方法？

设计说明：让学生经历由特殊到一般的过程，感受数学研究的一般方法与路径；在探究中体会问题条件变化导致结果不同，提高学生的思考能力，使学生的空间想象得到充分的训练。还可以做更深入的探究，把长方体的长宽高由具体的数据改成字母，使结论更具一般化，如长方体的长宽高分别为a、b、c，实现从具体的数据向字母的抽象，培养学生的几何直观、运算能力、推理能力（见图10）。

（3）探究长方体内壁的最短路径

如图11所示，一个长方体无盖水杯平放在桌面上，长方体的长宽高分

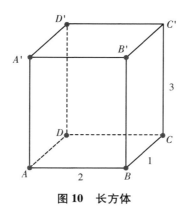

图 10 长方体

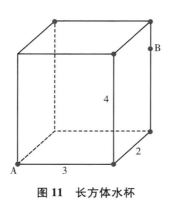

图 11 长方体水杯

别是 3 厘米、2 厘米和 4 厘米。在这个杯子的内壁离杯口 1 厘米的 B 处有一滴蜂蜜，求点 A 处的小蚂蚁觅食最短路径。

设计说明：通过改变长方体边长的数据以及改变 B 点在长方体的位置，让学生感受问题条件发生变化，而运用的数学知识本质不变，体会数学变中的不变性。把 B 点的位置从表面改变为在杯子的内壁，实现勾股定理知识与轴对称知识的融合，培养学生综合运用数学知识的能力。

3. 探究圆柱背景的蚂蚁爬行最短路径问题

（1）如图 12 所示，一圆柱高为 10 厘米，底面直径为 6 厘米，蚂蚁在圆柱表面爬行，请探究它从点 A 爬到点 B 的最短路程。

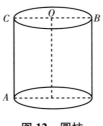

图 12　圆柱

问题解决：①从 A 点到达 B 点的路径有哪些？请画出图形分析；②按照前文的研究方法，请分别计算出各条路径的长度，哪条路径最短？③如果改变圆柱的底面半径、高的数据，上述的路径还是最短的吗？

设计说明：引导学生根据前文的研究思路，把圆柱侧面进行展开（见图13），将曲面转化为平面进行分析、计算，找出最短的路径。问题3让学生要会根据具体情况进行分析然后才作出判断，培养学生的严谨性与实事求是的精神。探究过程中可以让学生填写以下表格，为了提高探究的效率，可以利用信息技术手段进行辅助探究（见表6）。

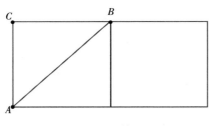

图 13　展开的图形

表 6　探究两种路线

圆柱高度(厘米)	沿图 12 的 A→C→B 的路线长度 a(厘米)	沿图 13 的 A→B 的路线长度 b(厘米)	比较 a 与 b 的大小
……			
8			
5			

续表

圆柱高度(厘米)	沿图 12 的 A→C→B 的路线长度 a(厘米)	沿图 13 的 A→B 的路线长度 b(厘米)	比较 a 与 b 的大小
……			
3			
2			
……			

（2） 如图 14 所示，圆柱形纸杯高 8 厘米，底面周长为 12 厘米，在纸杯内壁离杯底 2 厘米的点 C 处有一滴蜂蜜，一只蚂蚁正好在纸杯外壁，离杯上沿 2 厘米与蜂蜜相对的点 A 处，求蚂蚁到达蜂蜜的最短距离。

设计说明：培养学生的知识迁移应用能力，提高学生的分析能力、应变能力。

图 14　纸杯

4. 活动反思

（1） 在研究过程中应用了哪些数学知识来解决蚂蚁爬行最短路径的问题？

（2） 在研究过程中用到了哪些数学思想方法？

（3） 说说你在这次活动中的收获，还存在哪些困惑？

设计说明：引导学生从所运用的数学知识、数学思想方法方面分别进行总结，实现从知识技能向思想方法的提升，让学生在总结的过程中自主完成知识的建构，使知识结构化、网络化。

（四）活动评价

评价是促进学习的重要一环，通过评价促进学生全面发展[①]。在开展综合实践活动的过程中，坚持评价的方向性、指导性、客观性、公正性等原则[②]，评价不仅关注学习结果，还要关注学习过程[③]，要对学生参与的全过程进行评价，发挥评价的导向作用，以评促学，促进学生发展。在"蚂蚁爬行最短路径"主题活动中，根据教学的目标，为突出过程性评价、多元的评价主体，特意制定以下的评价表[④]，进行学生自评、小组互评、教师评价等多个维度的评价（见表7）。

四　主题活动教学效果分析

在教学中开展主题活动教学改进实践探索，取得了较好的效果。经过一年实践，实验班的数学素养数据仅空间想象能力这项低于区平均水平，数学学习兴趣得到提升；两年实践后，实验班学生的四项数学素养能力均高于区平均水平，问题解决能力大幅高于区平均水平。

（一）2021~2022年测评数据分析

1. 平均分数高于区平均水平，D等级人数占比减少

2021年、2022年的测评数据均以平均分和等级占比呈现，2022年的平均分比2021年整体下降近20分（见表8）。

---

① 《中共中央　国务院印发〈深化新时代教育评价改革总体方案〉》，中华人民共和国教育部网站，2020年10月13日，http：//www. moe. gov. cn/jyb_ xxgk/moe_ 1777/moe_ 1778/202010/t20201013_ 494381. html，最后检索时间：2023年10月15日。

② 《教育部关于印发〈中小学综合实践活动课程指导纲要〉的通知》（教材〔2017〕4号），中华人民共和国教育部网站，2017年9月27日，http：//www. moe. gov. cn/srcsite/A26/s8001/201710/t20171017_ 316616. html，最后检索时间：2023年10月15日。

③ 中华人民共和国教育部制定《义务教育数学课程标准（2022年版）》，北京师范大学出版社，2022，第16页。

④ 霍锐泉：《开展项目学习　发展核心素养——以"测量旗杆高度"为例》，《中学数学教学参考》2023年第11期，第63~66页。

表7 活动评价

班级_____ 姓名:_____ 日期:_____ 内容:_____

| 评价指标 | | | 评价等级及分值 | | | | 评价结果 | | | |
项目	指标	权重	A (10分)	B (8分)	C (6分)	D (4分)	学生自评 (30%)	小组互评 (40%)	教师评价 (30%)	得分
情感与态度	思考问题	5%	主动提出问题,积极发表个人见解,有条理地表述自己的思考过程	能提出问题和发表个人见解,清晰表述自己的思考	能提出问题,并作思考	能提出问题				
	参与态度	10%	能从多角度去思考设计解决问题的方案,并提出修正意见	能积极参与解决问题的方案,并提出修正意见	能参与解决问题的方案,并提出意见	能参与解决问题的方案设计				
探究过程	知识应用	25%	能正确运用数学知识进行相关资料的收集和处理,能较好地运用数学知识	能正确运用数学知识进行相关资料的收集和处理	能进行相关资料的收集和简单处理	能进行相关资料收集				
实践创新	创新性	20%	实践中能灵活应变,能及时归纳总结解决问题的创新思路和方法	实践中有应变能力,能分析解决问题,有创新的创新思路	实践中不能随机应变,需要他人的帮助才能解决问题	实践中很被动,遇到困难束手无策				

续表

评价指标			评价等级及分值				评价结果			
项目	指标	权重	A（10分）	B（8分）	C（6分）	D（4分）	学生自评（30%）	小组互评（40%）	教师评价（30%）	得分
合作交流	合作精神	10%	乐于与组员研究，有克服困难的勇气，并邀请相关学科老师指导	能与小组成员合作研究，有克服困难的勇气	能与小组成员合作研究	少与组员合作研究				
	交流心得	10%	能在交流中积极表达自己的收获、体会，并反思自己的研究过程	能在交流中积极表达自己的收获、体会	能在交流中表达自己的收获、体会	能倾听同学的交流				
研究成果	成果展示	20%	研究成果形式多样，形成高水平的研究成果	研究成果形式多样	能完成自己的研究成果	简单完成自己的研究成果				
合计										

表8　2021~2022年广州数学素养测评分数及等级占比

单位：分，%，百分点

学校	2021年					2022年				
	平均分	A级	B级	C级	D级	平均分	A级	B级	C级	D级
本区	51.18	0.00	17.41	12.09	61.79	33.55	0.00	0.43	2.72	96.85
本校8班	58.83	0.00	21.74	34.78	43.48	39.41	0.00	2.33	9.30	88.37
与区对比	7.65	0.00	4.33	22.69	−18.31	5.86	0.00	1.90	6.58	−8.48

2021年广州数学素养测评对同批学生的数据进行追踪对比分析，经过一年实践后，实验班的学生对教学方式的认同度提升了2.67分，实验班的数学素养得分高于区平均水平7.65分，B、C等级占比均高于区平均水平，而D等级占比低于区平均水平18.31个百分点。经过两年实践，实验班的素养得分高于区平均水平，B、C等级占比均高于区平均水平，而D等级占比低于区8.48个百分点。

2. 数学素养能力得到有效提升

2021年的测评沿用2020年的四项指标，2022年的测评增加了"问题解决能力"的指标（见表9）。

表9　2021~2022年广州数学素养测评数学能力结果

单位：%，百分点

数学素养	2021年				2022年				
	运算求解能力	数据处理能力	空间想象能力	推理论证能力	运算求解能力	数据处理能力	空间想象能力	推理论证能力	问题解决能力
本区	51.25	56.06	57.39	35.80	26.52	39.33	34.63	33.55	38.45
本校8班	56.28	63.31	57.30	63.66	25.96	40.2	43.15	39.95	48.17
与区对比	5.03	7.25	−0.09	27.86	−0.56	0.87	8.52	6.4	9.72

从2021年数据看，8班的4项能力上有3项能力高于区平均水平，虽然空间想象能力仍低于区平均水平，但较2020年的数据得到较大的提升，而推理论证能力大幅高于区平均水平。从2022年数据看，5项数学能力中，8班有4项能力高于区平均水平，空间想象能力得到进一步提升，问题解决

能力大幅高于区平均水平。

综合上述情况，可以看出实验班学生在经过两年的学习实践后，各方面的数学素养得到较好的提升，实践表明上述提升数学素养的策略是有效的。

（二）不同年级实践效果明显

除参与测评的8班外，我们还在初一、初二年级进行统计对比（入学时是平行分班，实验班与对照班的入学成绩相当，几乎不存在差异）。第一组、第二组都是选取初一入学分班考试的成绩作为前测，第一组经过1年实验，以初一下学期区期末统考成绩作为后测；第二组经过2年实验，以初二下学期区期末统考成绩作为后测。实验结果表明，开展实践策略对于提高学生的数学成绩有良好的效果，特别是对成绩中下游学生的效果更明显[1]。

图15分别是第一组入学和初一下学期考试分数段的人数统计图，经过1年实践教学，实验班的低分人数比对照班的人数明显减少（见图15）。

图16分别是第二组入学和初二下学期考试分数段的人数统计图，经过两年实践教学，实验班的低分人数比对照班的人数也明显减少（见图16）。

五　回顾与反思

2011年的数学课程标准，把义务教育阶段数学课程内容划分为四个领域[2]，"综合与实践"与其他三个领域并列，《义务教育数学课程标准（2022年版）》提出"综合与实践"以主题活动和项目式学习开展[3]，主题活动是开展综合与实践活动的重要抓手。数学综合实践是以数学为核心，强调的是让学生动手、动脑、动口全程参与数学活动，在活动过程中注重数学各知识之间、

---

① 霍锐泉：《初中数学实验教学的探索与实践》，《初中数学教与学》2022年第10期，第6~9页。

② 中华人民共和国教育部制定《义务教育数学课程标准（2011年版）》，北京师范大学出版社，2012，第6页。

③ 中华人民共和国教育部制定《义务教育数学课程标准（2022年版）》，北京师范大学出版社，2022，第16页。

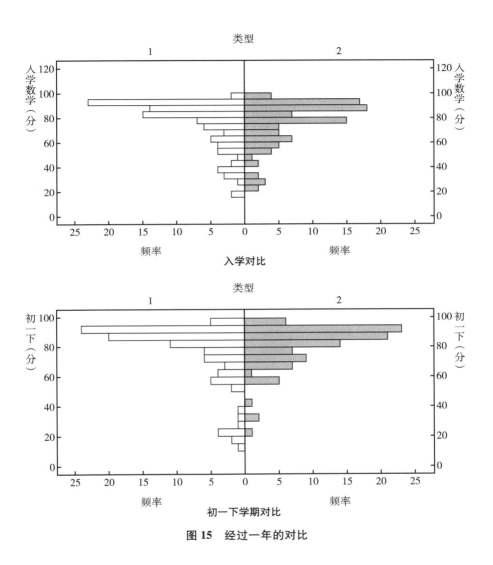

图 15 经过一年的对比

数学与生活之间、数学与其他学科之间的综合考虑。主题活动是综合运用数学知识、方法来解决问题，在问题解决的过程中体现出学生对各种能力、各种方法、各种工具的综合①，因此主题活动是培养学生综合能力的有效载体。

---

① 教育部基础教育课程教材专家工作委员会组织编写《义务教育数学课程标准（2011 年版）解读》，北京师范大学出版社，2012，第 238 页。

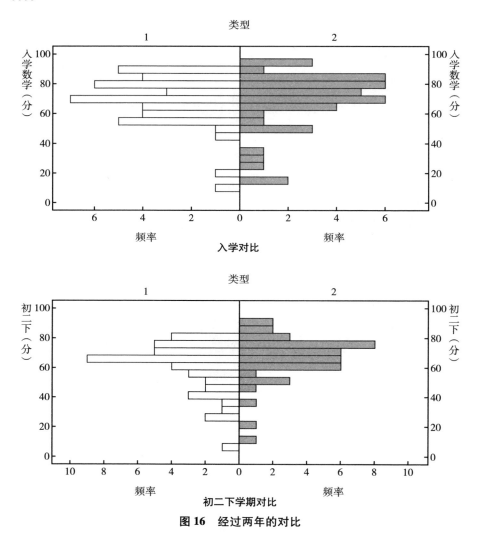

图 16　经过两年的对比

（一）重视数学实践活动，落实课程标准精神

　　无论是 2011 年版的课程标准还是 2022 年版的课程标准，"综合与实践"都被作为课程内容的四个学习领域之一，足见课程标准对综合与实践的重视。2022 年 4 月，国家义务教育课程方案和各学科课程标准公布，其中综合实践要占 10% 的课时，进一步突出综合与实践的重要性。作为课程标准

的一大特色，综合实践活动凸显了课程改革、教学改革的要求，强调知识与实际相联系，综合运用数学知识解决生活中的数学问题，对培养学生的数学应用与实践能力有较好的促进作用。

教材中的"综合与实践"内容的易用性比较差，不利于教师直接操作应用。综合与实践内容，在教学实践中一直不被重视，成为教学中最为薄弱的一环，其内容形同虚设。究其原因是考试涉及这方面的试题少，这类课程教学耗时、难上，不易于评价，更没有直接"取现"的教学价值①。其实，数学综合与实践课让学生综合运用所学知识解决问题，能充分体现学生思维活动、深化数学知识应用，是学生知识内化不可或缺的重要经历。积累数学活动经验是课程教学的重要目标之一，主题活动的内容主体是问题，教师通过创设问题情境，引导学生参与探究，在探究中领悟数学的思想方法，在活动中完成数学经验的积累，在实践中应用，在应用中创新。《义务教育数学课程标准（2022年版）》举出了具体实施的范本，为如何落实综合实践活动指明方向，我们应将"综合与实践"贯穿于整个数学课程之中，把课标的精神落实到教学之中。

（二）挖掘教材资源，发挥教育价值

人教版初中数学教材的"综合与实践"内容丰富、类型多、涉及面广，教材中"综合与实践"素材资源，以"课题学习""数学活动"等多种形式分布在6册书中，而数学活动属于课程标准"综合与实践"的内容。教材是体现课程内容的重要载体，不仅有传递知识的作用，更有让学生生发智慧、促进学生发展的价值。我们要利用好教材，挖掘教材中的"综合与实践"资源，并把相同或相近的知识进行优化整合，将数学知识与生活问题、学生经验有机地结合，形成数学探究主题②。数学主题活动是集趣味性、知识性、实践性于一体，以数学知识为基础的综合实践活动，以解决现实问题为重点，设计具有一定挑战性的项目，以问题驱动学生参与研究。让学生直

---

① 郭衎、曹一鸣：《综合与实践：从主题活动到项目学习》，《数学教育学报》2022年第5期，第9~13页。
② 王相春：《数学主题活动的设计与策略》，《基础教育课程》2017年第22期，第64~68页。

面真实的问题，以数学的眼光发现并提出问题，综合运用数学和其他学科的知识与方法，多维度、综合性地分析问题、解决问题。在教学实践中挖掘其教育价值，发挥"综合与实践"的应有作用，让学生在研究、实践的活动过程中体会数学知识的实用性与应用价值，以及数学与其他学科的关联应用的综合性，提高学生解决问题的综合能力。

（三）开展综合实践活动，发展数学核心素养

数学综合实践活动是以数学知识为核心，以问题为导向，创设学生综合运用知识的活动，让学生动手操作、动脑思考、动口交流，在参与、经历的过程中积累丰富的活动经验，最终提升学生的数学素养（见图17）。在探究蚂蚁爬行最短路径的教学中，创设问题情境，设置动手操作、观察思考、想象猜想、交流展示等一系列活动。在活动中引导学生探究所运用的数学知识原理以及数学思想方法，在获取知识与技能的同时提高学生的形象思维，发展几何直观与空间观念，培养了学生的空间想象力；在探究时把牛奶盒抽象成长方体，培养了学生的数学抽象能力。在探究爬行路径的过程中，学生先进行想象、思考、猜想，再画出展开图进行计算验证，通过动与静结合、数与形结合、猜想与验证结合，实现直观感受与推理论证相结合，让学生的感性认识上升到理性思考，培养学生的思辨能力、逻辑能力、运算能力、数据观念。

数学教学不能只停留在单纯的知识传授上，更应该让学生提炼与总结相关研究中所蕴含的数学思想方法，从而建构起自己的知识网络，深入理解知识的本质。在综合实践活动中，让学生感受"提出问题—建立模型—分析问题—观察猜想—实验论证—得出结论—应用模型"是数学研究的一般过程，并在研究过程中掌握解决问题的数学方法。数学思想方法常常蕴含在数学知识的形成、发展和应用的过程中，要结合具体的教学活动，让学生在活动中逐步感悟。例如在本课例中，学生的研究从平面到立体、从正方体到长方体、从具体的数据到抽象的字母、从单一的路径到多样的路径比较，让学生体会从特殊到一般、从具体直观到抽象的研究过程和方法，并体会化折为直的转化思想，从而逐步提高学生解决问题的综合能力。

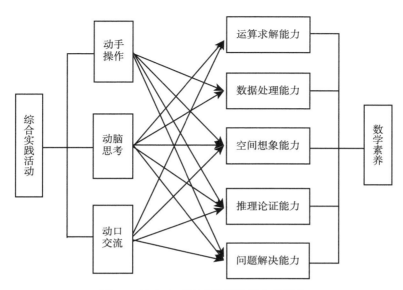

图17 综合实践活动发展数学素养结构

总之，数学综合实践活动要让学生参与活动的全过程，激发学生动手操作、动脑思考、动口交流，让学生把知识与生活、数学与其他学科相联系，综合运用所学知识解决问题，解决问题就是基于对学科或跨学科知识的理解和运用①。通过"综合与实践"教学，实现学生对已有数学知识与技能的有效整合与运用，要发挥其培养学生数学核心素养得天独厚的优势与独特的价值。

参考文献

史宁中、曹一鸣主编《义务教育数学课程标准（2022 年版）解读》，北京师范大学出版社，2022。

---

① 孙学东：《如何设计和实施数学跨学科实践项目》，《人民教育》2022 年第 Z3 期，第 102～103 页。

提升小学生数学素养的智慧
课堂教学策略研究报告

黄紫红[*]

摘　要： 2020 年广州数学素养测评的数据显示，学生的空间想象能力、数据处理能力以及数学学习信心较低。针对学生数学素养的不足，构建了以智慧教育为手段促数学素养提升的智慧课堂。智慧课堂教学通过搭载多种智能手段与数学教学有效融合，开发优质教学资源以激发学生数学学习兴趣，运用课堂诊断数据以促进学生数学能力发展，实施师生多屏互动以显化学生思维过程，优化多元评价体系以推动学生全面发展。2021 年与 2022 年广州数学素养测评的数据均显示学生数学素养明显提升，这表示智慧课堂教学能够有效促进学生的数学素养和综合能力发展。

关键词： 智慧课堂　数学素养　智慧阳光评价

一　问题提出

如今世界正处于一个国际化、智能化的时代，在数学重要性越来越凸显的今天，数学素养已成为世界数学教育课程改革的关键词和研究的热点。提高学生的数学素养是世界各国数学教育改革的共同追求，更是我国新一轮数学课程改革的重要目标。当今数学素养已经成为新时代公民文化素养的重要

＊ 黄紫红，广州市荔湾区康有为纪念小学，二级教师，主要研究方向为数学教育。

组成部分，提高学生的数学素养是数学教育的重要目标，对社会进步以及学生综合能力的提高具有重要意义。

广州智慧阳光评价·数学素养测评（以下简称"广州数学素养测评"）能够真实地反映学生数学素养的发展水平及其差异性。在日常数学课堂教学和广州数学素养测评中会发现学生数学素养发展存在以下问题：一是数据处理能力不足；二是空间想象能力较差；三是运算求解能力发展失衡；四是推理论证能力稍弱。在新课程改革导向下，小学教育教学要培养学科综合能力突出的创新型人才，要求学校和教师积极遵循教育数字化，更新和优化教育教学理念，不断探索智慧课堂教学模式，从而促进教学质量的不断提升，帮助学生提升综合能力。

数字化引领着教育变革和创新，教育数字化支撑和引领教育现代化。在党的二十大报告中，习近平总书记强调要"推进教育数字化，建设全民终身学习的学习型社会、学习型大国"。2022年全国教育工作会议明确提出要"实施教育数字化战略行动"。"智慧教育"是顺应时代发展、紧跟时代步伐、培养新时代"智慧人才"的重要抓手。教育部在《教育部2022年工作要点》中明确指出，要"探索大中小学智慧教室和智慧课堂建设，深化网络学习空间应用，改进课堂教学模式和学生评价方式"[①]。在人工智能、云计算、大数据、区块链等新技术的支持下，教、学、评等开始进入精准模式，数字化正在推动教育变革步步深入。

2021年教育部等五部门发布《关于大力加强中小学线上教育教学资源建设与应用的意见》，指出"按照有关要求和中小学生学习需要，积极开发遴选其他学习活动资源。鼓励探索建设微课程、微视频等灵活多样的学习资源。教师积极学习借鉴平台提供的优质课程案例，有机组合或创造加工各类优质资源，优化教学设计，丰富教学内容，促进教学组织方式重构和教学方法创新。教师充分利用大数据技术，加强对学生学习过程信息的收集，精准

---

① 《教育部2022年工作要点》，中华人民共和国教育部网站，2022年2月8日，http：//www.moe.gov.cn/jyb_sjzl/moe_164/202202/t20220208_597666.html，最后检索时间：2023年10月15日。

分析学情，促进差异化、交互性教学和个别化指导。"①

2021 年，《关于进一步减轻义务教育阶段学生作业负担和校外培训负担的意见》指出要"提升学生在校学习效率"②。教育数字化强调要创新评价工具与方式，积极探索开展学生各年级学习情况全过程纵向评价。学习品质的智能化测评，是教育评价发展的需求，也是减负提质的行动举措。

荔湾区康有为纪念小学以"融智于教，赋智于校"为重要目标，以智慧教育为核心动力引擎，积极推动学校教育教学数字化转型，立志打造体现学校特色的智慧教育模式，助推"有为"教育高质量发展。因此，基于广州数学素养测评结果，如何在智慧课堂环境中运用智慧课堂教学策略，启发学生的数学思维，提振学生数学学习信心和数学学习兴趣，全面提升学生数学素养是本研究要解决的重要核心问题。

二　研究设计

（一）研究对象

荔湾区康有为纪念小学 2018 级 1 班共 36 人，从 2020 年三年级开始一直到 2022 年连续三年参加广州数学素养测评，其中男生有 19 人，女生有 17 人。

（二）测评工具

本研究以广州数学素养测评体系为测评工具，从数学能力、学习情感

---

① 《教育部等五部门关于大力加强中小学线上教育教学资源建设与应用的意见》（教基〔2021〕1 号），中华人民共和国教育部网站，2021 年 1 月 28 日，http：//www. moe. gov. cn/srcsite/A06/s3325/202102/t20210207_ 512888. html，最后检索时间：2023 年 10 月 15 日。

② 《中共中央办公厅　国务院办公厅印发〈关于进一步减轻义务教育阶段学生作业负担和校外培训负担的意见〉》，中华人民共和国教育部网站，2021 年 7 月 24 日，http：//www. moe. gov. cn/jyb_ xwfb/gzdt_ gzdt/s5987/202107/t20210724_ 546566. html，最后检索时间：2023 年 10 月 15 日。

态度和教师教学方式三个方面对学生进行测评。充分运用大数据平台，横向纵向对比三年广州数学素养测评的数据，了解学生发展水平，探讨影响因素。

（三）数据统计与分析

本研究对任教班级在 2020 年、2021 年、2022 年三年的广州数学素养测评校级数据报告进行分析和解读，对 2020 年的数据进行归因分析。研究以 2020 年评价数据诊断该班学生数学素养水平的起点，以 2021 年和 2022 年评价数据来分析该班学生数学素养的发展水平，研究通过智慧课堂教学策略全面提升该班学生数学素养的情况。

基于对广州数学素养测评数据的解读与分析，把握学情，聚焦学校教育改革、教师革新教学理念与方式，促进学生综合素养全面提升，剖析影响因素并找到适合的智慧课堂教学策略（见图 1）。

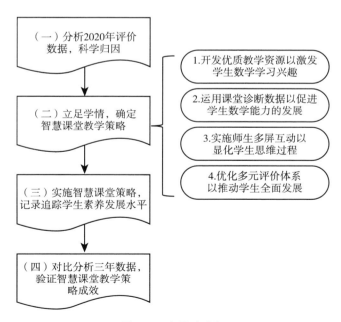

图 1　研究策略路径

三 2020年广州数学素养测评数据分析与讨论

（一）学生数学素养水平未达到优秀等级比例较高

从测评分数中各等级的占比情况可以发现本班有18.92%的学生不在优秀（A）等级，其中13.52%的学生处于待提高（D）等级，占比较高；而中等（C）等级与良好（B）等级的学生均占2.70%，数学素养水平的发展出现两极分化的现象（见图2）。

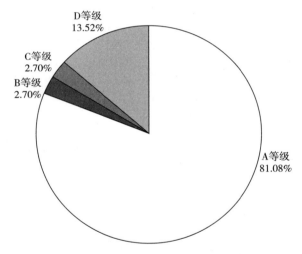

图2 2020年被试数学素养等级水平占比情况

（二）学生数学能力发展不均衡

通过分析关于数学能力的四个指标数据，可以发现该班学生的推理论证能力与运算求解能力是较好的，均高于90分，但其空间想象能力、数据处理能力较为薄弱，均在90分以下（见图3）。其中运算求解能力得分最高（91.75分），推理论证能力得分较高（90.63分），空间想象能力得分稍低

（89.12 分），数据处理能力得分最低（85.75 分）。这说明了学生在运算求解、推理论证等数学能力上表现良好，但在空间想象能力以及数据处理能力上表现一般，在后续的学习中要加强，教师在今后的教学中要重点关注对学生这两种数学能力的培育。

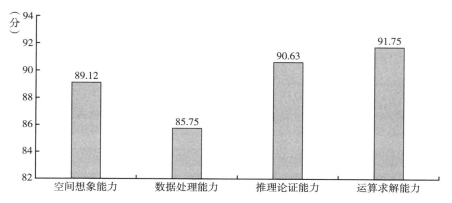

图 3　2020 年被试数学能力水平得分情况

（三）学生数学学习信心亟须提升

学生的主观态度在一定程度上会影响学生的数学学习水平，广州数学素养测评将学生的数学学习态度分为数学学习兴趣、数学学习信心。综观评价结果发现，该班学生的数学学习兴趣较浓郁（92.34 分），但数学学习信心（87.03 分）不太高（见图 4）。数学学习信心低不仅影响学生学好数学的自信，而且给了学生"数学很难"的迷思，从而阻碍学生数学素养的发展。

四　提升学生数学素养的智慧课堂教学策略

针对广州数学素养测评中发现的问题，教师结合智慧课堂教学的特点，将智慧课堂与传统课堂教学相嵌套，在实践中探索学生综合数学素养与能力共提升的教学策略。智慧课堂教学运用多样的信息技术使得数学学习趣味化、教学内容数字化、教学决策数据化、资源推送智能化、交流互动多样

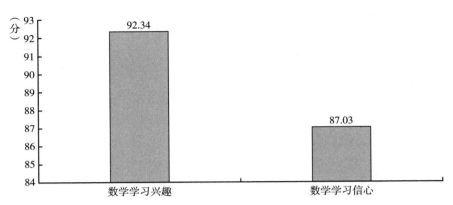

图4　2020年被试数学学习兴趣与数学学习信心得分情况

化、评价反馈及时化，让学生经历有趣而又富有挑战的数学学习历程，这不仅有助于提高数学课程教学质量和教学效率，而且能帮助学生更好地学习数学知识，促进学生数学素养的全面发展。《中小学教师信息技术应用能力标准（试行）》（以下简称《能力标准》）明确提出了教师在教育教学中需应用信息技术优化课堂教学以及应用信息技术转变学习方式。《能力标准》的基本内容所划分的技术素养、计划与准备、组织与管理、评估与诊断这四个维度，为智慧课堂教学策略的研究指明了方向①。基于此，本研究参考《能力标准》确立了智慧课堂教学的四大策略。

（一）开发优质教学资源以激发学生数学学习兴趣

现有教学环境存在缺乏优质的、丰富的、与日常情境高度联系的教学资源等问题，导致学生感受不到数学学习的重要性和趣味性。因此，教师需要加强对学生的了解和关注，开发和利用更多的优质教学资源以丰富学生的数学学习内容进而激发学生数学学习的兴趣、享受数学学习的乐趣。

---

① 《教育部办公厅关于印发〈中小学教师信息技术应用能力标准（试行）〉的通知》（教师厅〔2014〕3号），中华人民共和国教育部网站，2014年5月28日，http：//www.moe.gov.cn/srcsite/A10/s6991/201405/t20140528_170123.html，最后检索时间：2023年10月15日。

1. 丰富资源，促进空间想象能力提升

教师使用智慧课堂教学提供丰富的、来源于现实世界的、反映空间和立体结构的真实例子，引导学生全面细致、逐级深入、动静结合地观察各种反映立体结构、空间变化、动态变化的图片、小动画、视频等①，在观察的过程中，增加感知体验，形成完整且清晰的空间表象，理解立体结构的概念和特点，从而促进空间想象能力的提升。

如在人教版四年级下册"观察物体（二）"的教学时，首先，以宋代文学家苏轼的《题西林壁》诗句作为课堂引入，出示从不同角度观看庐山的图片，以亮丽的风景图吸引学生的目光，同时激发学生的好奇心，为什么看到庐山的形貌会不同呢？紧接着，得出结论：从不同角度观看同一个物体，看到的形状一般是不同的。然后，依托教师端与学生端交互功能，教师将丰富多样的生活实景推送给学生。最后，通过观察大量的素材，促进学生发展空间观念，启发学生数学思维，使学生的空间想象能力得到提升。

2. 推送资源，促进数据处理能力提升

智慧课堂教学通过创设具体情境，为教与学提供丰富的、可靠的、准确的数据资料支持，将多元的数据资源推送给学生。让学生经历整理数据、感悟与分析的过程，不仅可以帮助学生更好地理解和掌握数据分析方法，还可以培养学生的数据处理能力和数据分析思维。

例如在"可能性的大小"教学中，教师从学生现实生活情境出发，首先从"互动教学平台空间"中挑选各种与可能性的大小有关的例子，以生活中的数学问题"哪种可能性大？"引发学生思考。接着，教师把教师空间的资源推送到学生个人平板端（见图5），对部分学生推送"商场抽奖"的情景，设计抽奖游戏，学生通过平板参与游戏，初步感悟中奖可能性的大小。给另一部分学生推送 8~9 月天气统计表，让学生去整理分析数据的特点，预测明天下雨的可能性大小。数据处理能力优异的学生还可以通过网页检索搜集"可能性的大小"相关资料。

---

① 王晓霞：《小学数学智慧教学的模式探索》，《数学学习与研究》2023 年第 8 期，第 41 页。

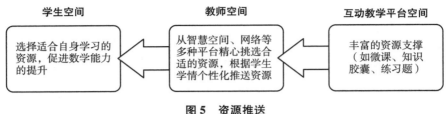

图 5　资源推送

（二）运用课堂诊断数据以促进学生数学能力发展

智慧课堂运用大数据，能更全面地展示学生的基本学情，便于对学生的学习行为进行分析，有助于教师课前和课中对学生进行精准有效的教学设计和调节①。

1. 诊断学情，利用数据精准定教

为有效地了解学生解决数学问题的思维角度，我们通过问卷星或腾讯文档的收集表功能，采集学生课前对数学关键问题的思维角度，帮助师生精准把握学情。例如，在"组合图形的面积"的教学中，学生第一次接触将不规则的图形转化为规则图形求解面积的知识，组合图形的分割与转化是一个难点。所以，我们课前通过发布导学单掌握学情。首先，将例题赋予现实世界的情境，以来源于生活的问题，将枯燥的求解组合图形的面积转化为：如何计算"粉刷侧面墙"的大小（见图 6）。接着运用问卷星的调查功能，通过收集的大数据以及词云图，准确了解到学生的学情（见图 7）。

2. 因材施教，依托数据分层教学

为了更好地了解每个学生的数学学习情况和特点，荔湾区康有为纪念小学打造了集智能互联、智能收集、智能评估于一体的智慧空间，为学生提供更个性化、针对性强的课程教学方案和指导。第一，在智慧空间教师可以在教师空间提前布置课堂任务，包括课堂测验、课堂竞赛、协作任务等。第二，在学生完成了课堂测验后，智慧空间以评价数据为依托对每位学生推送不同层次的练习（见图 8）。第三，教师可以根据学情个性化推送学习资源，

_____

① 杨军华：《运用信息技术手段，打造"智慧"数学课堂》，《数学教学通讯》2020 年第 22
期，第 86 页。

新年即将来临，小明家准备对房子的侧面墙进行粉刷，粉刷前要计算出侧面墙的大小，才能购买粉刷材料。侧面墙的形状如图所示，请你帮小明计算出它的大小。

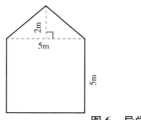

图 6　导学单核心问题

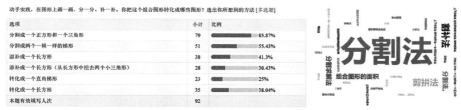

图 7　"不规则图形面积导学单"收集的数据与词云

让每一个学生的能力都得到提升，促进学生综合能力的发展。通过智能推送分层练习，让学业优秀的学生通过更高层次的学习资源促进高阶思维发展，让中等水平的学生能进一步强化所学知识提升能力，让学业待发展的学生进一步巩固基础知识以增强自信。智慧课堂教学依托数据分析精准推送分层巩固练习给学生，因材施教不再是纸上谈兵①。

3. 个性分析，立足数据及时定评

为了解决数据收集时缺乏及时性、互动性和趣味性的问题，教师可以通过制作"知识胶囊"等技术手段解决这一难题。"知识胶囊"是教师根据学生学情以及教学需求，通过录制微课与设计，精心制作有针对性的将互动与数据反馈有机结合的"互动式微课"。例如，在《可能性的大小》教学中，教师制作了4个不同类型题目的"知识胶囊"（见图9），学生根据自己的需求，有目的地观看。依据即时收集的数据，教师可以清晰了解整个班级甚至

①　廖茹园：《基于智慧课堂的小学数学综合与实践课程初探——以〈数字与信息〉与"希沃易课堂"融合教学为例》，《安徽教育科研》2022年第2期，第82页。

图 8　学生分层练习情况

每个学生的完成情况。教师根据实时生成的动态数据，及时调整策略，对不同学习能力的孩子进行有目的的个性化教学，激发其学习主动性，提升其数学学习的兴趣和信心，进而提高其数学能力。

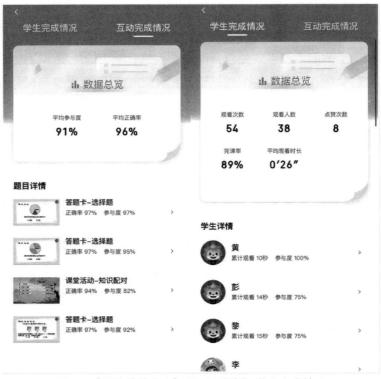

图 9　《可能性的大小》"知识胶囊"学生完成情况

（三）实施师生多屏互动以显化学生思维过程

为解决小组研讨效率不高和无法充分呈现学生的学习过程以及数学学习信心低等问题，教师使用多屏互动来优化小组研讨的设计和凸显学生数学问题解决思维的过程（见图 10）。

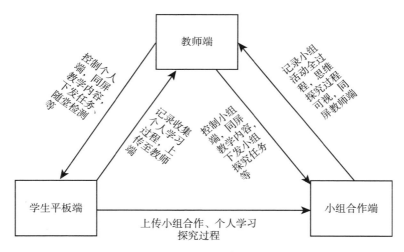

图 10　多屏互动流程

1. 多屏互动，强化小组研讨效果

针对小组探究合作效度一般、探究效果不佳的问题，在小组探究中，可以借助小组屏的投屏功能，实现小组端和学生平板端的信息共享以及全员参与研讨。学生配合小组端批注功能，即可快速整理小组研讨结论。比如，在强化运算求解能力"加法运算定律"的教学中，关于加法结合律的探索应该将学习的主动权交给学生，设置学习任务单。得出运算定律需要大量的举例说明，运用不完全归纳法得出结论，故而需要发挥小组合作交流研讨的作用。首先，每个人独立完成学习任务单并用个人平板端拍照上传至小组屏。接着，小组根据小组屏的结果进行讨论。然后，小组高效得出结论并将结论书写在小组屏中。最后，教师选择一个甚至几个小组的探究成果展示在大屏幕上，此时学生一目了然地看到符合加法结合律的例子比比皆是，通过不完

全归纳推理得知加法结合律是成立的。

2.分屏展示，可视数学思维过程

传统教学中，师生更多关注的是数学答案，而忽视了答案生成的过程。但学生数学思维的发展不是来自"答案的积累"，而是来自"生成答案的数学思维过程"。思维本身是不可视的，一定要借助于工具，把无形的思维呈现出来，分屏展示功能让学习看得见、让思维看得见。如在强化空间想象能力的《长方体和正方体的体积》教学时，通过分屏功能让学生计算长方体体积公式的全过程可视化。第一，个人操作思维过程可视化。每个学生借助小正方体学具拼摆不同的长方体，用平板拍照并上传到小组屏，从而可以了解学生拼摆长方体的思维过程。第二，小组研讨思维过程可视化。小组成员借助小组屏批注功能找到所摆长方体的长、宽、高，记录相关数据，探索所摆长方体与小正方体的个数，以及长、宽、高数据之间的关系，在批注中看到每个小组讨论的思路和方法。第三，小组汇报交流过程可视化。交叉使用分屏与同屏展示功能，每个小组讨论的结果均能同屏呈现在教师端上，而且师生都可以清晰看到汇报小组的研究全过程。通过思维可视化，师生可以更好地理解问题、解决问题和制定决策。

图11　探究长方体和正方体体积小组研究活动

（四）优化多元评价体系以推动学生全面发展

智慧课堂的评价方式具有及时性、生成性、可视性、互动性、有效性特征。师生可以运用多种智能工具，依托技术发展与相关基础设施建设，构建指向学习共同体的多元评价平台，从课程内容、教学效果、师生互动等多个层面对专业教学进行全方位评价，让评价过程更加全面、科学，更具参考价值①。在智慧空间系统，师生可以进行多主体交互的综合评价。2018年《教育信息化2.0行动计划》明确指出：为每一位学习者提供能够记录、存储学习经历和成果的个人学习账号，建立个人终身电子学习档案②。智慧课堂的智慧评价是从过程到结果、从整体到个人的智慧评价体系。基于此，荔湾区康有为纪念小学精心创设了"智慧康园"系统，以"五育"评价为基础，依托系统为每个学生制作"有为成长评价手册"。

1. 交互评价，多主体综合评价

智慧课堂教学打破了传统课堂中以师生为单一主体的评价，由单一评价向多元评价转变。例如在智慧空间系统中，学生使用个人平板端"发表观点"的功能，用自己的语言从小组合作力、语言表达力、数学问题解决力等维度对小组课堂汇报展示的表现进行即时评价，系统实时生成"云图"。教师让每个学生参与评价。教师即时根据学生评价结果，对学生的基本情况有了判断，设计相关的学习任务以提高学生的数学表现能力。再如，组内评价与自评时，教师先对每个小组的成员分配好序号（序号1~6），然后设计好评价量表（见表1），以选择题形式推送到每个学生的平板端，最后学生根据量化表对小组每个成员以及自身进行评价。通过学生自评、生生互评、组内评价、小组互评、教师综合评定的民主的、开放的多方民主评定法，让学生成为评价的主人，使评价成为学生自我教育、自我激励的动力，成为学生发现和调整自我成长方式的重要途径。

① 康博、郭慧、孙智慧、尤婷婷：《数智时代信息化教学评价创新探索》，《印刷与数字媒体技术研究》2023年第4期，第198页。
② 《教育部关于印发〈教育信息化2.0行动计划〉的通知》（教技〔2018〕6号），中华人民共和国教育部网站，2018年4月18日，http://www.moe.gov.cn/srcsite/A16/s3342/201804/t20180425_334188.html，最后检索时间：2023年10月15日。

表 1　数学小组合作表现组内评价

评价标准	评价等级			
	A(优秀:5 分)	B(良好:4 分)	C(中等:3 分)	D(待发展:2 分及以下)
积极想办法 解决问题				
思维具有条理 与创造性				
合作交流中能 解决问题				

2. 即时评价，记录全过程评价

即时评价和全过程评价都是为了更好地促进学生的数学学习发展，通过对不同时期数学课堂表现进行评估和反馈，帮助学生更好地了解自己的数学学习状态和发展趋势。即时评价是在学生学习的每一个阶段都进行评估和反馈。每天每位学生的数学课表现评价，都可以通过"智慧康园"系统实时推送给家长，实现家校共育。例如：数学课中教师对学生的回答评价，可以借助本校"智慧康园"评价系统，从学习习惯中"积极举手回答，有个人见解"以及创新精神中的"敢于质疑，勇于探索"等维度进行即时评价。在过程评价上，教师可以运用"智慧康园"的学业水平中"学科阶段性评价"对学生处在一个相对较长的时间段内的数学学习表现和成果进行评价，形成累积性的评价结果数据，精准反馈整体学生和个体学生的成长轨迹，更全面地了解学生的学习状态和发展趋势，让学生的成长精准可见①。根据"有为成长评价手册"，教师也能运用评价数据准确地把握每一个学生的个性化倾向、数学知识能力结构、数学学科素养等发展状况，帮助学生找到适合自身发展的数学学习方法。

五　智慧课堂教学的实施成效

经过两年智慧课堂教学的实践与探索，智慧课堂教学实践在促进学生数

---

① 陈倩倩：《智慧课堂互动质量评价模型构建——基于高职文秘学生视角的质性研究》，《中国职业技术教育》2023 年第 17 期，第 56 页。

学素养的发展中取得的成效是显著的，具体数据以 2021～2022 年广州数学素养测评被试群体的评价结果呈现。

（一）数学素养整体水平逐步提升

对比三年广州数学素养测评数据，接受智慧课堂教学的原三（1）班学生的数学素养从三年级到五年级实现了质的飞跃。一是被试的数学素养测评等级分布变化显著，优秀等级（A）占比由 2020 年的 81.08% 提升到 2022 年的 100%（见图 12），全员数学素养水平均达到优秀级别。二是被试的数学素养平均分也由 2020 年的 89.7 分上升到 2022 年的 98.69 分（见图 13）。

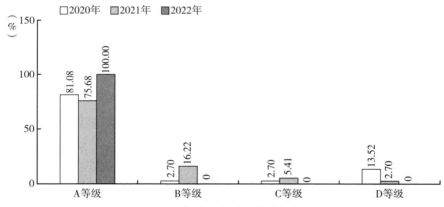

图 12　2020～2022 年被试数学素养等级水平占比情况

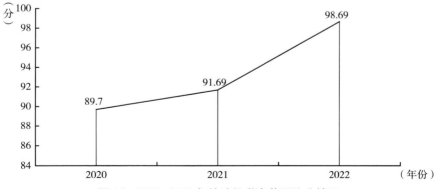

图 13　2020～2022 年被试数学素养平均分情况

（二）数学能力综合全面发展

横纵对比该班学生三年来在广州数学素养测评中的数据，可以发现：第一，空间想象能力切实提升。空间想象能力得分由 2020 年的 89.12 分上升到 2022 年的 97.54 分（见图 14），有较大的发展。第二，数据处理能力提升。数据处理能力得分由 2020 年的 85.75 分上升到 2022 年的 98.78 分，有了较大提高（见图 15）。第三，推理论证能力与运算求解能力稳中有升。2020 年广州数学素养测评数据中，推理论证能力、运算求解能力这两个数学能力得分是非常不错的，均高于 90 分，到了 2022 年推理论证能力得分上升至 97.97 分，运算求解能力得分上升至 100 分（见图 16）。第四，问题解决能力水平较高，高于广州市、荔湾区的平均水平。问题解决能力是 2022 年新增的测评维度，该班学生的问题解决能力得分达到了 99.10 分（见图 17）。

总体来说，学生在经历了两学年的智慧课堂教学后，各方面数学能力都有了发展，说明智慧课堂教学是提高学生数学能力科学有效的方法。

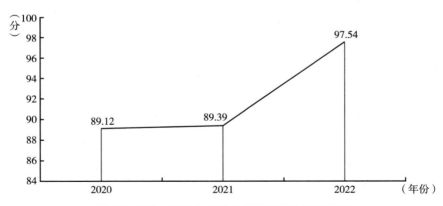

图 14　2020~2022 年被试空间想象能力得分情况

（三）数学学习态度切实提升

对比三年来广州数学素养测评数据，该班学生的数学学习信心和数学学

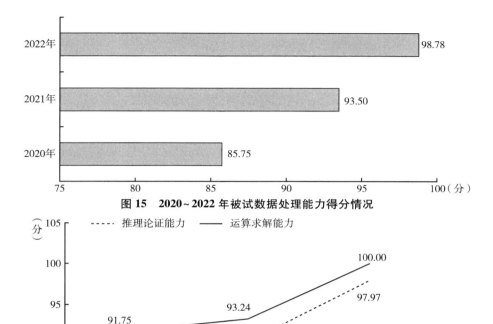

图 15　2020~2022 年被试数据处理能力得分情况

图 16　2020~2022 年被试推理论证、运算求解能力得分情况

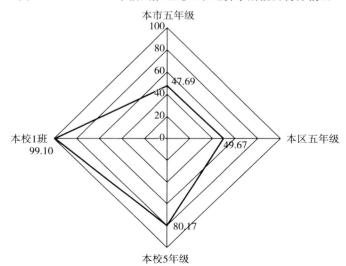

图 17　2022 年被试数学问题解决能力得分对比情况

习兴趣在逐年提升。其中，数学学习信心由 2020 年的 87.03 分上升到 2022 年的 97.3 分，学生的数学学习兴趣也由 92.34 分上升到了 98.2 分（见图 18）。

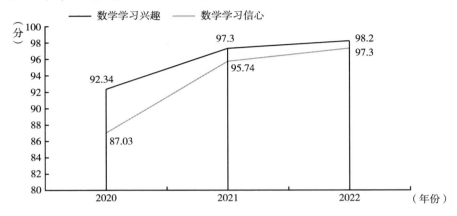

图 18　2020~2022 年被试数学学习信心、数学学习兴趣得分情况

六　进一步发展建议

（一）充分运用广州数学素养测评数据，指导教学实践

充分有效地使用广州数学素养测评结果分析学生数学素养、数学能力问题，以及弥补教师自身能力的不足。教师要以专业的视角去正确看待和分析数据，诊断教育教学。数据分析时以促进学生发展为核心，从多方面寻根溯源诊断学生出现问题的原因、教师自身原因等，从而更好地指导教学、改进教学。

（二）努力提高教师的数据分析与教学决策能力，助力教学高质量发展

教师拥有良好的数据分析与教学决策能力有助于更好地了解学生的学习状况、制定合理的教学计划、助推教学质量的发展。因此，在真正实现智慧

教学有效性的道路上，需要教师提高数据分析能力与教学决策能力，通过收集、整理和分析有效的数据来揭示问题本质、发现规律，不断地思考、剖析，智慧运用数据科学地调整教学策略，推动教育教学的创新和变革，助力教学朝着高效率、高智能、高质量的方向发展。

（三）紧密结合小学数学课程内容与课型特征，构建智慧课堂教学模式

不同课型的教学所使用的智慧教学策略一般是不同的。一是小学数学的课程内容涵盖了数学与代数、图形与几何、统计与概率、综合与实践四个领域。二是小学数学课型分为新授课、练习课、复习课三种。三是教师可以在今后的智慧课堂教学研究中，以课例研究为载体，开展集体智慧教研，发挥集体智慧，探索行之有效的小学数学智慧课堂教学策略，进而逐步构建起智慧课堂教学模式，推动课堂育人迈向新台阶。

（四）积极融合多元网络教学平台，为学校智慧教育发展注入新活力

实施智慧课堂教学，必须推进多样的现代信息技术与教育教学深度融合。一是教师不仅要利用学校现有的软硬件条件，更要发挥教学智慧，通过多平台融合应用开展课堂教学。二是学校通过融合多元网络教学平台，构建智慧校园管理体系，实现教育教学资源的共享和优化配置，提高学校的管理效率和服务水平。此外，多元网络教学平台还可以促进学校与外界的交流与合作，拓展学校的办学空间和资源，为学校智慧教育的发展注入新的动力和活力。

参考文献

中华人民共和国教育部制定《义务教育数学课程标准（2022年版）》，北京师范大学出版社，2022。

张涛：《巧设智慧课堂，提高数学素养》，《甘肃教育研究》2022 年第 5 期。

曾庆山：《基于智慧课堂引领的深度学习》，《中国教育学刊》2022 年第 8 期。

史晓燕、赵利曼：《嵌入式教师教学评价：价值重构、实践逻辑与运用价值》，《中国教育学刊》2022 年第 9 期。

郭炯、丁添：《面向数学学科能力培养的智慧课堂技术应用行为分析研究》，《中国电化教育》2023 年第 2 期。

李环、吴砥、朱莎、郭庆、罗志强：《深度学习视域下智慧课堂教学模式的构建及应用研究》，《现代教育技术》2023 年第 2 期。

王喜兰：《谈小学数学教学中智慧课堂的构建》，《数学学习与研究》2023 年第 10 期。

以智慧阳光评价驱动数学课堂教学方式变革的研究报告

谭燕婷*

摘　要： 本文依托 2022 年广州数学素养测评报告，以广州市荔湾区西塱小学五年级 3 班学生数学素养课堂教学方式变革为例，借助智慧阳光评价系统，通过数据结果的分析与讨论，发现学生的数学素养有待提升，学生空间想象力较弱，教师课堂教学中师生双向反馈、认知激活频率低；通过搭建 UMU 互动学习平台、发展几何建模、丰富数学教学方式等途径对五年级 3 班数学课堂教学方式进行针对性的变革，从而促进学生数学素养的发展。

关键词： 智慧阳光评价　数学素养测评　课堂教学方式

一　问题提出

教育部办公厅印发《基础教育课程教学改革深化行动方案》的通知指出："落实课程方案和课程标准，全面推进教学方式变革，尊重学生主体地位，发挥教师主导作用，注重启发式、互动式、探究式教学，克服单纯教师

---

* 谭燕婷，广州市真光中学附属西塱小学数学教师，小学二级教师，主要研究方向为小学数学教育实践与评价。

讲学生听、教知识学知识等现象，引导学生主动思考、积极提问、自主探究。"① 综观我国小学数学课堂教学方式改革的历程，长期主导小学数学课堂教学的是"以教师为中心"的讲授式、灌输式、传递式、复制粘贴式等课堂教学方式。2022 年 4 月 21 日，新版义务教育课程方案及各学科课程标准正式颁布，新课标（2022 年版）最大的特点就是提出发展学生的核心素养。在小学数学课堂教学实践中，教师应该深入理解在新课标理念下对于小学数学课堂教学方式变革的要求，根据学生的学习情况来确定课堂教学方式，结合学生的学习成效进行教学方式调整，以提高课堂效率②。通过课堂教学方式的变革，让学生在实践、探究、合作、交流等学习活动中积累活动经验，感悟数学思想，发展数学素养。

既然要根据学生的学习情况对数学素养课堂教学方式进行变革，那学生的学习情况究竟是怎样的呢？怎样才能建立以学生发展为本的教学关系呢？广州市是我国中小学教育质量综合评价改革试验区，为了打破以往"唯分数论"的体系③，从 2020 年开始，建立了智慧阳光评价体系，实现云计算、大数据等信息技术与教育评价改革的融合和创新。这次的资料来源于 2022 年的广州智慧阳光评价·数学素养测评（以下简称"广州数学素养测评"），主要对象是西塱小学五（3）班的学生。

2022 年测评的时间是 10 月，学生刚从四年级过渡到五年级 1 个多月的时间，学生具备以下数学素养：经历小数和分数的相关知识学习，已经形成数感、运算能力和初步的推理意识；了解图形的平移、旋转、轴对称的知识，形成量感、空间观念和初步的几何直观；可以对数据进行收集、整理和呈现。这届学生从三年级就开始经历新冠疫情，疫情三年，学生多次居家上

---

① 《教育部办公厅关于印发〈基础教育课程教学改革深化行动方案〉的通知》（教材厅函〔2023〕3 号），中华人民共和国教育部网站，2023 年 5 月 26 日，http：//www.moe.gov.cn/srcsite/A26/jcj_kcjcgh/202306/t20230601_1062380.html，最后检索时间：2023 年 10 月 14 日。

② 廖观忠：《新课程理念下优化小学数学课堂教学方式的实验与探究》，《读写算》2022 年第 1 期，第 4 页。

③ 韦英哲、穗教研：《智慧阳光评价，破解"唯分数"顽疾——中小学教育质量综合评价改革的广州方案》，《广东教育》（综合版）2022 年第 1 期，第 6~11 页。

网课，毋庸讳言，因为网课的局限性，教学质量肯定是下降的，对学生心理也有一定的负面影响，且 2021 年 7 月，教育部门提出了"双减"政策，"双减"政策实施后的第一年，一切都还在磨合期。本报告以广州数学素养测评数据为参考，研究西塱小学五（3）班数学素养课堂教学方式的变革。

二　研究设计

（一）研究对象

荔湾区西塱小学五（3）班共有 38 名学生参与测评，其中男生 19 人，女生 19 人。学生生源为地段户口招生或积分入学招生，随机分配，没有特殊分班情况。这次的评价数据对于西塱小学五年级学生整体数学素养状况而言具有代表性。

（二）研究工具

广州数学素养测评主要借助 PISA 的整体模式和理念作为数学素养结构模型的理论支撑，以国家教育政策为导向，通过云计算、大数据等信息技术与教育评价改革的融合和创新，构建中小学数学素养评价指标体系，并选择相应的评价方式，设计数学素养测评工具。

对广州数学素养测评中"数学素养"的界定主要基于数学学科知识考察。通过对"数学能力""数学态度""教师教学方式"三个方面的测评，将数学等级划分为 4 个（A~D 级），从而区分学生数学素养水平。

三　结果分析与讨论

（一）数学等级水平

我们把这个班数学等级占比与离散系数结合起来分析（见图 1），五

（3）班的离散系数为 0.22，在全校的离散系数中最低，且低于全市和全区，说明这个班级均衡程度较高。B 级学生人数占比为 13.16%；C 级学生人数占比为 13.16%；D 级学生人数占比为 73.68%（见图 2），B、C、D 级占比高于全市和全区，再看 A 级学生人数，占比为 0，低于全市、全区平均水平。说明这个班的尖子生缺乏，大部分学生都是中等甚至中下的水平。班上中等生多的原因有很多，可能因为基础不牢固、有盲点，可能控制力和自我管理不够，有时努力、有时随波逐流；可能知识体系不健全，概念理解不确切，容易被命题人误导；可能家庭教育方法缺少科学性，家长不够重视；等等。对此需要进一步分析。

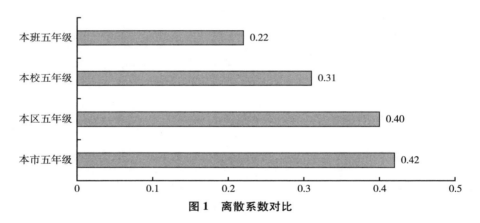

图 1　离散系数对比

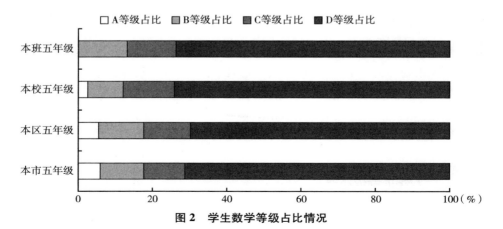

图 2　学生数学等级占比情况

（二）数学能力

本班的空间想象能力、数据处理能力、推理论证能力、运算求解能力、问题得分能力得分均高于本区均值（见图3）。其中数据处理能力得分最高，为64.91分；空间想象能力得分最低，为45.55分（见表1）；可以看出本班的数学学科能力发展不够均衡，应加强空间想象能力的培养。学生数据处理能力最高，说明学生能较好通过选择适当的数学知识和数学技能进行问题表征和建模，进而解决常规性问题。而学生空间想象能力最低，说明对客观事物的空间形式（空间几何形体）进行观察、分析、认知的抽象思维能力差。

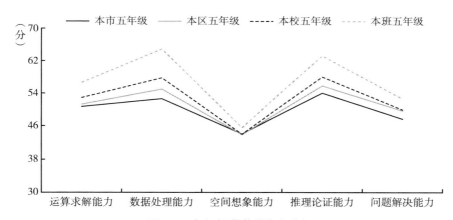

图3　五年级数学学科能力分析

表1　学生数学学科能力分析

单位：分

群体	运算求解能力	数据处理能力	空间想象能力	推理论证能力	问题解决能力
本校五年级	52.89	57.76	43.95	58.05	49.94
本班五年级	56.61	64.91	45.55	63.27	52.63

（三）数学态度

学生的主观态度在一定程度上会影响学生数学素养的发展水平。该指标十分重要，如果学生学业成绩较好，但数学学习兴趣不高，不仅不利于学生

的长远发展，还会影响学生学业培优情况。本班的数学学习兴趣得分为
86.55 分，仅略高于全区平均值，但数学学习信心的得分为 85.61 分，低于
全区和全校的平均值。根据数学态度得分情况（见表 2），可知这个班对于
学习数学是有兴趣的，但兴趣不是很浓，自我效能感比较低，所以数学学习
信心不高。学习兴趣是学好数学的前提，兴趣为学生提供源源不断的动力，
兴趣就是最好的教师，只要改变课堂教学方式、营造高品质课堂，培养学生
的数学学习信心，就能在学生的主观态度上提高学生的数学素养，使学生想
学、爱学、乐学，让数学课堂充满活力，让学习效果加倍。

表 2　学生数学态度得分情况

单位：分

群体	数学学习兴趣	数学学习信心
本市五年级	83.14	83.83
本区五年级	84.86	85.64
本校五年级	88.86	86.92
本班五年级	86.55	85.61

（四）教师教学方式

数学素养课堂是培养学生探索力和创造力的重要场所，它不仅要关注学
生的思维能力，还要关注学生的解决问题能力。随着新课标（2022 年版）
的颁发和"双减"政策的落实，对课堂教学方式进行变革成为热点。小学
阶段是培养学生学科素养的关键时期，教师要以生为本、以学定教，主动去
探索数学素养课堂的教学形式，以满足学生发展的需要。最大限度地把课堂
还给学生，发挥学生的主体性和创造性，让学生在解决问题中提升核心素
养。本班学生认为教师在课堂上适应性教学频率高，得分为 84.21 分；师生
双向反馈、认知激活频率低，得分都为 81.58 分（见图 4）。适应性教学频
率高说明教师能根据班级学生的实际需求、知识储备和能力，弹性地"剪
裁"其课堂教学内容，包括满足对某些主题和知识点感觉有困难的单个学

生的需求。但为了让学生的课堂学习变被动为主动，激活学生认知，引导学生积极提问、主动思考、自主探究，建议教师应加大师生双向反馈式教学和认知激活这两方面的力度。

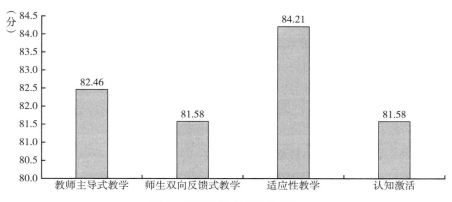

图 4　教师教学方式得分情况

（五）时间投入

本班学生完成数学作业花费时间在 90 分钟以上的学生数学素养成绩表现最优；在 61~90 分钟的学生数学素养成绩表现较弱；30 分钟及以内学生占 73.69%；31~60 分钟学生占 21.05%；61~90 分钟学生占 2.63%；90 分钟以上学生占 2.63%（见图 5）。

从时间的分布上看，大部分同学都能在 30 分钟及以内完成数学作业，说明作业量不大，符合"双减"政策的要求。但是数学素养成绩表现最优的却是作业花费时间在 90 分钟以上的，是因为这类"优生"属于高质量高负担型，还是有别的原因呢？经过后期查找数据，发现做作业 90 分钟以上的学生占 2.63%，也就是只有一个同学是这类"高质量高负担型"的。通过与这位同学谈话，发现她的课内基础作业十分钟就可以完成，其余时间是自己进行课外知识的拓展，所以才会出现测评中的这个数据。

作业时间在 61~90 分钟的学生是低质量高负担型，数学素养成绩也很弱，这类学生的占比为 2.63%，也是 1 人，这个应该是班上成绩落后的学生。我们应关注 31~60 分钟的学生，占比为 21.05%，这部分学生作业花费时间长，数学素养表现较弱。学生数学素养表现弱，可能有以下原因：第一，基础知识薄弱。没掌握基础知识，提升素养就是空谈。第二，运算求解能力、数据处理能力等基础能力差，关键是没有掌握好运算法则和数学处理的方法。第三，答题不规范，缺乏仔细审题和规范答题习惯。第四，做题速度慢，花费大量时间做题，就会变成高负担型，应加强练习，熟能生巧。

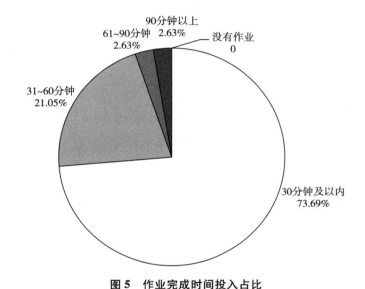

图 5　作业完成时间投入占比

综上，五（3）班大部分学生数学素养测评成绩集中在中等水平；在数学能力方面空间想象能力相对较差；对数学学习有兴趣，但不浓厚，数学学习信心低；教师在课堂教学中的双向反馈缺乏，且在课堂上较少鼓励学生发表观点、多方法多角度去解决问题，没有将数学问题与实际情境相结合来开发学生的数学思维和推理能力。

四　学校课堂教学方式变革

面对广州数学素养测评数据反映的问题，如果一直按照传统的课堂教学方式进行教学，学生数学成绩就会止步不前。只有进行课堂教学方式的变革，才能让学生在实践、探究、合作、交流等学习活动中积累活动经验，感悟数学思想，发展数学素养。我国中小学课堂教学方式变革目标定位从知识本位向培养核心素养转向，小学数学新课标（2022 年版）要求培养学生数学核心素养，我校教师积极创新课堂教学方式，改变育人观念，打破学科壁垒，不拘泥于课本，统观全局，将能力的提升与数学核心素养的培养相结合，促进学生的全面发展。

（一）搭建 UMU 互动学习平台，实现跨学科融合

《教育信息化十年发展规划（2011-2020 年）》提出："建设智能化教育环境，提供优质数字化教育资源和软件工具。"① 信息技术与学科课程的融合创新，促进了学校教育的信息化发展，为多媒体技术应用于课堂教学的各个环节提供了前提条件，为了提升学生数学等级水平、改变学生数学学习信心低现状，笔者每个星期或每个单元都腾出一节课时间带学生去电脑室上课。通过搭建 UMU 互动学习平台开展教育教学活动，通过人机对话，学生能发挥学习的主动性和灵活性，有力地提高学习效率。UMU 互动学习平台的得分排名功能可以让学生享受成功的喜悦，教师可利用 UMU 互动学习平台的考试功能，根据学生课堂上作业完成情况较全面地评价学生、监督学生、激励学生。如此一来，一方面学生可根据自己的情况选择学习内容和练习题，另一方面教师可根据学生的认知情况给予个别化的适时指导，真正实现因材施教（见图 6）。

学生上完课后需要填写学习评价量表（见表 3），五（3）班全班同学，除了部分学困生在自评、互评、师评那里获得 2 个★外，其余都是 3 个★，说明这节课的教学目标达成度较高，学生的知识掌握度也比较高。

---

① 翟雪松、史聪聪：《〈教育信息化十年发展规划（2011-2020 年）〉的实施现状、挑战与展望》，《现代教育技术》2020 年第 12 期，第 20 页。

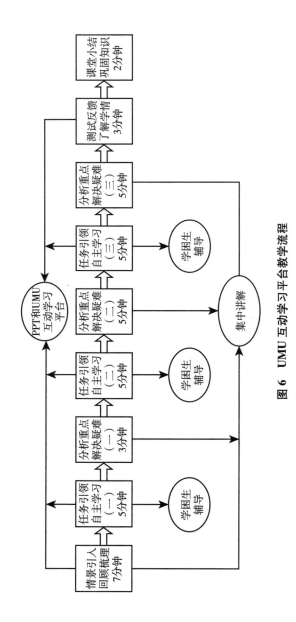

图 6　UMU 互动学习平台教学流程

表3 学习评价量表

评价维度	评价指标 （星级说明：很好3★，较好2★，一般1★）		自评	互评	师评
学习习惯	小组合作	倾听			
		发言			
		合作			
	堂上练习质量	练习按时完成，及时上交			
		练习及时认真订正			
知识掌握	基础题				
	提升题（综合类）				
	拓展题（选做）				
反思					

（二）发展几何建模，提高学生空间想象力

空间想象能力的培养并不是一朝一夕的，在实际课堂教学中，由于学生的思维方式以具体思维为主，教师仅仅通过语言描述是很难使学生构想立体的图像，难以培养学生空间想象力。四年级空间想象能力的培养主要有观察物体、平面图形的周长和面积、图形的平移和轴对称。学生在四年级时对于此类知识可能缺少动手操作的过程，无法在脑海中呈现相应的空间几何体；或对于给出的几何体，无法在脑海中对其进行分解或者组合，难以分析其数量关系和位置关系。五年级的教学，应该根据问题来优化数学素养课堂的教学方式，以提高学生的学科核心素养。建模能力是一种动手实践能力，是沟通书本知识与实践活动的桥梁。在培养学生空间想象力的过程中，通过几何建模，可以有效地简化数学问题，将抽象的问题具体形象化①。

---

① 吕婷：《聚焦新课标，培养学生数学核心素养》，《教育》2023年第10期，第22～23页。

1. 借助于实物建模

小学生的思维是从直观形象思维逐步过渡到抽象逻辑思维的。因此，在课堂教学中要借助一些实物模型，帮助学生积累几何经验。

例如，五年级下学期学习"长方体的认识"时，让学生找一找家里的长方体物品，在上课的时候带着实物与同桌围绕面、棱、顶点三个方面互说各自带来物品的特征。让学生观察到长方体有 6 个面、12 条棱、8 个顶点，通过观察面的特征，发现相对的面完全相同；通过观察棱的特点，引出长方体的长、宽、高的概念。观察之后，要求学生根据看到的实物，在脑海中抽象出只有棱的长方体几何框架。这样，学生便通过实物建模认识了长方体，再看书本中的问题就迎刃而解了。

2. 动手实践建模

虽然通过观察长方体物品，可以初步认识长方体的特征，但是很多学生脱离了实物后，对于这些特征还是比较陌生的。在教学中，要想发展学生的空间想象能力，应尽可能创造机会让学生自己动手操作，通过摆一摆、想一想、搭一搭之类的活动，动手建模。

例如，笔者在学生初步认识长方体后，布置家庭作业：用细木条和橡皮泥做一个长方体框架，根据制作过程，回答问题。①长方体的 12 条棱可以分成几组？它们的位置关系是怎样的？②相交于同一顶点的三条棱长度相等吗？它们的位置关系是怎样的？通过准备细木条和橡皮泥等原材料，学生进一步掌握长方体面、棱、顶点的特征进而发展空间想象能力。

3. 尝试画图建模

小学现阶段，对学生的画图能力要求还不高，但是为了养成良好的思维习惯、答题习惯，应鼓励学生把抽象的图形通过画图建模变得形象具体，以帮助解题。

例如"一块长方形铁皮（见图 7），从四个角各切掉一个边长 5 厘米的正方形，然后做成无盖盒子。这个盒子用了多少铁皮？它的容积有多大？"

引导学生思考的过程：求这个盒子用了多少铁皮，就是求所用铁皮的面积，可用长方形铁皮的面积减去切掉的 4 个正方形的面积；也可以先求出做

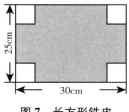

图 7 长方形铁皮

成的无盖盒子的长、宽、高，再根据长方体表面积的计算方法去求。求容积可以直接用长方体的体积公式进行计算。求体积时，盒子的长、宽、高的数据是必不可少的，但有些学生找不到对应的数据，引导学生把盒子的立体图形画出来，先找数据再计算。

对于小学数学来说，空间想象能力是重要及核心的目标之一，是每一位老师在实施新课标时的重要任务。想要提高学生的空间想象能力，需经历表象的形成、积累、再造等过程，三者缺一不可，须形成一个有机的系统。

（三）丰富数学教学方式，关注学生数学核心素养培养

落实立德树人的根本任务，关键是全面贯彻党的教育方针、转变育人方式[1]。本班学生认为教师在课堂上适应性教学频率高，师生双向反馈教学、认知激活频率低。针对这一现状，教师可以通过丰富数学教学方式来提升学生的数学核心素养。

1. 创设故事情境，促进学生认知激活

认知激活是指教师在课堂上鼓励学生发表观点、多方法多角度解决问题、将数学问题与实际情境相结合，来开发学生的数学思维和推理能力。上课开始时，一个引人入胜的情境，可以使学生很快安静下来，教师如果把握

---

① 《坚持党的全面领导 落实立德树人根本任务》，中华人民共和国教育部网站，2020 年 12 月 1 日，http: //www. moe. gov. cn/jyb_ xwfb/moe_ 2082/zl_ 2020n/2020_ zl62/202012/ t20201202_ 502843. html，最后检索时间：2023 年 10 月 15 日。

371

时机，把学生的无意注意转化到有意注意上，就能起到导入新课、贯穿新课的作用。下文以"垂线"这一课为例，以学校开展运动会的情境引入、以情境贯穿课程的内容。上课开始，情境导入，设疑激趣。学校开展运动会，在夺旗比赛中，小明夺得了红旗，可是其他同学很不服气，为什么呢（见图8）？在探究新知环节，通过修改插旗位置，开展小组讨论。在对面画一条和起跑线平行的终点线，把红旗分别插在与各人的起跑点垂直线段的终点。这次公平了吗？为什么（见图9）？通过小组讨论，得到平行线上的垂直距离处处相等的结论。

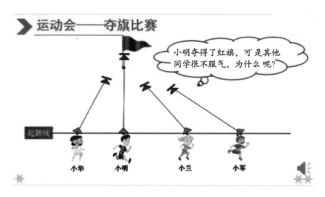

图8　情境图A

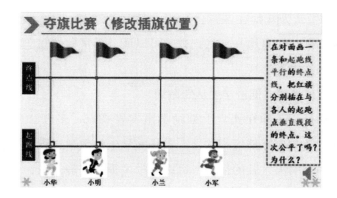

图9　情境图B

　　数学课堂的导入环节，如果能结合教学内容，创设出引人入胜的故事情境来导入新课，贯穿课程内容，既能丰富学生的数学知识，又能提高学生的学习兴趣，让学生用数学的眼光观察现实世界，会用数学的思维思考现实世界，会用数学的语言表达世界。

　　2. 鼓励学生探究，增进师生双向反馈

　　师生双向反馈是指在教学中有效的反馈是双向的，即教师给予学生有关学习的意见和建议，学生收到后对自己的学习行动有所调整再将信息反馈给教师。教学和学习是相关联的，老师的教学方式在一定程度上决定学生的学习方式，而老师的教学能力也会影响学生的学习能力。教学应该是双向的，切忌教师单向"产出"。教学的重点是探究未知，所以，问题比知识重要，过程比结果重要①。在课堂学习中，鼓励学生探究是指学生在教师的点拨与启发下以自主学习或者合作探究的形式对数学知识展开探究、对问题展开分析，并在活动中收获知识、在实践中得到发展、在探究中实现创新②。探究教学法是新课改下的一种新的教学方式，运用探究教学法，有助于师生、生生之间进行学习方法的探讨和思想的交流。

　　下文以"不规则图形的体积"为例，说明如何开展探究教学。通过认真研读教材、《教师教学用书》和新版课程标准，本课是属于图形与几何领域的教学，关键要落实推理意识这一核心素养。这节课中推理意识应表现为能够通过简单的归纳或类比，猜想或发现一些初步的结论，以及对自己及他人的问题解决过程给出合理解释。该课围绕"激活经验，沟通联系""合作探究，学习新知""巩固知识，拓展应用""回顾反思，全课总结"四大环节设计教学活动。其中第二部分是本课的重点环节。由于本课围绕"转化"二字展开，不同的转化方法，都是将不规则物体体积转化成规则物体体积，并且在过程中培养学生的推理意识、落实核心素养，体现"4+X"理念。因

---

① 田静：《"单向互动"走向"双向互动"——〈解决问题的策略——从条件想起〉教学思考》，《数学教学通讯》2020年第25期，第13页。

② 张雄昌：《小学数学探究式课堂教学的策略研究》，《甘肃教育研究》2023年第9期，第108页。

此，设计了四个小环节：①体会转化思想引思考；②提出核心问题共猜想；③深度活动探究齐验证；④三次对比异同得结论。

这节课的重要环节是学生真实地进行实验探究活动，首先要做好探究的准备，教师准备了不同的容器供学生选择，学生也在课前预习单中写下了预设的实验步骤，做到有备而学、有备而探，如此有利于学生核心素养的培养。接着是两次实验探究活动：①初探土豆的体积。学生先在组内交流实验步骤，自主选择有刻度或没刻度的烧杯进行测量，目的是在小组汇报中能生成不同的教学素材，即"升水法""降水法""溢水法"等，倡导解决问题策略的多样化。在小组汇报过程中，鼓励学生有条理地表达，说理有据，有利于培养学生的推理意识。②再探土豆的体积。结合实际，生活中不总有烧杯，能用一个没有刻度的长方体水槽测量土豆的体积吗？学生在组内说一说、做一做，完成实验报告单。这里的实验报告单我们给学生增加了一个长方体图形，让学生把测量数据标在图中，目的是借助几何直观发展学生的空间观念、推理意识和分析解决问题的能力，落实核心素养。

在课堂教学中，教师可以通过探究教学法实现从简单的单向互动走向高效的双向互动，实现师生双向互动。基于小学数学新课标（2022年版）培养学生数学核心素养的要求，需要教师创新教学方式，改变育人观念，探究教学法就是在新课改下的一种新的教学方式，让学生在实践、探究、合作、交流等学习活动中积累活动经验，感悟数学思想，发展数学素养。

五　数学素养课堂教学方式变革的成效

基于对广州数学素养测评数据的解读，我校对五（3）数学素养课堂教学方式变革后，收获满满。特别是把数学课堂与信息技术相融合，搭建UMU互动学习平台，学生学习数学的自主能力强了，注意力也集中了，数学素养也得到了提升。图10是我校每次上数学与信息技术融合课后都会让学生填的学情调查问卷，通过问卷可以知道，100%的学生基本学会了课堂知识，其中89.5%的同学掌握得非常好；97.4%的学生喜欢在电脑室上课，76.4%的学生觉得在电脑室的上课效率高一些，84.2%的同学希望老师在电脑室上课。而笔者执教的课例"小数的意义和性质整理与复习"，在2022年"芦荻杯"中获市三等奖、区二等奖，获2022年跨越式年会作品一等奖，写成课程教学资源建设与应用案例，获2022年广州市中小学教育教学优秀典型案例征集一等奖。当然，笔者还是把更多的时间放在常规数学素养课堂教学方式的变革上，现在学生的上课注意力集中了，课后完成作业的时间缩短了，成绩也提升了，对于学习数学也越来越有信心了。

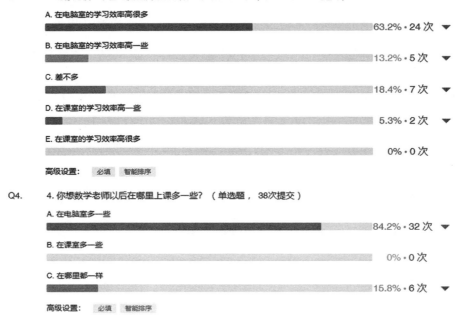

图 10　问卷题

实行教育质量监测，目的是教育的高水平发展。广州数学素养测评报告对学校教育的发展进行了客观的描述以及诊断，为学校常规管理质量的提升、学生的个性化教学、学科教学质量的提高都提供了有力的支撑。通过本次数据的解读，相信在区小数科的引领下，在学校各位老师的共同努力下，我们能针对教育教学中存在的普遍问题，采取有力的措施进行课堂教学方式变革，提高学生的核心素养。

参考文献

中华人民共和国教育部制定《义务教育数学课程标准（2022 年版）》，北京师范大学出版社，2022。

曾利琴：《小学数学教学中现代信息技术融合的路径探思》，《大理大学学报》2023

年第 7 期。

姬国君、宋丽芹：《中小学课堂教学变革的历程、反思与展望》，《河南大学学报》（社会科学版）2023 年第 5 期。

殷敏：《核心素养下的小学数学教学创新》，《文理导航》（下旬）2023 年第 11 期。

基于广州数学素养测评数据的
小学分层作业设计策略研究

谢杏娥　陈朝芳　曾榕娇*

摘　要： 基于广州市 B 小学 2021 年、2022 年追踪抽取 100 多名学生参加广州数学素养测评结果，发现学生数学素养两年来总体指标水平存在波动情况，进一步数据分析发现，学生数学学习目的明确，学习态度积极，对数学学习感兴趣，但基础知识薄弱，数学等级分布不均衡，有待提高等级的学生占比较大。立足学情，聚焦问题，本文探索基础性作业、弹性作业、个性化作业的分层作业策略，以期促进学生数学素养的提升。

关键词： 数学素养测评　分层作业　策略研究

《义务教育数学课程标准（2022 年版）》（以下简称"新课标"）明确指出：使得人人都能获得良好的数学教育，不同的人在数学上得到不同的发展，逐步形成适应终身发展需要的核心素养。数学作业作为数学课堂教学的延续、学生自主学习的有效方式以及落实学生数学核心素养培养的手段之一，在研究学生个体差异的基础上，尊重学生的主观意愿，依据教学目标、教学内容实施作业的分层和分类设计，可以激发学生对数学学习的自信心，也可以在自己的起点上得到发展和提高，以实现适合自身发展的目标。

---

* 谢杏娥，广州市从化区流溪小学教师，小学一级教师，主要研究方向为数学教育；陈朝芳，广州市从化区流溪小学教师，小学一级教师，主要研究方向为数学教育；曾榕娇，广州市从化区流溪小学教师，小学一级教师，主要研究方向为数学教育。

广州智慧阳光评价·数学素养测评（以下简称"广州数学素养测评"）的维度与新课标核心素养内涵要素具有一致性。新课标小学数学核心素养包含符号意识、运算能力、几何直观、空间观念、推理意识、数据意识等方面。广州数学素养测评包含数学知识、数学能力（空间想象能力、数据处理能力、推理论证能力、运算求解能力、问题解决能力）、数学态度（数学学习兴趣、数学学习信心）等方面，在一定程度上可以作为检测学生核心素养水平的指标数据。2021年、2022年追踪选取同一批学生，2021年为四年级学生127人，2022年为五年级学生118人（原127人中9人转学或病假原因没有参加测试）。通过数据分析发现相关因素与核心素养达成度之间存在关系，即提升相关因素发展水平就能够发展学生相应的核心素养。

一 数学素养测评现状及结果分析

（一）学校数学素养测评数据指标分析

对学校2021年、2022年数学素养测评整体数据的各指标进行总项和分项的横向、纵向对比分析，从数据变化中了解学生素养水平发展趋势，为教育教学工作提供抓手。

1. 数学等级水平对比分析

测评根据学生成功完成数学任务的情况，将能力水平划分成4个等级，其等级划分标准为：A级（86~100分，优秀），B级（71~85分，良好），C级（60~70分，中等），D级（60分以下，待提高）。

同一样本校内纵向比较，数学等级水平测试2022年比2021年A等级水平学生占比增加了0.85个百分点，B、C等级水平学生占比合计减少了25.18个百分点，D等级水平学生占比增加了24.33个百分点；校与区横向对比，2021年B、C等级水平学生占比比区多23.71个百分点，2022年B、C等级水平学生占比比区多2.97个百分点，D等级水平学生占比增加24.33个百分点；校与市横向对比，2021年B、C等级水平学生占比比市多3.64个百分点，2022年B、C等级水平学生占比比市少15.18个百分点。分析校与区、市等级水平占比数据之差，发现学校 A 等级水平学生占比稍有提升，B、C 等级水平学生占比减少，D 等级水平学生占比增大，D 等级水平学生是重点发展群体。

市平均值 2022 年比 2021 年低 8.42 分，离散度在扩大。同一样本学生平均成绩校内纵向比较，2022 年比 2021 年平均分低了 14.04 分。与区横向对比，2021 年平均值较区均值高 11.91 分，2022 年校均值较区高 4.81 分，虽然均值仍高于区均值，但与区均值差距缩小。与市横向对比，2021 年低于市均值 3.67 分，2022 年低于市均值 9.29 分，与市均值差距增大。校均值与区、市均值数据差，反映出学校数学成绩整体呈下降趋势。

2. 数学能力对比分析

数学学科能力主要测查了学生运用数学知识进行推理、解决实际问题时表现出来的认知能力和思维过程，包含运算求解、数据处理、空间想象、推理论证四项能力。其中运算求解能力是指通过使用公式、定义等进行数学计算、解决简单的数学问题的能力；数据处理能力是指通过选择适当的数学知识和数学技能进行问题表征和建模，进而解决常规性问题的能力；空间想象能力是对客观事物的空间形式（空间几何形体）进行观察、分析、认知的抽象思维能力；推理论证能力是指通过数学知识和规律提出假设并进行比较、论证、分析，进而解决复杂问题的能力；问题解决能力是指灵活应用数学知识、方法、思想来解决现实生活中的实际问题的能力。学校 2021 年和 2022 年的数学能力得分率数据对比情况见表 1。

表 1　数学能力测评数据对比

单位：%

	2021 年					2022 年				
分类	运算求解能力	数据处理能力	空间想象能力	推理论证能力	分类	运算求解能力	数据处理能力	空间想象能力	推理论证能力	问题解决能力
市	66.14	62.59	48.87	56.89	市	50.69	64.65	44.02	54.06	47.69
区	44.25	45.05	38.03	45.54	区	36.15	36.58	33.07	37.57	32.81
校	66.12	64.65	38.42	50.27	校	43.20	40.21	38.63	44.03	32.88

从表 1 中可见，2022 年增加了问题解决能力得分率的统计，在运算求解能力方面，2021 年校得分率高于区得分率 21.87 个百分点；低于市得分率 0.02 个百分点；2022 年校得分率高于区得分率 7.05 个百分点，低于市得分率 7.49 个百分点。在数据处理能力方面，2021 年校得分率高于区 19.6 个百分点，高于市 2.06 个百分点；2022 年校得分率高于区 3.63 个百分点，低于市 24.44 个百分点。在空间想象能力方面，2021 年校得分率高于区 0.39 个百分点，低于市 10.45 个百分点；2022 年校得分率高于区 5.56 个百分点，低于市 5.39 个百分点。在推理论证能力方面，2021 年校得分率高于区 4.73 个百分点，低于市 6.62 个百分点；2022 年校得分率高于区 6.46 个百分点，低于市 10.03 个百分点。在问题解决能力方面，2022 年校得分率高于区 0.07 个百分点，低于市 14.81 个百分点。2021 年、2022 年校、区、市各项能力得分率对比情况见图 1、图 2。

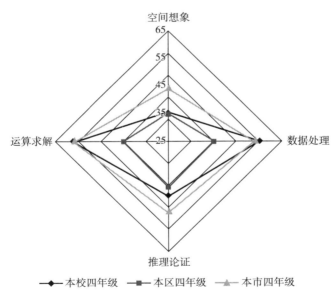

图 1　2021 年各项能力得分率对比

从图 1、图 2 可知，2021 年、2022 年学校各项能力得分率均在区得分率之上，大部分在市得分率之下，校和区得分率的差距缩小，与市得分率的

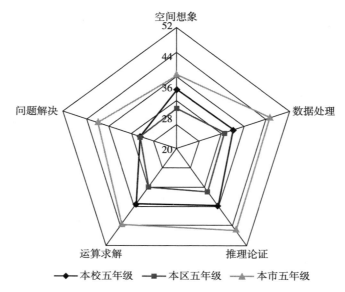

图 2 2022 年各项能力得分率对比

差距增大。总体说明学生整体的数学能力呈现下滑的趋势，空间想象能力略有所升。

3. 数学态度对比分析

学生对学习的主观态度在一定程度上会影响学生数学素养的发展水平，本测评将学生的数学态度分为数学学习兴趣、数学学习信心（自我效能感），两年的数据见表 2。

表 2 数学态度测评数据对比

单位：%

2021 年			2022 年		
分类	数学学习兴趣	数学学习信心	分类	数学学习兴趣	数学学习信心
市	80.44	81.49	市	83.14	83.83
区	73.60	72.65	区	77.62	75.90
校	91.10	88.52	校	89.54	86.94

　　根据表 2 的数据对比可见，2021 年、2022 年学校学生数学学习兴趣、数学学习信心的测评数据均超区、市均值，说明学生的学习态度是端正的、积极的，对数学学习是感兴趣的、是有信心的。

　　4. 关联因数分析

　　为探索非学业指标对学业表现的影响，本测评从以下两方面对非学业指标与学生数学素养之间的数量关系开展了测评。

　　（1）在非学业发展方面，主要有学习能力、美术能力、健康生活方式、安全意识与行为、情绪智力、音乐能力等方面。2021 年和 2022 年测评中发现学习能力、美术能力、健康生活方式与本校学生学业表现之间关系密切。

　　（2）在课堂教学方式方面，结合数学课学习的特点，教师在课堂上教学时会使用不同的教学方法。本测评从教师主导教学、师生双向反馈、适应性教学、认知激活四个方面开展测评（见表 3）。

表 3　课堂教学方式测评数据对比

单位：%

群体	2021 年				群体	2022 年			
	教师主导教学	师生双向反馈	适应性教学	认知激活		教师主导教学	师生双向反馈	适应性教学	认知激活
市	72.72	71.38	71.38	74.27	市	80.85	79.48	77.25	80.97
区	68.06	68.68	69.55	69.37	区	76.48	76.57	76.12	76.49
校	85.85	87.35	85.53	83.28	校	87.31	88.61	85.90	88.27

　　由表 3 可知，教师主导教学、师生双向反馈、适应性教学、认知激活频率两年均值均高于区、市均值，说明教学中教师处于主导地位，教学中有效反馈是双向的，学生能适应教师的教学，教师能调动学生参与到学习中。

　　5. 不同性别数学素养对比分析

　　本测评从男生和女生数学素养整体水平进行分类比较。具体数据见表 4。

表 4　性别测评数据对比

单位：分

2021 年			2022 年		
分类	男生均值	女生均值	分类	男生均值	女生均值
市	57.13	58.08	市	49.46	48.82
区	41.53	42.48	区	35.45	34.59
校	52.92	55.03	校	43.91	35.69

由表 4 数据可知，2021 年男生数学素养水平高于区的均值，低于市的均值，低于校女生的均值；2022 年男生数学素养水平高于区的均值，低于市的均值，高于校女生的均值，说明男生的数学素养水平在提升，女生的数学素养水平呈下降趋势。

（二）结论及分析

新课标指出要"以评价促进学生核心素养发展"、"以评价改进和优化教学"。总结该校的数学素养测评结果，对学生数学素养水平现状和存在的问题分析如下。

1. 数学素养总体呈现下降趋势，男生数学素养发展状况较好

从数据可知，科学素养总体情况较 2021 年呈现下降趋势，各指标呈现的升降状态不同。男生数学素养发展水平明显比女生发展水平高。原因是多方面的，一是因疫情原因上网课；二是部分教师在课堂上讲得太多，单方面向学生灌输知识，课堂学习变成老师主导，学生被动接受知识，学生不能很好地参与课堂学习，逐渐失去学习兴趣；三是学生未能善于运用数学思维和数学方法来解决具体问题。

2. 数学等级水平不均衡，部分学生的数学思维发展滞后

学校数学优秀、良好和中等的学生占比率虽高于区均值，但优秀的学生占比少，有待提高的学生占比多，甚至某些班级有待提高的学生占比率达到 100%。究其原因有以下几方面：一是学生基础差，学习上有畏难情绪。学生基础知识不扎实，面对有思维难度的数学问题不愿意主动、深入思考，学习动力不足。二是被动学习。学生的学习有很强的依赖心理，跟随老师惯性运转，没有掌握学习的主动权，课后依赖家长的辅导。三是没有良好的学习方法和学习习惯。如很多学生没有养成使用练习本、草稿本的习惯，做题多用口算的方法，正确率得不到保证。四是教师在课堂教学中引导自主、深度学习不足。部分教师在进行教学设计时，考虑到班级大部分学生的思维水平，本着让后进生也能听懂的原则，设计问题的难度系数比较低，不足以引起大部分学生进行深度思考。由于时间关系，课堂上教师往往留给学生思考和交流的时间较短，没有给学生充分的思考交流机会就立即进入下一个环节。

3. 数学能力呈现波动趋势，空间想象能力稍好

由测评结论可知，本校学生数学能力高于区、低于市的水平，与区的差距缩小，与市的差距增大，其中运算求解能力和数据处理能力呈下降的趋势，空间想象能力稍有提升。

4. 课堂教学方式多样，学生数学态度优于区、市水平

数据分析发现，课堂教学方式对学生数学素养水平是有影响的。学校两年教师主导教学、师生双向反馈、适应性教学等课堂教学方式的测评数据高于区、市平均水平，学生数学学习态度的测评数据高于区、市平均水平，说明学校课堂教学方式多样，学生对数学的学习兴趣高、自信心强。

二 策略与建议

2021年7月，中共中央办公厅、国务院办公厅印发了《关于进一步减轻义务教育阶段学生作业负担和校外培训负担的意见》（以下简称《"双减"意见》），要求各地切实减轻学生作业负担和校外培训负担[①]。要求教师系

---

① 《中共中央办公厅、国务院办公厅印发〈关于进一步减轻义务教育阶段学生作业负担和校外培训负担的意见〉》，中华人民共和国中央人民政府网站，2021年7月24日，https://www.gov.cn/gongbao/content/2021/content_5629601.htm，最后检索时间：2023年10月15日。

统设计符合学生年龄特点和学习规律、体现素质教育导向的基础作业，鼓励布置分层作业、弹性作业和个性化作业，坚决克服机械、无效作业，杜绝重复性、惩罚性作业。

2021 年 4 月，《教育部办公厅关于加强义务教育学校作业管理的通知》（教基厅函〔2021〕13 号）（以下简称《通知》）提出创新作业类型，根据学段、学科特点及学生实际需要和完成能力，合理布置不同类型作业，鼓励布置分层作业、弹性作业和个性化作业，科学设计探究性作业和实践性作业，探索跨学科综合性作业，针对学生不同情况，精准设计作业，根据实际学情，精选作业内容[①]。

新课标要求基础教育中的数学教育要面向全体学生，要充分考虑学生之间的差异性，针对性地布置数学作业，做到因材施教，使得人人都能获得良好的数学教育，不同的人在数学上得到不同的发展，逐步形成适应终身发展需要的核心素养。

由以上可知，实施分层作业设计尤为重要。越来越多的学者对分层作业设计进行了研究，其中刘雪晴的《小学高年级数学分层作业的实验研究》表明，分层作业能够充分考虑学生的能力差异，改善学生的作业完成情况，一定程度上提高学生的学习能力、创新能力、实践能力，助其养成良好的学习习惯。同时在完成数学分层作业的过程中，可逐渐提升学生的学习信心，提高学生数学学习兴趣。

本探究鉴于学生之间存在的差异，尊重学生的个性和差异，根据知识的难易实施分层作业设计（见图 3），符合国家《"双减"意见》和《通知》精神，以期人人都能获得良好的数学教育、不同的人在数学上都得到发展，逐步形成适应终身发展需要的核心素养。

面向全体学生设计基础作业，照顾学生的差异性设计弹性作业，根据社会发展和学生身心发展要求，设计能激起学生学习内驱力发展的个性化作

---

① 《教育部办公厅关于加强义务教育学校作业管理的通知》（教基厅函〔2021〕13 号），中华人民共和国教育部网站，2021 年 4 月 12 日，http：//www.moe.gov.cn/srcsite/A06/s3321/202104/t20210425_ 528077.html，最后检索时间：2023 年 10 月 15 日。

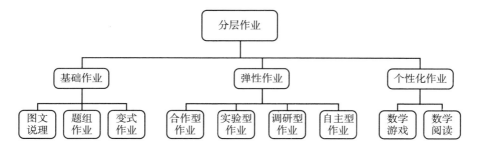

图 3　分层作业设计策略

业，各个层次的学生能在自己的"最近发展区"做符合自己水平的作业，得到应有的发展。

（一）基础性作业的设计策略

小学数学是注重培养基础能力的学科，只有掌握基本的数学方法和数学技能，才能深入理解更高层次的知识，才能更好地进行后续的数学学习。基础性作业设计的具体依据见图 4。

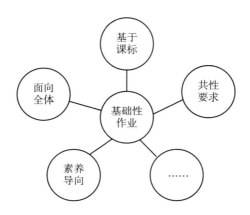

图 4　基础性作业设计的依据

基础性作业基于新课标，能落实国家"双减"政策要求，为全体学生提供基本的作业内容与质量保障，同时，基础性作业也是促进义务教育阶段教育优质均衡的前提与保障，是发展学生核心素养的导向，为全体学生学会学习、终身发展发挥奠基作用。

1. 设计图文说理的基础作业

基于低年级学生的年龄特征和心理特点，一、二年级的题目多以图文结合的形式出现。在"双减"背景下，一、二年级不布置书面家庭作业，图文说理的作业是低年级作业的重要形式。根据低年级学生的认知特点，创设生动有趣的画面，让学生能用三句话说出画面的意思，并能说出解答的方法及思路，从小训练孩子严谨的解题方法，并培养学生数学语言表达能力，初步获得分析问题、思考问题、解决问题的基本能力。图文说理作业不只针对低年段的学生，对中高年级也可以布置。如六年级求圆环的面积，可以要求学生根据题意先画图再解答，然后结合图形把解答思路说一遍，要求把每一步求什么说清楚。图文说理的作业要求重视学生"说"的过程，让学生"说"出口才、"说"出胆量、"说"出本领，更"说"出智慧。

2. 设计题组作业

作业贵精不贵多，为减轻学生学业负担，让学生从"题海战术"中解放出来，设计题组形式的作业是不错的选择。所谓题组，就是将内容联系密切、题目形式相似、思维方法相近、解法基本相同或有联系的题目串联在一起构成一组题。它具有鲜明的对比性、层次性、迁移性和实效性，对巩固所学知识、纠正思维偏差、增强解题能力、形成知识网络、发展思维能力等都可发挥独特的作用。

（1）对比型题组

$$\begin{cases}125\times8\div125\times8 \\ 125\times8+125\times8\end{cases} \qquad \begin{cases}25\times4 \\ 24\times5\end{cases} \qquad \begin{cases}(125+25)\times8 \\ (125\times25)\times8\end{cases}$$

（2）扩题型题组

a. 粮仓里有大米 300 千克，面粉 200 千克，一共有多少千克？

b. 粮仓里有大米 300 千克，面粉比大米少 100 千克，一共有多少千克？

c. 粮仓里有大米 6 包，每包重 50 千克，面粉有 4 包，每包重 25 千克。一共有多少千克？

（3）一题多解型题组

a. 学校购买学生校服，已知一件上衣 40 元，一条裤子 28 元，买这样的 40 套校服需要多少元？

b. 水果店运来苹果和梨各 20 框，已知每框苹果重 40 千克，每框梨重 48 千克。梨比苹果重多少千克？

3. 设计变式作业

变式作业是在设计练习时，在不改变知识的本质特征的前提下，通过变换其非本质的特征，让学生在不同的情境应用中突出对本质特征的理解，从而发展学生的数学思维，培养学生良好的思维习惯。变式练习，能促进学生掌握基础知识，形成解题技能技巧，区别易混淆的概念、知识；能帮助学生深挖知识的本质，克服思维定式的消极影响，克服静止、孤立地看问题的思维方法。

（1）变换已知条件

基本题：美术兴趣小组有男生 6 人，女生比男生多 5 人，一共有多少人？

变式题：美术兴趣小组有男生 6 人，男生比女生少 5 人，一共有多少人？

变式题中"男生比女生少 5 人"也就是"女生比男生多 5 人"，条件的叙述变了，但求"比一个数多几的数"的解决问题的本质不变，依然是"较小数+相差数=较大数"，防止学生存在看到多就加、看到少就减的思维定式。

（2）变换所求问题

基本题：光明小学五年级有男生 100 人，女生 80 人。男生的人数是女生的百分之几？

变式题：光明小学五年级有男生 100 人，女生 80 人。

a. 女生的人数是男生的百分之几？

b. 男生人数比女生多百分之几？

c. 女生人数比男生少百分之几？

d. 男生和女生各占五年级全体学生的百分之几？

学生通过解答变式题，加深了对解决"求一个数是另一个数的百分之几"和"求一个数比另一个多（少）百分之几"这两类问题的认识，促使学生要正确解决此类问题就要找准比较的两者是谁，以及找准"单位1"的重要性。通过这样的变式作业，帮助学生深挖知识的本质。

（3）变换叙述情境

基本题：一条公路，甲队单独修 8 天完成，乙队单独修 10 天完成，甲、乙两队合修多少天可以完成？

变式题：从甲地到乙地，客车要 8 小时，货车要 10 小时，现两车从甲、乙两地相向而行，几小时相遇？

变式题的叙述情境发生了变化，其数量关系与基本题相同。通过解答这样的题目，帮助学生进一步理解工程问题的数量关系。又如：

基本题：李老师带了 128 元，每本书 20 元，估一估，最多可以买几本书？

变式题：有 128 人，每辆车限载 20 人，估一估，至少要租多少辆车？

两道题的数字一样，列式一样，但情境不同，导致估算的策略不同。通过这样的变式练习，帮助学生深刻理解用估小的策略解决买东西的问题，因为剩下的钱不够再买一本。而解决租船、租车、租房的问题时最后的结果都是"商+1"，因为剩下的那部分人也要坐船、坐车和住房，只有"商+1"才能确保所有人都有船、有车坐、有房住。让学生明确用估算解决问题时，要根据实际情况灵活采用不同的估算策略，作出正确的判断。

（二）弹性作业的设计策略

优等生"吃不饱"，得不到应有的提高；学困生"吃不消"，随之而来的是抄袭、应付了事。基于此，有必要布置弹性作业。所谓弹性作业，不同的学者做出不同的界定，其中，林玲在《减轻过重负担　实行弹性作业》中提到，所谓弹性作业，就是所有学习者在完成少量的、必要的、硬性的训练任务基础上，留下训练总量的一部分，让学生根据自身的能力及条件，自主地、独立地确定训练量及完成时间的作业方式。

1. 设计合作型作业，培养学生的合作能力

开展合作学习，学生能互相学习、共同进步，基础扎实的人可以帮助基础薄弱的人，其基础知识得到了巩固，两者的能力都会提高。教师根据"组间同质，组内异质"的原则引导学生自主建立学习小组。组内成员各司其职、互相帮助、共同进步，共同完成任务。

如在"平面图形面积"的复习课中，设计了这样一道练习：测量校园内的绿化面积，并计算出学校学生人均绿化面积占有量。学生以四人小组为单位，分工合作，量的量，记的记，算的算，忙得不亦乐乎。在数学活动中，学生体验着与他人合作的学习乐趣，培养了合作学习能力。

2. 设计实验型作业，提升学生的思维能力

实验型作业是指设计一些与课程内容相关的实验或观察任务，要求学生进行实际操作和数据分析后得出实验结果的作业。这种作业能培养学生的实践能力和科学思维。

如学习了测量知识，可以布置这样的作业：

活动要求：

——把蒜瓣整齐排起来，泡在水中。

——每两天一次观察蒜苗的生长情况，并做好记录。

——画一条线段，在线段上表示蒜苗生长的情况。

表5　蒜苗生长记录

天数（天）	2	4	6	8	10	12	14
蒜苗高度（厘米）							

记录内容如下：

①你种的蒜苗两周一共长了多少厘米？

②估计一下，蒜苗三周、四周时大约能长多少厘米？在你画的线段上用记号标出来。到时候验证一下你估计得准不准。

③你记录的结果和别的同学一样吗？你认为不一样的原因是什么？

④在测量蒜苗的高度时，怎么测量更准确？

⑤通过这次观察记录，你最大的感受是什么？

通过实验型作业，转变学生的学习方式，培养学生积极主动的学习态度，学生在勤于动手、主动参与中，锻炼了自己收集信息、处理信息，获取知识、运用知识的能力，以及发现问题、分析问题、解决问题的能力，减少了课堂探究中学生动手机会不足的弊端。

3. 设计调研型作业，培养学生的探究能力

调研型作业是指让学生通过实际调查，用数学的眼光来分析调查所得到的数据，认识我们周围的世界，运用所学知识设计出解决生活中的实际问题的方案。

例如：近几年，从化荔枝存在滞销情况，作为从化的小主人，请你做一个营销情况调查，并根据调查情况设计一个营销推广方案（见图5）。

从化荔枝营销推广方案

一、营销策略

1、招募从化荔枝代言人。

2、举办"从化荔枝童谣歌唱比赛"。

3、向社会公开征集"从化荔枝吉祥物漫画形象"。

4、招募当地农民、中医医生，科普从化荔枝种植、管理、丰收、吃法的宣传片。

5、大力推广"走进荔枝园·亲自采摘"研学活动。

6、召集各村干部，成立"农村合作社电商服务平台"。

利用各大电商服务平台，拓展从化荔枝的销售方式。

二、成本控制

（1）成本预算：

序号	内容	价格（元）
1	从化荔枝代言人	0
2	从化荔枝童谣歌唱比赛	500
3	从化荔枝吉祥物漫画形象	500
4	拍摄从化荔枝科普视频	5000
5	"走进荔枝园·亲自采摘"研学活动	500
6	农村合作社电商服务平台	5000

（2）计算公式：

总利润=收入总价－成本总价

只有通过降低宣传成本，加强从化荔枝的宣传力度，才能扩大从化荔枝的名声辐射范围。从化是我家，富强靠大家！欢迎各界社会人士，走进从化，品味从化！要读懂从化，从荔枝开始！

图5　学生作业部分

此类调研型作业尊重了学生探究的需要，鼓励学生以社会调查、现场观察、体验学习、查阅资料等方式来完成，培养了学生主动探究的能力。

4. 设计自主型作业，培养学生的创新能力

传统的作业都是教师布置作业，学生根据教师的要求完成作业，该情境下学生是被动的。自主型作业是学生依照教师给定的作业主题范围，根据自己的兴趣爱好、认知风格和学习水平，自主选择作业内容、作业完成形式，自主管理作业完成过程。

如春节期间，可以布置六年级学生完成这样的数学作业：围绕春节期间家庭各项开支情况做一个统计，并根据统计情况说一说自己的感悟（见图6）。

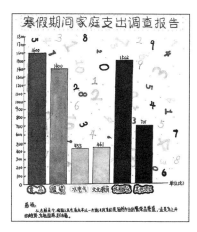 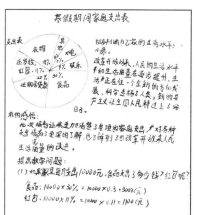

图6 个别学生作业

把选择的权利交给了学生，学生有了个性表达的机会，学生的作业选材丰富、形式多样，作业成果精彩纷呈：有的绘制成条形统计图，有的绘制成扇形统计图，还有其他各种形式的统计。这类的作业，给予学生充分自由发挥的空间，培养了学生的想象力、创造力。

（三）个性化作业的设计策略

充分考虑不同学生的个性特征和能力，设计内容、数量、要求和形式各不相同的游戏类、阅读类的个性化作业。学生可以选择适应其能力发展水平的作

业，产生学习内驱力，从而使个性得到发展。

1. 数学游戏

新课标提出，学生在学习过程中要享受学习、快乐学习、全面发展。小学数学的教学基于游戏化展开，帮助学生联系实际，快速地掌握数学知识、解决数学问题，让小学的数学学习更具有趣味性。爱玩是孩子的天性，游戏化作业形式，可以有效地帮助学生理解数学知识，激发学生的学习兴趣，让抽象的数学知识更加生动、形象、具体，为学生以后的数学学习奠定良好的基础。

分年级布置各具特色的数学游戏，如一年级可以布置用"扑克牌算加减法"，二年级可布置用"扑克牌算乘除法"，三到六年级可布置"巧算24点""数独"等游戏。通过这些数学游戏，激发学生计算的兴趣，提高学生的计算技能，提升学生的数学素养，让学生在活动中提高计算能力、体验成功的喜悦。

2. 数学阅读

新课改强调注重学生各种能力的培养，其中包括数学阅读能力、数学应用能力和数学探究能力。新课标明确指出"数学不仅是运算和推理的工具，还是表达和交流的语言。数学承载着思想和文化，是人类文明的重要组成部分"。数学阅读是学生发现问题的前提，数学为其他学科提供了语言、思想和方法，能够更好地发展阅读者的语言系统，还可以让学生的思维能力和学习新知识的能力得到提升。布置各种数学阅读作业以提升学生的数学阅读兴趣、扩展学生的数学视野，使学生多方面领会数学的美，提高学生的数学阅读能力。

（1）集中阅读：利用午读、托管时间组织学生进行数学课外阅读。

（2）碎片阅读：在集中阅读的基础上，学生可根据自身的实际情况进行数学书籍的碎片化延续阅读。学生所选择的数学阅读时间可以是每天完成作业后，也可以是每周末1小时。

（3）课堂渗透：数学阅读服务于课堂教学，而课堂教学又促进课外阅读，因此两者的整合将有助于提高学生数学学习的效率、拓展学生的知识面、促进学生数学素养的提升。

（4）交流展示：利用学校开展的智慧阅读活动，进行阅读成果展示，如讲数学故事，展示数学阅读日记、数学阅读小研究，开展读书交流会、读书笔记展、读后感交流、编小报等活动，为学生提供展示交流的平台。

（5）竞赛评比：每学期评比"阅读之星"。

（6）家校合作：取得家长的支持，保障学生数学阅读的进行，提高学生的阅读能力。

三　结语

依据新课标理念和《通知》的指导精神，尊重学生个体潜能和智商的差异，学习风格不同、经验背景不同及情感态度不同所带来的差异，根据学段、学科特点及学生实际需要和完成能力，合理设计不同层次的作业。布置基础作业、弹性作业和个性化作业，既减轻了学生负担又关注了全体学生，做到因材施教，促使教学效果达到"最优化"，使每个学生在数学素养上都能得到发展，逐步形成适应终身发展需要的核心素养。

参考文献

中华人民共和国教育部制定《义务教育数学课程标准（2022 年版）》，北京师范大学出版社，2022。

王月芬：《重构作业：课程视域下的单元作业》，教育科学出版社，2021。

刘雪晴：《小学高年级数学分层作业的实验研究——以牡丹江市 S 小学为例》，牡丹江师范学院硕士学位论文，2022。

林玲：《减轻过重负担　实行弹性作业》，《湖北教育》2000 年第 6 期。

教育部基础教育司义务教育高质量基础性作业体系建设项目组编著《学科作业体系设计指引》，教育科学出版社，2022。

Contents

I   General Report

Abstract: Utilizing data from the 2022 Guangzhou Smart Sunshine Evaluation on Mathematical Literacy, this study conducts descriptive statistics, differential tests, and regression analyses on the mathematical literacy scores of 25, 085 fifth and ninth-grade students from 11 districts in Guangzhou, and explicates the influencing factors. The monitoring results reveal that: (1) Students' mathematical literacy development is unsatisfactory overall, with significant regional disparities at the primary school level and notable inter-school discrepancies at the junior high school level. (2) Significant disparities exist in students' various mathematical competencies. While fifth-grade students exhibit remarkable reasoning and argumentation skills, their problem-solving abilities are comparatively weak. In contrast, ninth-grade students demonstrate strong problem-solving skills but show relative weaknesses in computational and solving abilities. (3) Teacher-led instructional methods significantly impact students' mathematical literacy development. While a teacher-led approach aids in enhancing mathematical literacy among fifth-grade students, excessive bidirectional feedback between teachers and students may have an adverse effect on the development of mathematical literacy among ninth-grade students. (4) Students' learning engagement significantly influences their mathematical literacy development. Sufficient time dedicated to learning serves as a guarantee for the development of mathematical literacy, yet excessive study time may dampen students' performance in mathematical literacy. (5) Learning motivation, learning strategies, and identification with the school culture positively predict students' mathematical literacy development.

Keywords: Compulsory Education; Mathematical Literacy; Educational Assessment; Guangzhou City

Ⅱ　Tracking Research Section

Report on Mathematics Literacy of Compulsory Education Students in
　　Guangzhou from 2020 to 2022
Wu Xinhua, *Mai Yuhua and He Jin'e* ╱ 031

Abstract: Guangzhou Smart Sunshine Assessment · Mathematics Literacy Assessment conducted mathematics literacy assessment for compulsory education students in Guangzhou from 2020 to 2022. This assessment was intended to understand students' mathematical literacy performance, regional balanced performance in Guangzhou, as well as the relationship between gender, students' psychological factors of learning, teachers' instructional practices and mathematics literacy of students. Three suggestions were given. Firstly, carry out the top-level design of the development of municipal mathematics education and plan the reform of mathematics curriculum system. Secondly, promote the effective implementation of compulsory education mathematics curriculum and improve the effectiveness of mathematics education. Thirdly, pay attention to the evaluation of mathematical literacy of compulsory education students, and strengthen the effective application of evaluation results.

Keywords: Compulsory Education; Mathematical Literacy; Mathematical Education; Guangzhou

Ⅲ　Area Assessment Section

Practice Report on Improving Mathematics Competence of Junior
Middle School Students in Tianhe District, Guangzhou
—*Based on the 2022 Math literacy Assessment Results*

Liu Yongdong, Zhu Zhiying and Yang Lei / 060

Abstract: To investigate the level of mathematical ability development among junior high school students in Tianhe District, this study conducted a detailed data analysis of the mathematical ability results of 902 ninth-grade students in the Guangzhou Smart Sunshine Evaluation Project. The data results indicate that there are issues with weak computational abilities and inadequate balanced development in mathematics at Tianhe Junior High School. There is no significant difference in mathematical performance between male and female students. Additionally, students' learning motivation, learning strategies, learning abilities, and mental health conditions all directly and significantly impact their mathematical abilities. Based on this, Tianhe District has been taking various actions in educational research from multiple aspects, such as promoting curriculum and teaching reforms, leading through research and professional development, and implementing evaluation mechanisms. These actions aim to promote the development of subject characteristics and enhance the overall mathematical abilities of junior high school students.

Keywords: Intelligence of Sunlight Evaluation; Mathematical Ability; Educational and Research Actions; Tianhe District in Guangzhou

Contents ⬉

A Study on the Performance of Junior Middle School Students'
Mathematical Literacy and Teachers' Use of Instructional Practices
—*Based on A Survey of 3900 Students in Liwan District*, *Guangzhou*

Abstract: It is an important task of mathematics curriculum reform in compulsory education to pay attention to and cultivate junior middle school students' mathematics literacy. Through the participation of 3900 Grade nine students in Liwan District of Guangzhou in Guangzhou Smart Sunshine Assessment · Mathematics Literacy Assessment, it was found that the score rate of students' mathematical competence and the score of mathematical literacy was not ideal, and the score rate of students' attitude towards learning was high. Different groups of schools had significant differences in the performance of various indicators of mathematical literacy. Students perceived that teacher mainly implemented teacher-directed instruction. It is suggested that regions, schools and teachers should focus on the cultivation of mathematical literacy and optimize the content structure of the curriculum. Optimize the use of instructional practices and strengthen the comprehensive training of talents. Improve the strength of mathematics teaching and research to solve the difficulty of literacy development.

Keywords: Smart Sunshine Assessment; Mathematical Literacy; Mathematical Competence; Attitude towards learning; Liwan District in Guangzhou

Tracking and Analysis Report on Mathematical Literacy of Primary
School Students in Huadu District, Guangzhou

Abstract: In order to understand the development level of mathematical literacy of primary school students in Huadu District, this study conducted a follow-up survey of primary school students who participated in the Guangzhou

Smart Sunshine evaluation for three consecutive years. By analyzing the overall situation of primary school students' mathematical literacy, balanced performance, mathematical ability and learning attitude, it is found that the mathematical literacy of primary school students in this district has been significantly improved, and there may be four reasons for its improvement. Meanwhile, there are problems such as serious polarization, significant regional differences and low problem-solving ability. Based on this, the author puts forward some suggestions: deepening the teaching reform to improve the effectiveness of mathematics teaching, taking actions to improve quality and provide support to ensure high-quality and balanced development, Strengthening the construction of teachers to promote the improvement of teachers' professional quality,, exploring effective strategies to cultivate students' problem-solving ability in order to promote the development of students' mathematical literacy.

Keywords: Mathematical Literacy; Primary School Students; Huadu District in Guangzhou

Mathematical Literacy Development Report of the Ninth Grade Students in Zengcheng District, Guangzhou

Zhang Heyuan, Xin Wenliang / 112

Abstract: Based on the test data of 1705 Grade 9 students and 55 Math teachers in Zengcheng District of Guangzhou Smart Sunshine Evaluation Project in 2022, this paper makes descriptive statitics on students' performance level of mathematical literacy and analyzes the correlation between total score of math literacy and math ability. It is found that the scoring rate of the Ninth grade students in the level of mathematical literacy and the index of problem solving ability, reasoning ability and spatial imagination ability which are strongly related to mathematical literacy are not ideal, which reflects that the level of mathematical literacy of the Ninth grade students in this district is relatively weak. The main influencing factors are students' learning motivation, learning ability and teachers' teaching ability. Based on this, four improvement strategies for improving students' mathematical literacy are put forward: promoting teachers' professional growth, optimizing classroom teaching mode, carrying out special discussion, and strengthening research on learning mode, so as to promote the improvement of mathematics teaching quality and students' mathematical literacy in the region.

Keywords: Mathematical Literacy; Mathematical Ability; Zengcheng District in Guangzhou

IV   School Assessment Section

Research Report on the Status and Influencing Factors of Students'

Mathematical Literacy   *Xie Mindong* / 127

Abstract: In order to understand the status of students' mathematical literacy and its influencing factors, and to implement the promotion of teaching and learning through evaluation, 128 students from Jiang Guangnai Memorial primary School in Guangzhou participated in the Guangzhou Smart Sunshine Assessment · Mathematical Literacy Assessment in the 2021 and 2022 academic years. Based on the relevant data of the evaluation, horizontal comparisons with, districts, and schools, as well as vertical comparisons of the evaluation situation in different academic years, are conducted, and multiple regression analysis is used to explore the influencing factors. The research results indicate that the overall mathematical literacy of each class in the fifth grade of our school in the 2022 academic year is higher than the average level of the city and district. Regression analysis of influencing factors shows that emotional intelligence has an impact on four dependent variables, attention has an impact on three dependent variables, and mathematical interest and reasoning ability have an impact on two independent variables. Therefore, it is recommended that teachers pay attention to the development of students' emotional intelligence, stimulate learning interest, increase learning attention, reduce academic burden, improve learning ability, and comprehensively improve students' mathematical literacy.

Keywords: Smart Sunshine Evaluation; Mathematics Literacy; Liwan District in Guangzhou

The Research on the Current Situation and Influencing Factors of Students' Mathematical Literacy Development

Liang Zhidan, *Xie Shuwen* / 142

Abstract: Based on the analysis of the Guangzhou Smart Sunshine Evaluation of 118 fifth grade students from Sanyuanfang Primary School in Liwan District in 2022, this paper studies the current status of mathematical literacy development of fifth grade students. The results show that students' mathematical literacy is related to learning ability, homework time investment, learning interest and teaching behavior. The relevant suggestions are put forward including paying attention to development characteristics and promoting literacy development; Cultivating attention and developing learning ability; Implementing the dual reduction policy and optimizing homework settings; Enhancing emotional experience and stimulating learning interest; Enhancing teacher effectiveness and promoting literacy development. The results provide the reference to cultivate and develop students' mathematical literacy in teaching practice, and are helpful to promote the high-quality balanced development of compulsory education.

Keywords: Mathematical Literacy; Smart Sunshine Assessment Fifth Grade; Liwan District in Guangzhou

Investigation Report on the Impact of Learning Ability on Mathematical
Literacy of Junior High School Students in Guangzhou
—*Take Guangzhou Z District L Middle School as An Example*

Abstract: This research compares the assessment data of students with the same registration number in 2020 and 2021 at L Middle School in Z District, Guangzhou , which based on the data of the "Mathematical Literacy" assessment in Guangzhou Smart Sunshine Evaluation Programme. The results of the cluster analysis showes that students of L Secondary School are clustered into three groups, students in 2020 should improve the level of mathematical literacy in each group , and the number of students in each group at "Good" level increasing in 2021, suggesting that the mathematical ability of some students have improved over the course of the year. Analysis of variance (ANOVA) revealed that there is a significant difference among groups in terms of their scores of mathematical literacy, mathematics competence and learning ability. Correlation analyses demonstrated significant correlations among learning abilities, scores of mathematical literacy and mathematics competence. The research suggests that teachers in L secondary schools should use the knowledge linkages to optimise curriculum design and improve teaching strategies in order to promote the development of mathematical literacy of students.

Keywords: Mathematical Literacy Assessment; Learning Ability; Teaching Strategies; Guangzhou

School Mathematics Literacy Assessment and Analysis Report of Tangshu
Primary School, Huadu District

Abstract: Based on the results of the fourth grade mathematical literacy assessment of 120 students from Tangshu Primary School in Huadu District,

Guangzhou, it is found that the overall level of mathematics is good, and the students' arithmetic solving ability, data processing ability and spatial imagination ability exceed the average level of the district. However, there are problems such as some students' low interest in mathematics learning, lack of learning confidence, too much time to complete mathematics homework, and teaching ability of some teachers needs to be improved. To solve these problems, the author suggests to change the teaching and research mode of subject groups, explore new classroom models, improve teachers' subject teaching ability and implement diversified evaluation strategies.

Keywords：Mathematical Literacy Assessment；Teaching Ability；Huadu District in Guangzhou

V Application and Practice Section

Optimize Regional Subject Teaching and Research work based on

Guangzhou Mathematical Literacy Assessment Results

Guo Shimin / 203

Abstract：Based on the data of Guangzhou mathematics literacy assessment in 2022, this study analyzed the current situation of mathematics literacy of junior middle school students in Panyu District. The results show that：① the total score of mathematics literacy in the district is higher than the city average level, but the number of students with A grade level is relatively low；② There are significant differences in mathematics achievement level and mathematics ability among schools in the region；③ The academic burden of junior middle school students is negatively correlated with the level of mathematical literacy. In order to improve the mathematics literacy level of junior high school students in Panyu District, some suggestions are put forward in terms of optimizing regional teaching and research work：① promoting curriculum reform and fully implementing RongLe Class；② Promoting teacher development and innovating teaching and research methods; ③ Guide teaching practice and help school-based teaching and research; ④ Serve educational decision-making and optimize educational evaluation.

Keywords: Junior High School Students; Mathematical Literacy; Teaching and Research Work; Panyu District in Guangzhou

Report on the Selection of Consistency Strategies and Regional Practice in Primary School Mathematics Teaching Evaluation

Hou Meixia, Ma Liyi / 228

Abstract: Based on the participation of Conghua District in the Guangzhou Smart Sunshine Evaluation in 2021 and 2022 According to the comparison of the results of the mathematical literacy assessment, it was found that the indicators of reading literacy, mathematical literacy, learning ability, learning strategies, and learning motivation of 11 sample schools in Conghua District are at the same level or slightly higher than the city average. Analysis has found that promoting the paradigm of teaching evaluation and high-quality resource allocation within the region can promote the formation of teachers at different levels to carry out precise teaching, "scaffolding" style exploration, and "panoramic" teaching evaluation, thus achieving a closed-loop system of consistent teaching evaluation. According to the 2022 district evaluation results, fifth grade students who participated in the same batch of evaluations have comprehensively improved their overall characteristics in terms of comprehensive advantages, comprehensive balance, insufficient learning ability, and urgent support.

Keywords: Primary School Mathematics Teaching; Evaluation Consistency; Conghua District in Guangzhou

Focus on Smart Sunshine Evaluation to Help the Development of Mathematical Literacy

—*A Contrastive Analysis Based on the Mathematical Literacy Evaluation Data of Huayang Primary School*

Hou Yongxian, Fu Ying, Yao Rui and Zhang Mengmeng / 252

Abstract：Based on the data of 2021 and 2022 Guangzhou Smart Sunshine Evaluation Assessment of Mathematical Literacy Report, it is found that the indicators of students' mathematical literacy were higher than the average of the city and district. Through the result attribution analysis, the top-down measures of Huayang Primary School were elaborated. The school steadily promoted the unit academic case and built a "Xiangyang" growth evaluation system. The subject group formulated the semester curriculum outline, implemented the discipline practice, and improved the "Xiangyang" academic development evaluation. The class carried out the unit task and explore interdisciplinary integration; based on classroom teaching, implemented the cultivation of literacy; with the help of new classroom analysis methods, focused on learning development; the overall design of homework to achieve load reduction and quality improvement; the construction of class characteristics culture to improve the attitude towards mathematics. Finally, according to the shortcomings, some suggestions were put forward: to continue to pay attention to the development of all students' mathematical literacy, to continuously deepen the design and implementation of the unit academic case, and to continue to optimize the "Xiangyang" academic development evaluation of mathematics.

Keywords：Smart Sunshine Evaluation; Mathematical Literacy; Huayang Primary School

Research on School-based Teaching and Research Strategies in Primary

Schools Based on Mathematical Literacy Assessment

—*Guangzhou Liwan H School as an Example* *Chen Wenyin* / 275

Abstract: This paper is based on the H school 2022 Guangzhou City wisdom sunshine evaluation math literacy evaluation results, It is found that the overall level and specific indicators of the fifth grade students' mathematical literacy data are lower than the district and city average. Further analysis shows that teachers' teaching management ability, teaching research ability and teaching design ability are relatively weak. Based on the problem solving, the school starts with teacher training and guides teachers to carry out school-based teaching research based on theory application, problem research and experience reflection. The results show that teachers' teaching ideas have changed obviously, their teaching ability has been improved, and their sense of teamwork has been strengthened.

Keywords: Mathematical Literacy Assessment; School-based Teaching; Guangzhou

Research on Teaching Improvement Strategies for Primary School

Teachers Based on Mathematical Literacy Assessment

—*Taking H Primary School in Huadu District, Guangzhou*

City as an Example *Huang Jingyi* / 296

Abstract: Based on the data of H Primary School in Huadu District, Guangzhou in 2020 and 2021 Guangzhou Smart Sunshine Evaluation · Mathematical Literacy Evaluation Results Report,, it was found that the overall level and specific indicator data of students' mathematical literacy in 2021 showed an upward trend. The overall level of students' mathematical literacy was higher than the city average and slightly lower than the district average. But students' mathematical ability , mathematical thinking development and exploration ability were weak. Further analysis found that there are three major problems：insufficient professional knowledge and abilities of teachers，single classroom teaching content and methods，and lack of rationality and diversity in teaching evaluation. Strategies such as enhancing teachers' professional literacy，improving classroom teaching methods，and constructing diversified teaching evaluations have been adopted for teaching improvement，which will gradually improve students' mathematical literacy and assist schools in achieving high-quality development of mathematical teaching.

Keywords：Mathematical Literacy Assessment；Teaching Improvement；Teacher Professional Literacy；Huadu District in Guangzhou

A practical study on improving junior middle school students' mathematical literacy through thematic activities

—Based on the analysis of Guangzhou smart Sunshine evaluation data

Huo Ruiquan，*Mai Fengshan* / 313

Abstract：Since 2020，the students of the three classes of Grade 2020 of our school have participated in the Guangzhou Smart Sunshine evaluation project for three consecutive years. The evaluation data show that the proportion of students with grades A，B and C in 2020 is significantly lower than the average level of the district，and the proportion of students with grade D is more than 20 percentage points higher than that of the district. The four data of spatial imagination ability，data processing ability，reasoning ability and calculation and solution ability，which reflect mathematical literacy，are all lower than the average level of the district. In order to improve students' mathematical literacy，we carry out the exploration of teaching improvement practice of themed activities in the teaching of experimental classes. One year later，the math literacy data of the experimental class was only lower than the regional average in spatial imagination ability，and their math interest was improved. Two years later，the four mathematical literacy of the experimental class were higher than the average level of the district, and the problem-solving ability was significantly higher than the district level.

Keywords: Wisdom Sunshine Evaluation; Comprehensive Practice; Theme Activity; Mathematics Literacy

A Research Report on Intelligent Classroom Teaching Strategies for Improving Primary School Students' Mathematical Literacy

Huang Zihong / 338

Abstract: Data from the 2020 Guangzhou Smart Sunshine Assessment - Mathematics Literacy Assessment show that students' spatial imagination ability, data processing ability and math learning confidence are low. In view of the deficiency of students' mathematical literacy, the wisdom classroom is constructed by means of wisdom education to promote the improvement of mathematical literacy. Through the effective integration of various intelligent means and mathematics teaching, smart classroom teaching develops high-quality teaching resources to stimulate students' interest in mathematics learning, utilizes classroom diagnostic data to promote the development of students' mathematical ability, implements multi-screen interaction between teachers and students to display students' thinking process, and optimizes the multiple evaluation system to promote students' all-round development. The data of Guangzhou Smart Sunshine evaluation of mathematical literacy in 2021 and 2022 both show that students' mathematical literacy has significantly improved, which indicates that smart classroom teaching can effectively promote the development of students' mathematical literacy and comprehensive ability.

Keywords: Wisdom Class; Mathematical Literacy; Smart Sunshine Evaluation

Report on Driving the Reform of Mathematics Classroom
Teaching with Guangzhou Smart Sunshine Assessment

Tan Yanting / 359

Abstract：Based on the report of Guangzhou Mathematics Literacy Assessment of 2022, this paper described the transformation of teacher' use of instructional practices taking the Class 3, Grade 5, Xilang Primary School, Liwan District in Guangzhou as an example. With the help of Smart Sunshine Assessment and the analysis and discussion of the data, it was found that the students' mathematical literacy need to be improved and the spatial imagination ability was weak. The frequencies of the teacher-student bidirectional feedback and the cognitive activation was low in the classroom teaching of teachers. Through the construction of UMU interactive learning platform, the development of geometric modeling teaching, the enrichment of mathematics teaching methods, teacher' use of instructional practices of the fifth grade class 3 was reformed, to promote the development of students' mathematical literacy.

Keywords：Smart Sunshine Assessment; Mathematical Literacy Assessment; Teacher' Use of Instructional Practices

Research on the Strategy of Primary School Stratified Homework Design
Based on Mathematics Literacy Assessment

Xie Xing'e, Chen Chaofang and Zeng Rongjiao / 378

Abstract：Based on the results of more than 100 students from B Primary School in District A of Guangzhou in 2021 and 2022, it was found that the overall indicator level of students' mathematical literacy fluctuated in the past two years. Further data analysis shows that students have clear learning purpose, positive learning attitude and are interested in mathematics learning, but the basic knowledge is weak, the distribution of mathematics grades is uneven, and the students who need to improve their grades occupy a relatively large proportion. Based on the learning situation and focusing on the problem, this paper explores the layered homework strategy of basic homework, flexible homework and personalized homework, in order to promote the improvement of students' mathematical literacy.

Keywords: Mathematics Literacy; Assessment Layered Homework; Strategy Research

图书在版编目（CIP）数据

广州学生数学素养发展报告.2023／广州市教育研
究院编；方晓波，吴新华主编；杨静执行主编.--北
京：社会科学文献出版社，2023.12
　　ISBN 978-7-5228-2970-8

　　Ⅰ.①广… Ⅱ.①广… ②方… ③吴… ④杨… Ⅲ.
①数学课-教学研究-中小学-研究报告-广州-2023
Ⅳ.①G633.602

　　中国国家版本馆 CIP 数据核字（2023）第 245482 号

广州学生数学素养发展报告（2023）

编　　者／广州市教育研究院
主　　编／方晓波　吴新华
执行主编／杨　静

出 版 人／冀祥德
组稿编辑／陈　颖
责任编辑／陈晴钰
责任印制／王京美

出　　版／社会科学文献出版社·皮书出版分社（010）59367127
　　　　　地址：北京市北三环中路甲29号院华龙大厦　邮编：100029
　　　　　网址：www.ssap.com.cn
发　　行／社会科学文献出版社（010）59367028
印　　装／三河市东方印刷有限公司

规　　格／开　本：787mm×1092mm　1/16
　　　　　印　张：26.5　字　数：402千字
版　　次／2023年12月第1版　2023年12月第1次印刷
书　　号／ISBN 978-7-5228-2970-8
定　　价／168.00元

读者服务电话：4008918866